# DESCRIPTION

## HISTORIQUE ET CRITIQUE

## DE L'ITALIE.

# DESCRIPTION
## HISTORIQUE ET CRITIQUE
# DE L'ITALIE,
### OU
## NOUVEAUX MÉMOIRES
sur l'état actuel de son Gouvernement, des Sciences, des Arts, du Commerce, de la Population & de l'Histoire Naturelle.

PAR M. L'ABBÉ RICHARD.

*Hæc olim meminisse juvabit,*
*Per varios casus, per tot discrimina rerum,*
Æneid. I.

## TOME V.

NOUVELLE ÉDITION.

*PARIS*

Chez DELALAIN, Libraire, près la Comédie Françoise.

M. DCC. LXXX.

# PRÉFACE
## POUR
## LES V<sup>e</sup> ET VI<sup>e</sup> VOLUMES
# DES MÉMOIRES
# D'ITALIE.

I. L'Orateur Aristide qui a fait le panégyrique de Rome, & dont l'éloquence & le zéle, ont été couronnnées de nouveau, par l'attention que l'on a eu de placer sa statue à la Bibliothéque du Vatican; a donné de cette ville une idée qui lui convient encore à beaucoup d'égards. Il en parle comme d'une ville qui répond à tout l'univers, à la tête duquel elle est placée, & où un intérêt commun rassemble tous les peuples différens; il la compare à la mer, qui reçoit dans

*Tome V.*

son sein tous les fleuves. *Ut solum terræ fert omnes, ita & ista recipit quidem omnes ex toto Orbe sicut mare fluvios. Communis totius terrarum orbis popularis status ab uno Principe optimo regitur, omnesque velut in commune forum conveniunt; jus suum singuli, pro merito consecuturi.*

Près de trois siécles après Claudien en parle encore avec les mêmes éloges, & en donne la plus brillante idée.

*Quá nihil in terris complectitur altius æther*
. . . . . . . . . . . .
*Armorum, Legumque parens, quæ fundit in omnes*
*Imperium, primique dedit cunabula juris.*
*Hæc est, exiguis quæ finibus orta, tetendit*
*In geminos axes, parvaque à sede profecta,*
*Dispersit cum sole manus.* . . . . . . . . .

Bien plus anciennement la ville de Rome étoit regardée, même par les nations étrangeres; comme une divinité digne d'un culte solem-

# PRÉFACE.

nel. Elle avoit des Temples & des Autels en Asie, lorsque Carthage subsistoit dans tout son éclat..... *Smirnæi;... Seprimos templum urbis statuisse M. Porcio Consule, magnis quidem jam Populi Romani rebus, nondum tamen ad summum elatis, stante adhuc punica urbe, & validis per Asiam Regibus....* Tacit. An. l. 4. Ce qui revient à l'an de Rome 559, plus de cinquante ans avant la destruction de Carthage. Trente ans après d'autres peuples de l'Asie, faisoient valoir leur attachement pour Rome par ces mêmes raisons, *Alabandenses, templum Urbis Romæ se fecisse commemoraverunt, ludosque anniversarios ei divæ instituisse...* Tit. liv. l. 43. ad. an. 582. (*) Son culte n'y étoit pas moins solemnel que celui de Venus.

___

(*) Alabanda ville de Carie, aujourd'hui Eblebanda, épiscopale sous la Métropole de Santa Croce, entre Mezo au couchant & Stratonique au levant.

*Colitur, nam sanguine & ipsa
More deæ, nomenque loci, ceu numen habetur:
Atque urbis, venerifque, pari fe culmine tol-
   lunt
Templa; fimul geminis adolentur thura Deabus.*
                              Prudent l. 1.

C'est de ces belles idées que les amateurs érudits de l'antiquité sont partis, pour se former de Rome antique un plan qui n'a jamais eu de réalité que dans leur imagination échauffée par ces descriptions pompeuses. Il seroit trop long de les suivre dans tous leurs écarts à ce sujet, je me contente de faire ici quelques réflexions sur ce que l'un d'eux a dit de la population de Rome.

Vossius a fait un traité de la grandeur de l'ancienne Rome que probablement il ne connoissoit pas; il assure très-gravement que cette ville seule, avant Silla, contenoit autant d'habitans que la moitié de l'Europe en avoit de son tems;

# PRÉFACE.

assertion gigantesque, aussi éloignée de la vérité qu'un colosse de cent pieds est au dessus de la taille ordinaire. La ville de Rome étoit alors renfermée dans la seconde enceinte, que lui avoient posée ses derniers Rois, lorsque leur domination ne s'étendoit à guéres plus de quinze milles, ou cinq lieues aux environs; elle ne renfermoit que les sept collines & une partie du Janicule au-delà du Tibre, & dans cette espace étoient une multitude de temples, les cirques, les bains & autres bâtimens publics très-vastes qui n'étoient habités que dans les fêtes, spectacles, ou assemblées générales. Comment loger dans une telle enceinte, quatre millions de citoyens & huit millions d'esclaves! on ne peut pas douter, que ces illustres Scholiastes étonnés de la grandeur Romaine s'en soient fait une idée si merveilleuse, qu'ils n'ont pas crû pouvoir en trop dire à ce sujet; ils ont été induits en erreur par les Historiens même de l'ancienne Rome, qui parlent des dénombremens généraux de façon à faire entendre que les habitans des différentes villes de l'Empire qui avoient droit de porter le nom de citoyens Romains, habitoient en effet la capitale.

Il faut voir Rome & étudier ses ruines antiques pour se faire une idée juste de ce qu'elle a pû contenir d'habitans. Les riches Citoyens Romains avoient un grand nombre d'esclaves, mais ils les tenoient presque tous à la campagne, où ils les employoient aux travaux domestiques & à l'agriculture, c'est là où on voit les restes des Bagnes où on les enfermoit ; on retrouve sur une montagne au nord de Frascati dans les ruines de la *Villa Po cia* qui a appartenu aux Catons, les vestiges de ces retraites vastes & profondes ou l'austere censeur renfermoit tous les

# PRÉFACE.

soirs ce peuple d'esclaves qu'il possédoit, que l'on fait monter à six mille. Mais on n'en tenoit à la ville que ce qu'il en falloit pour le service des maisons, ce qui ne laissoit pas d'être considérable, chacun ayant parmi ses esclaves des artisans de toute espece, même des fabriquans des étoffes qui étoient alors en usage, & on ne voyoit dans la ville d'autres boutiques ouvertes que celles des Libraires, des Orfevres & des Bouchers.

Les maisons étoient alors comme celles des Orientaux bornées au seul rez-de-chaussée ; on les éléva ensuite si haut que les Ediles furent obligés d'en fixer la hauteur par des Ordonnances de police ; les différens étages n'étoient que de bois, ce qui rendit les incendies si fréquens & si ruineux.

C'est cependant dans le tems que les maisons étoient si basses, & la ville restrainte dans des bornes si étroites, que l'on fait monter sa population si haut. C'est-à-dire dans le cinquiéme & le sixiéme siécle de la République, lorsque les mœurs publiques étoient dans le plus grand honneur, & que les Romains donnoient ces exemples frappans de vertu que l'on admirera toujours. Mais après la destruction de Numance & de Carthage, lorsque le luxe d'Asie se fut établi dans Rome, alors la population diminua sensiblement.

*Sævior armis
Luxuria incubuit, victumque ulciscitur orbem.*

Rome se soutint dans un état d'opulence très-fastueux & parut toujours très-peuplée ; mais plus par les gens que les affaires y attiroient que par les citoyens qui y naissoient. Que l'on jette les yeux sur la suite de ses Empereurs, il y en a peu dont la race ne se soit éteinte très-promptement, parmi ceux qui ont laissés des enfans après eux & qui sont le petit nombre : Ainsi Rome de ce

# PRÉFACE.

tems-là se soutenoit à peu près par les mêmes moyens que Rome de nos jours, & dont j'ai parlé ailleurs.

Ce qui rendoit le pays florissant & maintenoit un très-grand mouvement dans la ville, c'est que toute la campagne aux environs étoit extraordinairement peuplée, & que l'usage des affranchissemens donnoit des citoyens & des sujets à tous les Etats de la République & de l'Empire; ce qui manque en entier à présent.

A ramener donc les choses à leur juste valeur; à comparer l'étendue de Rome ancienne avec celle de Rome moderne; le nombre des Temples avec celui des Eglises, la population sous les Empereurs, quoique plus considérable n'étoit pas hors de toute comparaison, avec son état actuel sur-tout si l'on se rappelle que les murs de l'enceinte nouvelle furent élévés par les ordres d'Aurelien qui regna depuis 270 jusqu'en 275.

# PRÉFACE.

Quant aux mœurs la corruption dans le dernier siécle de la République & du tems des Empereurs payens, y étoit montée à un si haut point, qu'il ne seroit ni juste ni honnête de faire une comparaison de ces tems avec ceux qui les ont suivis. On trouve toujours quelques traits généraux de ressemblance dans le goût de spectacle, la vie oisive; *le Far' nienté*, le sentiment de préférence, l'aversion pour tous les exercices violents, ou même de mouvement; car les Princes & Barons Romains, semblables aux Patriciens, ne sçavent ce que c'est que l'exercice de la chasse, qui occupe par-tout ailleurs la noblesse; ils la regardent comme une occupation servile, qui ne peut avoir d'attraits, que pour ceux qui s'y livrent par intérêt; aussi cette partie des droits féodaux n'est nulle part plus abandonnée que dans les Etats de l'Eglise de Rome.

# PRÉFACE.

II. J'ai donné ailleurs une suite Chronologique des Empereurs Romains d'Orient & d'Occident, des Rois d'Italie & des Empereurs d'Allemagne. J'ai vû par expérience que cette nomenclature étoit nécessaire, suivant l'ordre des dates, pour se faire une idée juste de mille monumens, d'usages & d'événemens qui intéressent l'Italie & que l'on est embarrassé de placer à propos, quand on n'a pas sous les yeux le tems & la durée des regnes sous lesquels ils ont eu lieu.

Il n'est pas moins intéressant d'avoir une chronologie exacte des Souverains Pontifes ; j'avois d'abord eu dessein de la donner en entier, mais comme pendant une longue suite de siécles, les Papes n'ont pû élever de ces monumens durables qui intéressent encore la curiosité des voyageurs, que ce qui s'est passé de plus remarquable, se trouve cité à sa place. J'ai crû

## PRÉFACE.

qu'il suffisoit d'en donner la suite depuis l'extinction du grand schifme d'occident. A commencer à ce tems, les Papes constamment fixés à Rome, ont beaucoup contribué à son embellissement : on peut même dire qu'ils l'ont tout-à-fait renouvellée. Depuis Paul II, sur-tout jusqu'à Benoît XIV, Rome a entiérement changé de face ; les monumens publics, les Temples, les Places, les Palais, les rues élargies ou allignées ; les ornemens même de Rome antique tirés des entrailles de la terre où ils étoient ensevelis, ont pris une nouvelle existence. C'est dans cet intervalle de tems que les sciences & les arts se sont rétablis ; on sçait combien ils doivent à la protection des Papes & à leur goût suivi pour la décoration de Rome. Il étoit donc nécessaire de sçavoir la date de leur élévation sur le trône de Saint Pierre & du tems qu'ils l'ont occupé.

# PRÉFACE.

Presque toutes les grandes familles de Rome & les plus opulentes doivent leur splendeur aux Papes de leurs Maisons, il faut donc encore sçavoir qui ils ont été, & c'est ce que je n'ai pas oublié.

## SUITE CHRONOLOGIQUE DES PAPES,

*Depuis le Concile de Constance jusqu'à présent.*

MARTIN V. Othon Colonna Romain, de l'illustre Maison de ce nom; élû le 11. Novembre 1417. mort le 20 Février 1431.

Eugene IV. Gabriel Condolmieri Vénitien. le 4 Mars 1431. m. le 23 Février 1447.

Nicolas V. Thomas de Sarzane. Toscan. le 6 Mars 1447. m. le 24. Mars 1455.

Calixte III. Alphonse Borgia Espagnol. le 8 Avril. 1455. m. le 6 Août 1458.

Pie II. Enéas Silvius Piccolomini de Sienne. le 27 Août 1458. mort le 14 Août 1464.

Paul II. Pierre Barbo Vénitien. le 31 Août 1464. mort le 29 Juillet 1471.
Sixte IV. François de la Rovère Génois. le 9 Août 1471. le 13 Août 1484.
Innocent VIII. Jean-Baptiste Cibo Génois. le 29 Août 1484. le 15 Juillet 1492.
Alexandre VI. Rodrigue Borgia Espagnol. le 11 Août 1492. le 18 Août 1503.
Pie III. François Piccolomini de Sienne. le 23 Septembre 1503. le 18 Octobre 1503.
Jules II. de la Rovère. le 1 Novembre 1503. le 12 Février 1513.
Léon X. Julien de Medicis. le 11 Mars 1513. le 1 Décembre 1521.
Adrien VI. Adrien Florent d'Utrecht. le 9 Janvier 1522. le 24 Septembre 1523.
Clément VII. Jules de Medicis. le 19 Novembre 1523. le 25 Septembre 1534.
Paul III. Alexandre Farnèse, le 13 Octobre 1534. le 10 Novembre 1549.
Jules III. Del monté. le 8 Février 1550. le 23 Mars 1555.
Marcel II. Cervin ne regna que vingt-un jours.

# PRÉFACE.

Paul IV. Jean-Pierre Caraffe Napolitain. le 23 Mai 1553. mort le 18 Août 1559.

Pie IV. Jean-Ange de Medicis, le 29 Décembre 1559. le 9 Décembre 1565.

Pie V. Michel Ghisleri Milanois. le 7 Janvier 1566. le 1 Mai 1572.

Grégoire XIII. Hugues Buon Compagno de Bologne. le 13 Mai 1572. le 7 Avril 1585.

Sixte V. Felix Peretti des Grottes de Montalte. le 14 Avril 1585. le 27 Août 1590.

Urbain VII. Castagna, ne regna que treize jours.

Grégoire XIV. Nicolas Sfrondate. le 5 Décembre 1590. le 15 Octobre 1591.

Innocent IX. Jean-Antoine Fachinetti, ne regna que deux mois.

Clément VIII. Hippolite Aldobrandin, Vénitien. le 29 Janvier 1592. le 3 Mars 1605.

Leon XI. Alexandre-Octavien de Medicis, ne regna que vingt-sept jours.

Paul V. Camille Borghèse. le 16 Mai 1605. le 21 Janvier 1621.

Grégoire XV. Alexandre Ludovisi. le 9 Février 1621. le 8 Juillet 1623.

Urbain VIII Maffeo Barberini. le 6 Août 1623. mort le 29 Juin 1644.
Innocent X. Jean-Baptiste Pamphili. le 15 Septembre 1644. le 7 Janvier 1655.
Alexandre VII. Fabio Chigi. le 7 Août 1655. le 22 mai 1667.
Clément IX. Jules Rospigliosi le 20 Juin 1667. le 9 Décembre 1669.
Clément X. Emile Altieri. le 29 Avril 1670. le 22 Juillet 1676.
Innocent XI. Benoit Odescalchi. le 21 Septembre 1675. le 12 Août 1689.
Alexandre VIII. Pierre Ottoboni. le 6 Octobre 1689. le 1 Février 1691.
Innocent XII. Antoine Pignatelli. le 12 Juillet 1691 le 12 Juillet 1700.
Clément XI. Jean-François Albani. le 23 Novembre 1700. le 19 Mars 1721.
Innocent XIII. Michel-Ange Conti, le 7 Mai 1721. le 7 Mars 1724.
Benoît XIII. Orsini. le 29 Mars 1724. le 21 Février 1730.
Clément XII. Laurent Corsini, le 12 Juillet 1730. le 6 Février 1740.
Benoît XIV. Prosper Lambertini. le 17 Août 1740. mort le 15 Avril 1758.
Clément XIII. Charles Rezzonico, élû le 6 Juillet 1758.

# PRÉFACE.

III. Paul II. eſt le premier qui ſe ſoit occupé de l'embelliſſement de Rome; il a fait conſtruire le Palais & l'Egliſe de St Marc, dreſſé la rue du cours & établi les courſes de chevaux du carnaval; l'Hiſtorien *Platine* paroît avoir repréſenté ce Pape au naturel, & ſa vie eſt très-curieuſe. Nos Ecrivains François ont maltraité Jules II, parce qu'il fût toujours oppoſé à la nation dans les guerres qu'elle entreprit en Italie, cependant il fut un très-grand Prince plus guerrier qu'Eccléſiaſtique. On ne peut pas nier qu'il n'eût pris une juſte idée de l'état politique où il falloit que fut l'Italie pour être heureuſe & tranquille; pour cela il voulut en bannir toutes les grandes puiſſances, François, Allemands & Eſpagnols, qu'il appelloit Barbares. Et s'il s'oppoſa d'une maniere plus marquée aux François qu'aux autres, c'eſt qu'il les redouta davantage. En examinant ſon ſyſtême on ne peut que louer ses vûes qui étoient celles du bien public. Le Pape Nicolas IV, très-grand Prince, Pontife sçavant & vertueux, avoit eu les mêmes idées comme je l'ai dit ailleurs. Ainsi il faut bien se garder de confondre Jules II avec son prédécesseur, Alexandre VI, comme ont fait quelques-uns de nos Auteurs qui ne mettent aucune différence entr'eux.

On sçait ce que les sciences, les belles-lettres & les arts doivent à Leon X. Rome & tout l'Etat Ecclésiastique sont redevables de leur tranquillité, de leur sûreté, & de la police qui s'y observe, aux sages mesures & à la fermeté de Sixte V. qui tira du despotisme monachal des principes admirables de gouvernement & de police pour le tems auquel il monta sur le trône ; il regna trop peu pour conduire à la perfection le grand ouvrage qu'il avoit commencé : mais les désordres qu'il reprima, les vices qu'il

# PRÉFACE.

força de se cacher, ces soins si dignes d'un Prince juste & éclairé, doivent le faire vivre dans le souvenir de la postérité plus long-tems que cette belle coupole de St Pierre qu'il fît élever, & les Obelisques qu'il tira des entrailles de la terre pour en orner Rome, dont on peut dire qu'il a voit renouvellé les mœurs.

Paul V. Urbain VIII. Alexandre VII. Clement XII. par leurs travaux réunis, semblent avoir mis la derniere main à la décoration de Rome que leurs successeurs n'ont qu'à entretenir, en suivans leurs plans; quoique l'on voye que la flatterie qui est de tous les pays, & de toutes les cours, & le goût des inscriptions ; ont entremêlé les trophées d'armes & les éloges de leurs successeurs de façon à faire douter, qui est le véritable auteur de la plûpart des belles constructions que l'on admire.

Cette manie des inscriptions,

qui font plus multipliées à Rome que jamais ; & toutes gravées fur le marbre & le bronze, donnera bien de la befogne aux Antiquaires à venir qui entreprendront de les expliquer. Quel recueil immenfe en fourniroit Rome moderne. Tous les environs du Capitole en font couverts, les Confervateurs qui fe croient au moins l'ombre des Tribuns du Peuple, font tous les fix mois graver leur nom fur le marbre, pour éternifer la mémoire de leurs importantes fonctions. Une pierre qu'un Pape aura fait déplacer dans un monument public, ou un fefton qu'il y aura fait ajouter ; une frefque qu'un Cardinal aura fait réparer dans l'Eglife de fon titre; ce que font les Marguilliers des Paroiffes, les Supérieurs des Communautés, les Prieurs des Confrairies, relativement à leur état, tout cela eft gravé fur le marbre ; que l'on y ajoute encore les épitaphes, les mémoires particuliers, & que l'on fe

# PRÉFACE.

faſſe ſi l'on peut une idée de cette multitude d'inſcriptions. Les murs à Rome parlent par-tout ; mais ce qui intriguera beaucoup les *Gruters* à venir, ce ſont les ordonnances de Police qui ne ſont pas datées ; à quel Pontificat, à quel Magiſtrat donneront-ils, ce que *Monſignor Preſidente delle Stradé* ou *della Graſcia* a ordonné ſur l'enlevement des boues, ou le prix des huiles.

Cet uſage eſt en pleine vigueur non-ſeulement à Rome, mais dans les maiſons de Campagne, le long des chemins, à toutes les bornes, aux ponts, dans toutes les villes de l'Etat Eccléſiaſtique ; je crois qu'à cet égard le moderne a laiſſé l'ancien loin derriere lui. Ces inſcriptions ne ſeront-elles pas un jour auſſi intéreſſantes que celles ſur leſquelles nos Antiquaires ſe caſſent la tête ? J'en ai rapporté quelques-unes dans ces Mémoires pour ſervir de piéces de comparaiſon.

## PRÉFACE.

Je n'ai encore rien dit de l'usage presque général en Italie de compter les heures d'une à vingt-quatre, usage qui embarrasse tous les Ultramontains, & dont cependant il faut être au fait surtout à Gênes, à Bologne, à Vénise, à Florence & à Rome. A Milan, à Turin, à Naples, on trouve des gens à qui on peut parler de huit heures du matin, ou de quatre heures après midi, & se faire entendre ; mais ailleurs on seroit aussi étonné, qu'on pourroit l'être à Paris d'entendre une personne en inviter une autre à dîner pour dix-huit heures, vingt, ou vingt-une heures.

Il faut donc sçavoir que la premiere heure commence environ un quart d'heure après le coucher du soleil, à l'*Angelus* sonnant le soir, qui marque d'ordinaire les vingt-quatre heures du jour revolues.

De sorte que depuis le premier

Décembre jufqu'au quinze Janvier, à minuit on compte fept heures, quatorze & demie au lever du Soleil, & dix-neuf heures à midi, fi l'ufage eft de dîner à deux heures après midi, il eft alors vingt-une heures dans le ftyle Italien.

Au quinze Avril, minuit à cinq heures, lever du Soleil à dix heures, midi à dix-fept. Au premier Juin minuit à quatre heures, lever du Soleil à huit heures & demie, midi à feize heures. Au mois de Septembre minuit à cinq heures, lever du Soleil à dix heures & demie, midi à dix-fept heures.

Suivant les changemens qui arrivent dans le cours du Soleil, on ajoute des quarts ou des demies à cette façon de compter. Mais en voilà affez pour donner la clef de cet ufage, qui étonne d'abord, & qui eft bien moins commode que notre maniere ; car quand on parle en France de huit heures du matin, foit été, foit hyver, c'eft toujours la même chose & la même heure. Mais à Rome, on doit arranger montres, pendules, & mêmes affaires sur la hauteur du Soleil, dont il ne faut pas s'écarter.

Dans un pays où tout est d'étiquette & de fonctions, qui ont leurs heures fixées, cette maniere de compter est fort incommode ; par exemple ; les Chapelles Pontificales qui se tiennent en Décembre & en Janvier à dix-sept heures ; en Juin & en Juillet s'assemblent à quatorze, & c'est toujours le même tems par rapport au midi. Il en est de même pour tout ce qui a un tems déterminé, qui devroit être à une heure invariable, qui à Rome, change deux fois par mois. Je n'en parle que d'après plusieurs illustres Romains, des Cardinaux même & autres Personnages chargés des fonctions importantes, que j'ai ouï se plaindre de cette gêne qui les oblige toujours à compter pour ne pas se tromper sur l'heure

à

# PRÉFACE.

à laquelle ils ont affaire, & louer beaucoup l'ufage fixe & invariable de France, qui porte fur deux points égaux, midi & minuit, fans aucun égard à la longueur ou à la brieveté des jours. Quant à la maniere de défigner les heures, les horloges n'en frappent ordinairement que fix; il y a quelques cadrans qui n'en marquent pas davantage, plus communément ils en ont douze; quant aux cadrans folaires, ils font obligés de fe conformer à l'ufage de France, & au point de midi; parce que jufqu'à préfent ils n'ont pas pû affujettir le foleil à leurs façons.

V. La partie de mes Mémoires qui fuit, que j'ai annoncée comme la plus intéreffante & la plus curieufe, me paroît telle; & j'efpere que le Public en jugera de même. Rome moderne & fes ufages, l'état actuel de fa Cour, tel qu'il eft depuis un fiécle ou environ, & tel qu'il paroît devoir subsister encore long-tems; les mœurs des Romains m'ont beaucoup plus occupé que Rome antique, déja si connue, de laquelle on a tant parlé; elle ne me sert ici que de comparaison, en rapportant ce que j'ai trouvé dans les usages modernes de semblable avec les anciens.

Les beaux arts qui semblent avoir fait des efforts pour la décoration des Temples & des Edifices publics & particuliers, & qui contribuent tant à conserver encore à Rome la qualité de premiere ville de l'Univers, m'ont engagé à entrer dans quelques détails sur ses principales constructions, & sur ce qu'elles renferment de plus remarquable. Cependant il s'en faut beaucoup que j'aie parlé de tout ce qui est à voir; de tout ce que j'ai remarqué; il me suffit de n'avoir rien

PRÉFACE. xxvij
omis de ce qui m'a paru vraiment curieux.

Ainsi, après avoir parlé du moral, je passe au physique, dans lequel les Eglises tiennent incontestablement le premier rang, de-là aux Palais, aux Vignes ou Jardins, où sont rassemblées cette multitude de Statues antiques, qui ont été autrefois en si grande quantité à Rome, qu'elles y formoient un second peuple.... *Romæ tantam legimus fuisse statuarum copiam ut alter adesse populus lapideus diceretur.....* Ce goût qui avoit passé de la Gréce à Rome, flattoit beaucoup la vanité. Les particuliers en faisoient ériger, comptant que la solidité même de la matiere leur assuroit une espece d'immortalité...... *Plerique omnes æternitati se commendari arbitrantur, statuarum surrectione, ac eas affectant ardentius, ceu præmii plus ex figmentis æneis sensu*

b ij

*carentibus indepturi, quam ex honeſte geſtorum conſcientia.....* Cœl. Rhodig. l. 29. c. 24. (*a*)

---

(4) Par rapport aux différentes proportions que l'on remarque dans les Statues antiques, il eſt bon de ſçavoir que l'on en diſtinguoit de quatre ordres : *Pariles, Magnæ, Majores, Maximæ.*

*Pariles* étoient de grandeur naturelle, c'eſt de ce genre qu'on en élevoit aux Philoſophes, aux ſçavans & aux particuliers.

*Magnæ* avoient une demie Proportion au-deſſus du naturel, on les appelloit auſſi *Auguſtæ*, elles étoient le partage des Empereurs, des Princes, des Conſuls, des Généraux.

*Majores*, elles avoient deux fois la proportion naturelle, & c'étoit celle des Héros; on en peut prendre une idée ſur la ſtatue de Pompée; celles érigées aux Papes ſont dans cette proportion ou un peu au-deſſus.

*Maximæ* ou coloſſales, telles qu'étoient celles des grands Dieux, n'avoient plus de meſures que dans l'imagination de l'Artiſte, ou la fantaiſie de celui qui la mettoit en œuvre. Nous voyons cependant que les Sculpteurs Grecs, ou s'en ſont tenus aux proportions de la belle nature pour les grands ſujets, ou n'ont pas paſſé la taille des ſtatues du ſecond ordre pour les ſujets les plus grands & les plus majeſtueux.

Quoiqu'il en soit du motif; il ne me paroît pas douteux que les statues tant Grecques que Romaines, qui dans tous les tems ont fait la richesse & l'ornement de Rome, ne la peuplent encore plus utilement que la plûpart de ses habitans, en ce qu'elles y attirent une multitude d'étrangers qui ne peuvent admirer ces chefs-d'œuvres de l'art que dans l'endroit même où ils sont fixés. On peut dire encore que les tableaux peuplent Rome dans le même sens ; ces admirables productions du génie, bien plus intéressantes que les statues, ne sont pas aussi durables, le tems les détruit assez vîte ; mais l'art semble avoir fait un effort dans ces derniers tems pour secourir le génie, en portant la mosaïque à ce haut degré de perfection qui assure une durée presque inaltérable aux tableaux.

Le respect pour l'antiquité, ne

me permettra pas de paſſer ſous ſilence quelqu'uns de ces monumens qui ſont encore à Rome & dans les environs, & ſur les ruines deſquels on doit jetter quelques fleurs en paſſant. Telle eſt à peu près la diſtribution de la ſuite de ces Mémoires, auxquels j'ajouterai quelques remarques ſur la partie de l'Etat Eccléſiaſtique que j'ai traverſée en allant de Rome à Bologne par l'Ombrie, la Marche d'Ancone & la Romagne.

# TABLE
## DES TITRES
Contenus dans le cinquiéme Tome.

*I*DÉE du plan de Rome & de son étendue. 1
1. Résidence des Papes. 11
2. Choix des Papes. 15
3. Etat de la maison du Pape. Officiers principaux. Prélature. 21
4. Troupes de la garde du Pape. 25
5. Chapelle Pontificale à S. Pierre 28
6. Bénédiction solemnelle. Publication des Bulles le Jeudi Saint. Autres Cérémonies. 34
7. Cortége du Saint Pere qnand il sort dans la Ville. 44

8. *Audience du Pape.* 46
9. *Etat des Cardinaux à Rome.* 51
10. *Cérémonial à Rome.* 69
11. *Façade, Fête que les Cardinaux donnent à Rome à leur promotion.* 71
12. *Charge que l'on appelle Cardinalices.* 76
13. *Auditeurs de Rote, & autres Tribunaux.* 79
14. *Sénateurs de Rome & conservateurs.* 89
15. *Politique & Intrigues à Rome. Inquisition.* 98
16. *Ordre des Evéques. Clergé Séculier & Régulier.* 113
17. *Population de Rome.* 131
18. *Princes & Barons Romains.* 132
19. *Faste de la Noblesse à Rome.* 139
20. *Conversations ou grandes assemblées chez les cardinaux.* 149
21. *Autres conversations ou assemblées.* 155

TABLE DES TITRES. xxxiij

22. *Idée générale des mœurs & usages à Rome.* 166
23. *Théâtres & autres Spectacles.* 175
24. *Carnaval de Rome. Beauté de son Spectacle.* 192
25. *Courses de chevaux.* 208
26. *Spectacles particuliers.* 211
27. *Promenade du cours.* 214
28. *Promenades de nuit en été.* 218
29. *Bourgeoisie de Rome.* 224
30. *Peuple de Rome. Hôpitaux.* 227
31. *Industrie. Commerce. Mœurs.* 237
32. *Courtisanes point souffertes à Rome. Assassinats fréquens.* 248
33. *Transteverins.* 256
34. *Culte religieux extérieur. Monts de piété. Messe selon le Rit Syriaque. Reliques.* 259
35. *Etat des Sciences & des Arts. Colléges de la Sapience & de la Propagande. Académie des Arcades.* 280

### TABLE DES TITRES.

36. *Climat de Rome. Sa température. Causes de la dépopulation de la campagne, moyens de la repeupler.* 305
37. *Eglise de Saint Pierre.* 328
38. *Obélisques.* 337
39. *Dedans de l'Eglise Saint Pierre, Mosaïque de Rome.* 345
40. *Palais du Vatican. Peintures de Raphaël.* 370.
41. *Statues de Belvedere.* 387
42. *Bibliothéque du Vatican.* 403
43. *Saint Jean de Latran.* 420
44. *Sainte Marie Majeure.* 435
45. *Saint Paul hors des murs. Sainte Croix de Jérusalem.* 449
46. *Saint Laurent, Saint Sébastien, Catacombes. Antiques.* 457
47. *Autres Eglises, Tableaux, Statues antiques.* 468
48. *Temples & Cimetieres antiques.* 474
49. *Suite des Eglises & Tableaux. Sta-*

tues modernes. 481
50. Eglises au-delà du Tibre. Monumens antiques & modernes. 479

Préface. I. Comparaison de Rome an-
cienne avec Rome moderne. j
II. Suite chronologique des Papes.
xiij
III. Papes qui ont le plus contribué à
l'embellissement de Rome. xvij
IV. Maniere de diviser le jour & de
compter les heures en Italie. xxj
V. Division, Tomes V. & VI. de cet
Ouvrage. xxv

Fin de la Table du Tome V.

**DESCRIPTION**

# DESCRIPTION
## HISTORIQUE
## ET
## CRITIQUE
## DE L'ITALIE.

---

*ROME ET SES ENVIRONS,*
PREMIERE PARTIE
*Ufages, mœurs, fpectacles, commerce.*

LA Ville de Rome dans fon état actuel peut paffer encore pour la plus belle de l'Univers : l'entrée du côté de la porte du Peuple eft d'une magnificence qui en impofe à tout étranger, qui la voit pour la premiere fois. Ses

*Idée du plan de Rome & de fon étendue.*

Tome V.  A

rues, ses places, cette multitude d'édifices publics & de palais construits avec autant de solidité que d'élégance ; ses obelisques & ses colonnes, les fontaines décorées avec goût & noblesse, & qui fournissent continuellement & en abondance d'excellentes eaux dans tous les quartiers de la Ville ; le soin que l'on a d'entretenir le pavé, & de veiller à la propreté des rues ; les chef-d'œuvres de sculpture ancienne & moderne, & de peinture que l'on y conserve ; la douceur de son climat, la beauté de ses jardins, le luxe pompeux de représentation qui y regne, tous ces objets rassemblés forment un tableau riche & varié, & rendent cette Ville encore digne d'être regardée comme la capitale de l'Univers : on y reconnoît les traits avec lesquels la peignoit Properce, qui vivoit dans les beaux jours d'Auguste ( 1 ).

---

( 1 ) *Omnia Romanæ cedant, miracula terræ.*

*Naturæ huic posuit, quidquid ubique fuit.*

Propert. l. 1. eleg. 1.

Les chefs-d'œuvres antiques des arts, conser-

## Ville de Rome.

Son enceinte, y compris la partie qui est au-delà du Tibre, & tout le Vatican, est d'environ quinze milles communs d'Italie, ce qui revient à cinq

---

vés, joints à ce qu'ils ont produit de plus parfait depuis leur rétablissement en Europe, augmentent encore la beauté du spectacle. Quant au moral, les étrangers de toutes les Nations y vivent dans une liberté & une tranquillité, que les Loix du pays ne leur disputent pas, pourvu qu'ils ayent pour elle le respect extérieur que la bonne police est par-tout en droit d'exiger.

C'est la patrie commune de tous les Italiens, qui cherchent à s'attacher à la Cour de Rome, & à y occuper un rang. Les autres Catholiques devroient jouir également de ce droit dans la maison du Pere commun, si les Italiens ne s'étoient ligués pour les en exclure; & si la prédilection des Papes pour leurs Nationaux, n'avoient pas trop favorisé ces sentimens, qui paroissent avoir passé en principe de politique. Si toutes choses étoient en ce pays comme elles devroient y être, les Catholiques de l'Univers, auroient un bien plus grand intérêt à maintenir Rome dans sa splendeur, & à la regarder comme leur patrie commune......

*Vivitur omnigenis in partibus, haud secus*
    *ac si*
*Cives congenitos concludat mœnibus unis*

lieues de France. Elle n'a jamais été plus considérable, car depuis le roi Servius Tullius, qui en augmenta l'étendue, jusqu'au tems de l'empereur Aurelien, elle ne comprenoit alors que les sept collines ou monts, Capitolin, Palatin, Quirinal, Viminal, Esquilin, Célius & Aventin; on prétend que le mont Janicule étoit aussi dans cette enceinte : ce qui est au moins douteux, attendu que le Tibre paroît avoir été long-temps la borne naturelle de Rome du nord au couchant.

En 271, Aurelien renferma dans l'enceinte de la Ville, tout le champ de Mars, & les collines ou monts appellés Citorio, Vaticano & Pincio, & probablement le Janicule. Le champ de Mars s'étendoit depuis le pied du Capitole & du Quirinal jusqu'à la porte du Peuple, & étoit borné au nord par le Tibre, & à l'orient par le mont Pin-

---

*Urbs patria, atque omnes lare conciliemur avito.....*

Prudentius. l. 2.

Il est certain que les choses devroient encore être au même état.

cio : il occupoit presque tout l'espace où sont les trois belles rues *del Corso*, *di Ripetta*, & *del Babuino*, qui aboutissent à la place & à la porte du Peuple, de même que les quartiers qui les avoisinent.

On entre dans cette Ville par quinze portes, qui sont la porte *del Popolo*, à droite du Tibre en arrivant au nord, *Pinciana*, *Salara*; au levant, *Porta pia*, *San Lorenzo*, *Porta maggiore*; au midi, *Porta San Giovani*, *Latina*, *San Sebastiano*, *San Paolo*; au-delà du Tibre au couchant, *Porta portèse*, *San Pancracio*, *Cavalligeri*, *Angelica Castello*: ces deux dernieres sont au nord.

La Ville n'est entourée que d'une simple muraille sans fossés, défendue de quelques tours & bastions que l'on a soin d'entretenir, & que le Pape Benoît XIV a fait réparer par-tout où elle menaçoit ruine.

Le Tibre coule du nord au couchant de la Ville, & sépare Rome proprement dite de la Cité Léonine, qui comprend Saint Pierre & le Vatican, & toute la partie appellée *Transtevere*. Ce fleuve si chanté par les Poëtes, si vanté par les Historiens, a environ quatre-vingt toises de largeur : on le dit très-profond, ses eaux sont grises & bourbeuses comme toutes celles qui coulent de l'Apennin; il est navigable & porte encore jusqu'à Rome les plus grosses barques. On le traverse sur trois ponts qui communiquent d'un quartier de la ville à l'autre, qui sont les ponts St Ange, Sixte, de l'Isle St Barthelemi ou du Tibre, divisé en deux parties, appellées l'une *Ponté à quatro capi*; l'autre *Ponté San Bartholomeo*. On voit de la pointe de l'Isle Saint Barthelemi, au couchant, les restes du Pont triomphale, que l'on appelle aujourd'hui *Ponté rotto*, dont deux arcades furent emportées dans l'inondation de 1598. & plus bas encore les prétendus restes du Pont *Sublicius*, sur lequel Horatius Coclès arrêta seul l'armée de Porsenna. Plus haut au nord, est le *Ponté mollé*, ou l'ancien pont Milvius que l'on traverse en arrivant de Florence & de Boulogne à Rome; il est célébre par la défaite de Maxence, par Constantin le grand.

On peut comparer la forme de la ville de Rome à un poligone ovale & irrégulier; il n'y en a qu'environ un tiers qui soit vraiment peuplé, c'est-à-dire, de

## VILLE DE ROME.

la porte *del Popolo* au mont Palatin du nord au midi, & du mont Pincio au Tibre du levant au couchant : ce qui forme à peu près un triangle, dont la pointe est à la porte du Peuple, & la base s'étend de Sainte Marie Majeure à l'Isle Saint Barthelemi ; c'est dans cette étendue que se fait tout le mouvement de Rome, sur-tout aux environs du Quirinal ou *Monte Cavallo*, où est le palais du Pape, & du Capitole, dans la rue du Cours, à Ripetta, dans les quartiers des Places Navonne, St Marc & d'Espagne. Le reste de la ville est occupé par des monastères, de grandes églises, des vignes ou jardins, des ruines de thermes, cirques, palais & autres monumens antiques de la magnificence romaine, dont il sera parlé ailleurs.

En comparant les plans de Rome ancienne avec ceux de Rome moderne, il paroît que le gros de la population a toujours été à peu près dans le même quartier ; car les cirques, les théâtres, & les autres édifices publics, dont les ruines subsistent encore, les jardins immenses des riches Romains, occupoient une très-grande partie de l'enceinte de Rome : ainsi il est difficile d'imaginer qu'elle ait jamais renfermé dans ses murs, cette immense quantité d'habitans dont les anciens dénombremens font mention : ou les écrivains ont prodigieusement exagéré, ou on doit penser qu'ils regardoient comme Romains, c'est-à-dire, jouissant à Rome même du droit de bourgeoisie, tous les habitans libres de la Campagne de Rome, qui dans les comices générales se trouvoient au Champ de Mars en qualité de citoyens Romains, & formoient ce peuple nombreux dont la puissance étoit si formidable. Il n'est pas possible de penser autrement, en examinant le total & la forme des édifices, & sur-tout en réfléchissant sur les usages & le luxe de ces anciens Romains, qui entretenoient une si grande quantité d'esclaves, qui augmentoient la population & le mouvement, mais qui dans aucun tems ne se sont mêlés des affaires publiques, & n'ont pas plus été compris dans le dénombrement des citoyens, que les chevaux, les ânes & les bœufs qu'ils remplaçoient si souvent.

Ce n'est pas que je prétende comparer la population de l'ancienne Rome, au petit nombre des habitans de la moderne, & que je doute que le nombre des ames vivantes n'y ait été infiniment plus confidérable ; mais le gouvernement de Rome païenne, totalement différent de celui de Rome catholique, exigeoit un bien plus grand nombre d'habitans, pour fe foutenir dans fon état de fplendeur, & donner une idée frapante de fa puiffance & de fes forces aux étrangers qui y abordoient de toutes les parties de l'Univers. Ce fpectacle en impofoit aux Nations même les plus barbares ; & il étoit du plus grand intérêt de la république de le maintenir dans tout fon éclat.

Il n'en eft donc pas de même de l'empire actuel de Rome, qui étant tout fpirituel, & ne s'appuyant en aucune manière fur la force & la violence, n'a befoin que de cette pompe néceffaire à tous les grands établiffemens, pour fe concilier le refpect extérieur dont il doit jouir.

C'eft ce fpectacle nouveau que je vais mettre fous les yeux : Rome antique fi connue par fes excellens écrivains, fes monumens magnifiques, & le bruit de fa puiffance, ne peut prefque plus rien préfenter de nouveau à un fpectateur inftruit. Si l'on dépeint encore fes anciennes conftructions, ce ne

A v

doit plus être que pour les représenter dans l'état de dégradation auquel l'injure des tems, la durée des siécles, la fureur des révolutions, & même la cupidité particuliere les ont réduites : on ne peut plus parler de leur magnificence que sur le rapport d'autrui.

Mais la Rome moderne, moins connue, presque toujours négligée par les voyageurs, qui d'ordinaire vont chercher dans les ruines antiques qui y restent, des objets de curiosité peu satisfaisans, n'a point été représentée telle qu'elle est. Cependant je n'ai pas cru ce tableau moins intéressant que celui de quelques constructions dégradées; c'est donc de son Souverain & de sa Cour, de ses Officiers principaux, de ses mœurs & de ses usages actuels, que je vais parler d'abord dans ces mémoires. Le respect de l'antiquité ne doit pas détruire en nous le goût & la curiosité louable de connoître ce qui se passe sous nos yeux, & qui nous intéresse véritablement. (a)

***

(a) *Dùm vetera extollimus recentium incuriosi.* Tacit. l. I. ann. *Nec omnia apud*

## COUR DE ROME.

1. Je ne discuterai point ici les différens états par lesquels la ville de Rome a passé avant que d'être soumise au pouvoir des Papes. En qualité de Princes temporels, ils y jouissent d'une puissance absolue, & en bien des occasions leur volonté est la premiere des loix. Cependant ce pouvoir est tempéré par l'autorité du sacré College des Cardinaux, qui dans ces derniers tems ont acquis un si grand crédit, que l'on peut regarder le gouvernement de Rome, comme une monarchie tempérée par l'aristocratie.

*Résidence des Papes.*

Le Pape successeur de saint Pierre, chef visible de l'Eglise catholique, & le centre d'union de toutes ses membres entr'eux, réside à Rome où il tient sa Cour. (*a*) Mon intention n'étant que

---

*priores meliora, sed nostra quoque ætas multa laudis, & artium imitanda posteris, tulit.*
Id. l. 3. an.

(*a*) *Sedes Roma Petri, quæ pastoralis honoris*
*Facta caput mundo, quidquid non possidet armis,*
*Religione tenet. . . . .* Prosper.

d'en parler ici, comme du Souverain de cette capitale ancienne de l'Univers à laquelle on peut toujours accorder le même titre, & des provinces qui en dépendent, je n'entrerai dans aucun détail sur ses prérogatives & ses droits comme chef de l'Eglise.

La résidence des Papes a été en différens quartiers de la ville de Rome : la premiere étoit au palais de Latran à côté de l'église patriarchale de St Jean qui est le vrai siége épiscopal de Rome, & qui doit être regardée comme la premiere église de l'Univers. Elle étoit appellée autrefois *Patriarchium Lateranense*. Ce palais situé à gauche de l'église, la touche immédiatement. Les Papes en habits pontificaux, y entroient de leurs appartemens où ils s'étoient habillés, mais pendant la longue résidence des Papes en France & à Avignon, l'ancien palais de Latran tomba en ruine ; de sorte que Grégoire XI, ayant transféré le siége d'Avignon à Rome, en 1377. fixa sa résidence au Vatican.

Mais comme à certains jours solemnels, le Pape va tenir chapelle & officier à l'église de Latran, & qu'il étoit convenable que pour ces tems au moins, il eût un palais où il pût defcendre & fe loger, Sixte V fit élever en 1586, le palais de Latran fur les deffeins du cavalier Fontana : deux des faces de ce palais furent terminées avant fa mort, la troifiéme n'a été achevée que dans ce fiecle, fous le Pontificat de Clément XII. L'éloignement de ce palais du centre de la ville & de toutes les affaires, fut caufe qu'après la mort de Sixte V, il fut abandonné. Il refta inutile jufqu'au pontificat d'Innocent XII, qui en fit un hofpice ou confervatoire pour les pauvres des deux fexes, qui devoient y travailler aux différens métiers qu'il y établit. Peu après il fit transférer tous les hommes à l'hofpice de *Ripa grande*, fur le bord du Tibre, & ne conferva dans le palais de Latran qu'un confervatoire nombreux de filles, qui s'y occupent encore à divers ouvrages, & qui y font entretenues jufqu'à ce qu'on trouve à les établir.

Le palais du Vatican fut enfuite l'habitation principale des Papes : on peut juger qu'ils eurent deffein de le rendre affez confidérable pour y loger leur

Cour & tous ceux qui auroient affaire à eux, & qu'ils n'épargnerent rien pour en faire le plus bel édifice de Rome, comme il est le plus vaste ; car ce palais avec ses jardins & ses dépendances, y compris l'église & la place St Pierre, a au moins quatre milles de tour. Il n'y a rien de régulier dans le total, mais il y a des parties de détail de la plus grande beauté, dont je parlerai ailleurs. Chaque Pape y a fait ajouter quelque chose.

Comme c'est le quartier de Rome le plus bas & le plus marécageux, quoique dans les révolutions que cette ville a éprouvées, le terrein en ait été beaucoup exhaussé, les Papes dans la suite des tems ont fixé ailleurs leur résidence, & ont choisi une position plus élevée, & où l'air fût plus sain. Paul III quitta le premier le Vatican, & vint demeurer sur le Quirinal, dans le vaste & magnifique palais qui doit sa perfection à Paul V, & son entier accomplissement à Alexandre VII & à Clément XII, qui l'ont isolé de tout autre bâtiment, & ont achevé les jardins. Sa situation élevée fait qu'on y a la vue de la plus grande partie de Rome & même du Vatican. C'est-là que réside le souverain Pontife, à quelques jours de l'année près, comme du mercredi saint au jour de Pâque, qu'il habite le Vatican. Les Officiers principaux de la Cour de Rome ont leurs logemens marqués dans ce palais ou dans les environs, ce qui est très-commode pour l'expédition des affaires, & même pour les Officiers, qui ont à traiter entr'eux.

2. Je ne m'arrêterai point à parler ici de l'élection du Pape, qui se fait par le sacré College assemblé en conclave, & enfermé au Vatican. On trouve partout la description des usages qui s'observent alors, on connoît les intrigues & les brigues qui y sont en pratique, les différentes factions qui y regnent & qui se ménagent dès que le Pape est élu : car les chefs de parti ne sont occupés que des mesures qu'ils ont à prendre pour porter tel ou tel Cardinal sur le throne de l'Eglise, & ils y pensent dès que les cérémonies qui accompagnent & suivent l'élection & le couronnement du Pape sont finies. Il arrive très-rarement que ceux qui ont le plus contribué à l'élection d'un Pape, soient satisfaits des graces qui leur sont ac-

*Choix des Papes.*

cordées, ou des places qu'ils en attendoient (*a*).

Comme on ne choisit que des personnages déja avancés en âge pour les mettre à la tête de l'Eglise, & sur la longue vie desquels il est difficile de compter, les mécontens qui ont du

---

(*a*) J'ai ouï raconter au Cardinal Banchieri, l'histoire du dernier conclave d'une manière fort plaisante; il disoit en propres termes: » Quand nous entrons au conclave, nous som-
» mes tous pénétrés de l'assistance du Saint-
» Esprit, mais quand nous y avons été pendant
» quatre jours, il n'y en a pas un de nous qui
» n'imagine qu'il l'a pris immédiatement pour
» son sanctuaire. » Ce Cardinal étoit un petit homme plein de feu & de vivacité, qui disoit tout ce qui lui venoit en tête: il avoit été trésorier de la chambre apostolique, fait Cardinal en 1753; il préchoit toujours misere, passoit pour pauvre, & cependant a laissé une succession opulente, ce qui a fort étonné Rome. Il y eut dans ce même conclave un autre Cardinal fort singulier, qui ne voulut jamais donner sa voix, parce qu'il ne trouvoit personne digne d'être placé sur la chaire de St Pierre, si on s'en fut rapporté à lui, on sçait bien qu'il auroit nommé...... Quand ses confrères trouvoient quelque chose à redire au gouvernement actuel, il ne cessoit de leur répondre, c'est votre faute, pourquoi l'avez-vous nommé? Je n'ai rien à me reprocher à ce sujet......

crédit cherchent à l'augmenter encore par leurs intrigues fecrettes : ils forment des liaifons, fe pratiquent des créatures, & ne négligent rien pour fe ménager des fuccès plus heureux dans l'élection prochaine, qu'ils fe plaifent à prévoir.

Il faut convenir que ceux des Cardinaux qui veulent être chefs de faction, ont une adreffe merveilleufe pour venir à bout de leurs intentions, & c'eft la fouplefle d'efprit qu'ils acquiérent dans ce manége, qui les rend plus capables de négocier de grandes affaires; ainfi on peut dire que tout ce qui a rapport à l'élection des Papes, eft en quelque façon l'élément de la politique, & l'école où il s'en forme une multitude de tout rang & de tout état.

Ce qui met beaucoup d'embarras à toutes les mefures que l'on peut prendre, c'eft qu'il ne faut que l'oppofition d'une des principales têtes couronnées de l'Europe, fignifiée au conclave par fon Ambaffadeur, pour rendre nulle une élection conclue & arrêtée, & empêcher que l'intronifation du Pape ne fe faffe : ce qui rompt toutes les brigues, déconcerte toutes les factions, rend toutes les précautions inutiles.

Comme ces fortes de cataftrophes n'arrivent qu'après que les conclaves ont déja duré un certain tems, & que les Cardinaux ennuyés d'y être enfermés fouhaitent beaucoup d'en fortir ; alors le Pape qui eft élu avec précipitation, qui doit être au gré de toutes les puiffances catholiques, & qui ne doit fon exaltation qu'à la néceffité où on eft de donner un Chef à l'Eglife, ne tient plus à aucun parti, il refte le maître de difpofer des chofes à fon gré & n'a aucune créature à récompenfer, ou avec laquelle il ait pris des engagemens d'avance, quoique les chefs de parti ne manquent pas dans ces occafions, de faire valoir la préférence qu'ils donnent au fujet qu'ils portent tout d'un coup à un fi haut degré d'élévation, & lorfqu'il avoit le moins de droit de s'y attendre.

Cet ufage de donner l'exclufion dans le choix d'un fouverain Pontife, qui paroît faire dépendre fon élection autant du confentement des différens fouverains de l'Eglife Catholique, que du fuffrage des Cardinaux, a été établi pour prévenir les fchifmes, les menaces de dépofition, les affemblées illégitimes des conciles, & mille autres fujets de troubles, de divisions & même de guerres opiniâtres, qui ont autrefois pris leurs sources dans l'élection des Papes, qui n'étoient pas au gré des puissances de l'Europe, ou qui témoignoient une inclination décidée pour une nation au préjudice d'une autre.

Cet usage considéré dans son vrai point de vue, est donc très-sage, & tend à maintenir la paix générale de l'Eglise Catholique. Le Pape est le chef, & comme pere commun des fidèles, en doit avoir les sentimens, & tenir la balance égale entre tous ses enfans qui se le donnent pour pere, & qui ont intérêt à être tous traités aussi favorablement les uns que les autres.

Malgré toutes les précautions que l'on peut prendre à ce sujet, il est bien rare que la balance ne penche pas plus d'un côté que de l'autre, parce que le souverain Pontife, qui ne peut pas tout faire par lui-même, a des ministres qui ont leurs intérêts & leurs passions particulieres, par les mains desquels passent toutes les grandes affaires, & qui leur donnent la tournure qu'ils jugent à propos.

Après avoir examiné de près la Cour

de Rome, & reconnu le parti auquel tiennent le plus les Cardinaux, il est aisé de prévoir quelle tournure prendra une affaire qui intéresse quelque prince de l'Europe, dès que l'on connoît les Cardinaux qui doivent l'examiner & en décider. Depuis deux à trois ans, j'ai vu quelques affaires principales portées aux congrégations, & je ne me suis pas trompé sur leur décision, en voyant seulement les noms des Cardinaux & des prélats nommés pour commissaires. On sçait à Rome, quels sont les Cardinaux tenans aux partis dominans en Europe, quels sont les Prélats qui leur sont attachés, & quelle est l'inclination générale du ministère. Tout foible qu'il puisse être, il influe beaucoup sur les affaires générales, & en dispose presque toujours à son gré, en nommant ceux qui doivent en décider.

Ce n'est pas qu'on rompe absolument en visiere à aucune puissance catholique, & qu'on cherche à l'indisposer, en ne donnant à traiter les affaires qui l'intéressent qu'à des cardinaux déclarés pour le parti contraire : il y a trop de politique & de bon sens à Rome pour faire de pareilles bévues; ainsi on choisit des commissaires à peu près en nombre égal, dans les partis oppofés; mais il y a des cardinaux Italiens peu connus hors de Rome, qui y vivent même dans une forte d'obfcurité, qui ne paroiffent avoir aucune part aux intrigues générales, & qui d'ordinaire fon entiérement dévoués au miniftere. Ce font ceux-là qui donnent le branle aux affaires, parce qu'on ne les appelle aux congrégations qu'autant que l'on eft fûr de leurs avis. Quant aux prélats, aux *Monfignori*, chargés de l'inftruction des affaires, & d'en faire le rapport aux congrégations, ils font trop intéreffés à fuivre les vues du miniftere, pour ne pas s'y conformer en tout. Car il n'y en a aucun qui n'afpire à quelque place, qu'il ne peut obtenir que du fouverain regnant, & auquel non-feulement il faut plaire, mais encore à ceux qui ont fa confiance.

Ce font ces vues continuelles d'ambition & d'intrigues, qui rendent les efprits fi déliés à la cour de Rome, plus encore pour les affaires particulieres qui les intéreffent actuellement que pour les affaires générales.

3. L'état de la maifon du Pape a la pompe convenable au rang qu'il tient dans l'Eglife & parmi les fouverains de

*Etat de la maifon du Pape, & de*

l'Europe. Sa dignité de chef de l'Eglise, qui est celle dans laquelle il est reconnu par tous les peuples catholiques, est annoncée par des ministres de paix qui forment sa cour, & dont une partie lui fait cortege, toutes les fois qu'il se montre en public. Les grands officiers de la cour de Rome revêtus de la pourpre, sont :

<small>Les officiers principaux.</small>

Le cardinal Cadmerlingue... le cardinal Dataire qui est la charge la plus utile, & que le cardinal Cavalchini eut pour se consoler, après qu'une lettre d'exclusion de la France, l'eut fait descendre du thrône de saint Pierre sur lequel il se croyoit solidement établi... le cardinal Chancelier, ou Secretaire des mémoriaux... le cardinal Secretaire des brefs... & le cardinal Secretaire d'état.

<small>Prélature.</small>

Le Majordome, le Maître de chambre, & l'Auditeur ou conseil particulier du Pape, sont les trois premieres places de sa maison, que l'on ne quitte d'ordinaire que pour le chapeau de cardinal où elles conduisent; le sacristain ou maître de chapelle; ces prélats ont tous un titre d'évêque ou d'archevêque *in partibus*.

Le Maître du sacré palais, place très-anciennement attachée à l'ordre de saint

COUR DE ROME. 23

Dominique, qui quelquefois conduit au cardinalat. (*a*)

Les Cameriers secrets ou premiers gentilshommes de la chambre du Pape sont au nombre de seize; le premier étoit en 1762 Monsignor Gio Battista Rezzonico, neveu de sa Sainteté. Le Médecin ordinaire du Pape est compris dans ce nombre, & on lui donne le titre de Monsignor.

Les Cameriers secrets surnumeraires sont beaucoup plus nombreux, c'est une faveur que le Pape accorde à qui il lui plaît, & qui lui occasionne peu de dépense.

Toute cette partie de la maison du Pape est de prélats qui passent par tour une certaine quantité de tems dans l'antichambre de sa Sainteté, où ils sont en camail & en rochet; le maître de la chambre ne quitte jamais son poste, qu'en cas de maladie, ou d'affaires pressantes avec la permission expresse du Pape.

―――――――――

(*a*) Le Maître du sacré Palais a la censure des livres & le droit de les approuver; & le Vice-gerent la police de la librairie, & en ce cas le second est subordonné au premier.

Viennent ensuite les prélats domestiques du Pape, titre que prennent presque tous les cameriers secrets... les cameriers d'honneur ou gentilshommes ordinaires qui portent dans le tems de leur service l'habit long violet; ce que l'on appelle à Rome *Camerieri d'onore in habito pionazzo*.. les chapelains ou aumôniers ordinaires, au nombre de six, parmi lesquels est le porte-croix, qui de même que les autres, jouit des honneurs de la prélature... dans tous ces ordres il y a quantité de surnuméraires pour remplacer les malades ou les absens.

Ces différens officiers qui sont au nombre de plus de deux cents, sont tous prélats vêtus de noir à l'ordinaire, avec les bas & le collet violet.

Les officiers ou gentilshommes laïques attachés à la personne & à la maison du Pape, appellés *Camerieri segreti di capa è dispada*, sont à l'ordinaire au nombre de cinq ou six, dont le premier étoit en 1762, dom Abondio Rezzonico, neveu de sa Sainteté. Tous les nobles Romains qui n'ont pas le titre de princes & de ducs, se font honneur de ce titre, qui est conféré gratuitement à quantité de gentilshommes des
autres

autres états de l'Italie, & que l'on appelle Cameriers d'honneur.

Parmi les premiers il y en a qui ont quelque exercice, tels que le maréchal de la chapelle pontificale, charge héréditaire dans la maison Conti; le grand fourrier, & l'écuyer qui sont des charges attachées au thrône & non à la personne du Pape.

4. Les chevaliers de la garde que l'on appelle *Lanzié Spezzatté*, sont les officiers qui commandent les détachemens des chevaux-legers, cuirassiers & suisses de la garde du Pape; ils sont au nombre de dix, & ont autant de surnuméraires obligés au service. Ils ont une solde fixe. Il y en a ordinairement deux de garde au palais du Pape qui montent à cheval & l'accompagnent quand il sort. L'habillement de ces officiers est le manteau ou cape, & l'habit noir à la Romaine; c'est-à-dire un corselet avec un jupon ou tonnelet, des manches ouvertes qui ne descendent pas jusqu'au coude; ce qui ressemble à l'ancien habit appellé *paludamentum*, la grande cravate, la perruque longue avec l'épée. Ils montent la garde le pistolet à la main, & ont pour officier supérieur le prélat commissaire des armes.

{Troupes de la garde du Pape.}

Tome V.          B

La compagnie des chevaux-légers de la garde est composée de soixante maîtres bien vêtus & montés. Leur uniforme est rouge à paremens & renversures de velours bleu, boutons & boutonnieres d'or, la veste de velours bleu, galonnée d'or ; quand ils sont de garde, ils portent une espece de casaque ou de soubreveste d'écarlate, chamarrée de galons d'or, ils marchent le pistolet haut; l'équipage du cheval est bleu, bordé d'or.

Les cuirassiers de la garde en même nombre que les chevaux-légers, ont l'uniforme bleu à paremens & renversures rouges, boutons & boutonnieres d'argent, l'équipage du cheval rouge bordé d'argent.

Les suisses ont les longues chausses, & le baudrier mi-partie de rouge & de jaune, & l'habit rouge à paremens jaunes.

Ces troupes composent la garde ordinaire du Pape. Il y a dans Rome deux compagnies nombreuses d'infanterie, connues sous le nom de Garde-Avignonoise & de Garde-Corse. La premiere a l'uniforme rouge, paremens & renversures bleues, & les boutons blancs; les Officiers sont vêtus de rouge galonnés d'argent. La feconde a l'uniforme blanc, avec paremens & renverfures rouges & les boutons blancs. Ces deux troupes fervent à garder les portes de la ville, à prêter main-forte en cas de befoin aux commis des douanes; elles ont quelques corps-de-garde établis dans les différens quartiers de la ville pour fa fûreté; le fervice s'y fait avec affez d'exactitude.

Les places de chevaux-légers & de cuiraffiers de la garde font prefque toutes occupées par des marchands ou des artiftes auxquels on les accorde pour récompenfe. Elles font fort utiles, à raifon de leur folde qui iroit à près de trois livres de France, s'ils la tiroient entiere; mais comme la plupart de ces places fe vendent, & que ceux qui les achetent n'ont pas le moyen de les payer comptant, on leur retient partie de la folde jufqu'à concurrence du prix convenu pour la vente. Ces cavaliers s'entretiennent; la chambre apoftolique fournit le cheval & l'équipage, & elle le nourrit dans les écuries qui leur font deftinées; il en eft de même des Gardes-Corfes & Avignonoifes qui ont toujours beaucoup de furnuméraires, qui payent pour l'être & pour jouir de l'expectative d'une place dans ces troupes.

Il y a quelqu'autres troupes à la solde de l'Eglise, répandues dans les villes frontieres & les places fortifiées de l'Etat ecclésiastique; mais elles font un petit objet tant pour le nombre que pour le secours que l'on en tire en cas de besoin, à en juger par le proverbe qui court les rues de Rome, *Lei soldati del Papa, per svolgere una rapa.*

Tel est à peu-près l'état de la maison & des officiers commensaux du Papé: pour voir tout cela dans le plus bel étalage, il faut se trouver à Rome lorsque le saint Pere officie solemnellement à Saint Pierre, chacun y est alors en exercice, & quelques nombreux que soient les différens officiers, l'espace est assez grand pour qu'ils ne s'embarrassent point les uns les autres, & que le service se fasse avec autant de dignité que de magnificence.

Chapelle pontificale à St Pierre. 5. Le Pape, comme je l'ai dit plus haut, habite alors le Vatican; & à l'heure que la Grand'Messe doit commencer, il descend par le grand escalier, précédé de tout son cortege qui est formé par un détachement de la

Garde-Suisse, qui dans ces solemnités, est armée de pied-en-cap, avec le casque en tête ; les Officiers sont habillés de même, à l'exception du casque ; un détachement des chevaux légers qui sont en bottines, & le pistolet à la main, ensuite les domestiques de livrée, les maîtres de chambre & les gentilshommes de la suite des Cardinaux. Les portiers du Pape vêtus d'une simarre rouge avec le capuchon bordé d'hermine. La croix est portée par le plus jeune des auditeurs de Rotte, ayant deux Clercs de la chambre apostolique à ses côtés ; vient ensuite la prélature qui aux jours solemnels y est toute rassemblée : car les gouverneurs des Villes voisines ne manquent pas de venir faire leur cour dans ces occasions, les protonotaires, les auditeurs de Rotte, les évêques assistans du thrône, & les généraux d'ordre, les cardinaux suivis de leurs caudataires en simarre violette, les quatre conservateurs, les princes assistans du thrône ; le saint Pere en chappe, avec la mitre sur la tête, assis dans un fauteuil placé sur un brancard, porté sur les épaules de quatorze valets de chambre, vêtus de rouge comme les portiers : on tient à côté de lui deux gran-

A iij

des ombelles, ou éventails de plumes d'autruches blanches; le brancard est placé sous un dais pliant, porté par huit gentilshommes ordinaires; la marche est terminée par les cameriers secrets & ordinaires de cape & d'épée, & fermée par le reste de la garde-Suisse (a).

―――――――――――

(a) C'est donc à tort que l'on a dit dans les Observations sur l'Italie & les Italiens qui ont paru en 1765, (T. 2 p. 286): *La Cour du plus petit électeur ecclésiastique en montre beaucoup davantage.... Dans les chapelles, aux consistoires, dans toutes les occasions où le Pape à la tête du college des Cardinaux paroît dans toute sa grandeur, je n'ai vu qu'un évêque ou un abbé à la tête de son chapitre..... Elle n'a rien de plus imposant que les deux grands éventails ou émouchoirs de plumes qui font une partie intégrante de la pompe papale.*..... Il faut convenir que la façon de voir & de juger d'un Suédois & d'un François est bien différente; la pompe papale m'a paru en plusieurs occasions avoir toute la majesté de représentation que l'on pouvoit y souhaiter, tant par rapport au nombre du cortege, qu'à la qualité de ceux qui le composent. Quel est l'évêque ou l'abbé dont le chapitre puisse être comparé au corps de la prélature, & au sacré college des cardinaux? Les princes & barons Romains, cette multitude de différens officiers,

On descend le Pape de son fauteuil à cinquante pas environ du grand autel, d'où il vient à pied jusqu'à son thrône qui est dressé à gauche dans l'espace qui est entre le pavillon qui couvre le maître-autel, & la chaire de saint Pierre qui est au fond de l'abside.

On entoure un quarré long, pris dans ce vaste espace, de bancs à dos & tapissés, où se placent le sacré college, la prélature & les généraux d'ordre. Tous les Prélats sont en camail & en rochet; les cardinaux, évêques & prêtres, en chasubles blanches brodées en or, avec la mitre de drap d'argent

---

chacun avec l'habit de leur état, les troupes ne sont-elles pas des parties plus intégrantes de la pompe papale, que les deux grands éventails de plumes, qui sont des ombelles, & non pas des *émouchoirs*, terme fort déplacé dans cette circonstance?

Au reste, ces Observations, & la plupart des écrits qui jusqu'à présent ont été faits sur l'Italie, sont pleins d'incorrections, & souvent d'infidélités, pour ce qui a rapport aux mœurs ou au gouvernement actuel du pays. Ces auteurs n'y trouvent rien digne de leur attention, que certains objets qu'ils voient tous avec les lunettes que Misson leur a fournies.

en tête; les diacres en dalmatiques, & avec la mitre; les évêques affiftans du thrône, font placés à gauche avec la chappe & la mitre blanche, brodées en or.

Pendant que l'on chante une partie de l'office du jour, on habille le Pape qui eft fur fon thrône, des habits pontificaux avec lefquels il doit célébrer la meffe.

Les princes affiftans font placés fur les degrés du thrône, le neveu du Pape regnant eft fur le plus haut, & les autres enfuite; les auditeurs de Rotte, le maître du facré palais, & les protonotaires font placés fur le degré inférieur du thrône; en auffi grand nombre qu'il peut en contenir; les autres fe mettent dans les bancs deftinés à la prélature, qui font derriere ceux des cardinaux.

Les confervateurs en robe de moire, couleur d'or, bordée de velours ou de fatin cramoifi, fe tiennent debout à côté du buffet dreffé au pied de l'autel, où font les calices, l'aiguiere à laver, les vafes pour l'eau & le vin, & plufieurs grands plats, baffins : toute cette magnifique vaiffelle eft d'or, & m'a paru d'un beau travail.

Le Pape habillé commence la meſſe ſur ſon thrône, pendant qu'elle eſt chantée par les clercs ordinaires de la chapelle, en plein-chant Grégorien figuré, qui reſſemble beaucoup à ce que l'on appelle en muſique du contre-point. Ce chant eſt beau & majeſtueux, & ménagé de façon qu'il remplit les intervalles dans leſquels l'office ſe fait en ſilence; il n'y a jamais de muſique ni d'inſtrumens, ni même d'orgue, quand le Pape officie, ou qu'il tient chapelle pontificale.

Toutes les fois qu'il dit la meſſe ſolemnellement, on chante l'épître & l'évangile dans les deux langues Grecque & Latine, cérémonie qui s'obſerve depuis la réunion des deux égliſes, au concile général de Florence, & on répéte d'une façon marquée, le verſet du Symbole, *qui ex Patre Filioque procedit.*

Le ſaint Pere deſcend de ſon thrône à l'offertoire pour commencer le ſacrifice, il reſte à l'autel juſqu'à l'*Agnus Dei*, alors il remonte ſur ſon thrône, où il fait les priéres qui précédent la communion, & où on lui apporte les eſpeces euchariſtiques à conſommer. Il prend l'hoſtie qu'il partage en deux, il en conſomme une moitié, & diſtribue l'autre au diacre & au foudiacre qui font cardinaux, enfuite avec un chalumeau d'or il prend une partie du fang précieux, & remet le calice au diacre qui le reporte fur l'autel où il confomme le refte avec le foudiacre.

J'avoue que cette cérémonie m'étonna & me parut avoir trop d'oftentation pour être employée dans le plus augufte de nos myfteres, pendant lequel furtout, tout homme eft égal devant le Dieu qui s'y offre en facrifice pour le falut de tous. Ne feroit-il pas plus convenable que le facrifice fe confommât fans interruption, fur l'autel même fur lequel il a été commencé? Je fçais que c'eft un ufage que les Papes les plus éclairés & les plus faints ont obfervé, parce qu'ils l'ont trouvé établi ; cependant ils peuvent y déroger, & jamais Benoît XII ne quitta l'autel pour remonter fur fon thrône & y communier : il eft vrai que ce Pape, quoique de la maifon la plus illuftre, étoit vraiment pénétré des fentimens de l'humilité chrétienne & religieufe.

*Bénédiction folemnelle & publication des* 6. La meffe finie, le Pape fort accompagné du même cortége qu'en arrivant, on le porte fur les épaules à la grande tribune, ou loge qui eft au-deffus du vestibule de l'église de Saint Pierre ; là il donne une bénédiction solemnelle à la ville & à l'univers, *Urbi & orbi*. Cette cérémonie se fait avec autant de majesté que de pompe. Les troupes du Pape résidantes à Rome, sont rangées en bataille des deux côtés de la colonnade, un peuple immense remplit la place & la rue principale qui y aboutit, & toute cette multitude est dans le silence le plus respectueux. Dès que le saint Pere paroît, les fanfares de la musique de ses troupes, annoncent au peuple sa présence, & le bienfait de sa bénédiction, qui est ensuite annoncée à tout l'univers par le bruit du canon du château Saint Ange.

*bulles le jeudi saint. Autres cérémonies.*

Le jeudi saint après le service du matin dans la chapelle Sixtine, & l'exposition du Saint Sacrement qui se fait ensuite dans la chapelle Pauline, le saint Pere est porté sur la même tribune, avec le même cortége, mais avec moins d'appareil ; c'est-là qu'on lit en Latin & en Italien la fameuse bulle, *In cœna Domini*, qui excommunie les infideles & les hérétiques, tous ceux qui attentent à la vie, mutilent ou frappent les personnes consacrées au service du Seigneur dans l'état ecclésiastique, ceux qui s'emparent des biens de l'églife, & les retiennent directement ou indirectement. L'excommunication fe prononce de la maniere la plus folemnelle, au fon effrayant des cloches, avec l'extinction du cierge, & lacération même de la bulle qui porte la fentence d'excommunication. Deux cardinaux font la lecture de cette bulle fur le grand balcon de la tribune. J'ai vu ces cérémonies de près, & elles ont de la majefté même aux yeux des fectaires raifonnables. Le faint Pere fut vraiment attendri au moment qu'il prononça l'excommunication, les larmes coulerent de fes yeux; il eft vrai que l'inftant d'après, lorfqu'il donna fa bénédiction à tout le peuple fidele, il fe répandit fur toute fa phyfionomie un air de fatisfaction & de férénité qui le fit paroître tout autre. Cette bénédiction eft annoncée comme celle du jour de Pâque, par les fanfares des troupes & le bruit du canon.

Immédiatement enfuite, le Pape lave les pieds à douze pauvres prêtres pélerins étrangers, qui font préfentés par les auditeurs de Rotte, & les ambaffadeurs : outre l'honneur qu'ils ont dans cette cérémonie, elle leur eft de quelque utilité. Le faint Pere donne à chacun d'eux un habit long d'une petite étoffe blanche, un camail bordé de satin blanc, un grand mouchoir de toile, & un bouquet avec deux médailles, l'une d'or, & l'autre d'argent, le tout ensemble peut valoir environ cent francs. Delà ils passent dans une grande salle, où on leur sert un dîner splendide, le Pape met sur la table le premier plat, les prélats apportent les autres; ce jour-là & le lendemain les cardinaux dînent ensemble à une même table, servis chacun par leurs officiers : il est d'étiquette de leur servir de beaux esturgeons, le repas se fait aux frais de tous ceux qui résident à Rome, ainsi il est rare qu'aucun y manque. Ces différentes cérémonies ou spectacles, attirent au Vatican une foule d'étrangers; quand on les a vues de près, on ne peut s'empêcher de regretter la peine que l'on a eu de pénétrer dans la foule immense qui s'y trouve, malgré les efforts des gardes-suisses, pour empêcher que l'on n'y entre indistinctement. On y rencontre des étrangers de toute secte & de tout état. (a)

───────────────

(a) Un Jeudi saint que le Pape venoit de laver les pieds aux pelerins suivant l'usage, il

Le Pape est aidé dans la cérémonie du lavement des pieds, par trois cardinaux en charge.

———

demanda au cardinal P. qui étoient quelques étrangers qui assistoient à la cérémonie, en lui disant, qu'il ne pouvoit mieux s'adresser qu'à lui, qui leur faisoit d'ordinaire les honneurs de la ville. Le cardinal lui répondit. *SS. Padré sono Hollandesi chi sono venuti à Roma per ricever da prima mano, l'excommunica della bulla In cœna Domini, è poi vengono à pranzare dal bibliothecario della Santa Chiesa*..... c'étoit chez lui. Ce cardinal avoit beaucoup d'esprit, mais peu de jugement, il ne cachoit pas assez ses sentimens secrets sur bien des points que son état l'obligeoit à respecter au moins en apparence. Il méprisoit tous les moines : un jour on demandoit à deux capucins, pourquoi ils ne manquoient jamais de saluer ses chevaux, c'est, répondit l'un d'eux, que son éminence n'auroit pas manqué de nous atteler à son carrosse, s'il n'y eut point eu de chevaux. Jamais Italien n'a moins estimé ses nationnaux que lui par trop de prévention pour les étrangers. Il n'aimoit point le cardinal V..... secretaire d'Etat, il l'appelloit le bacha; un jour se tournant de son côté pour lui donner le baiser de paix, il lui dit en pleine chapelle, très-haut & avec caricature, *Salamalec*, au lieu de *Pax tecum*. Cependant le Pape Benoit XIV. l'aimoit beaucoup, & lui avoit même donné la place de secretaire des brefs; mais pour cela il

Le saint Pere donne également sa bénédiction les jours solemnels auxquels il officie à Sainte Marie-majeure, ou à Saint Jean de Latran : ces églises sont accompagnées de grandes places où le peuple peut s'assembler aisément ; d'ailleurs il faut un espace considérable pour placer les équipages des cardinaux & de leur suite, & ceux de tous les prélats, des princes & des officiers qui font cortege au souverain pontife dans ces occasions.

Quand le Pape célèbre la messe solemnellement à Saint Pierre, l'autel est paré avec autant de noblesse que de simplicité : il n'y avoit le jour de Pâque que sept chandeliers d'environ trente-six pouces de hauteur ; une croix plus haute d'un pied, les statues de saint

---

n'en avoit pas plus de complaisance, il sembloit prendre plaisir à tout disputer au souverain Pontife, sur les matieres de littérature & d'érudition, dans lesquels il étoit très-versé ; le Pape s'impatientoit, le Cardinal disoit des vivacités dures, & il falloit perpétuellement des médiateurs pour les reconcilier ensemble, & c'étoit toujours le Pape qui cédoit.

Pierre & de saint Paul, de deux pieds de hauteur, tout cela en or & d'un beau travail. Les triregnes ou tiares pontificales, qui sont de grands bonnets ronds & élevés, terminés par un petit globe surmonté d'une croix, & entourés de trois couronnes, il y en avoit trois ou quatre sur l'autel qui m'ont paru être d'or & chargées de quantité de pierreries; cette coëffure n'est plus en usage, quoiqu'elle soit toujours la marque de la dignité du Pape, comme les clefs sont celles de son autorité; aussi quand il est mort, à son convoi funebre, on laisse la tiare à ses armes, dont on ôte les clefs (*a*). Outre cela il y avoit le

―――――――――――――

(*a*) La tiare qui est aujourd'hui la couronne ou coëffure particulièrement attribuée au Souverain Pontife, & la marque distinctive de sa dignité, est un ornement d'un très-ancien usage parmi les Souverains.... *Tiara est genus pileoli quo Persarum Chaldæorumque gens utitur*... Hieron *in Daniel c.* 5.... Si on pouvoit compter sur l'autorité de Justin, l. 11. cet ornement royal doit son origine à Semiramis qui s'en coëffoit pour se déguiser, & passer plus aisément pour Ninias. On ne peut pas douter que ce ne soit un ornement Oriental à l'usage de tous les Souverains d'Asie & même d'Afrique,

jour de Noël à Sainte Marie majeure, un casque ou bonnet de velours cramoi-

---

& de ceux qui les repréfentoient ; ainfi que l'on peut juger par le paſſage fuivant de Claudien, *in paneg. Honorii.*

*Te linguis variæ gentes, miſſique rogatum*
*Fœdera Perſarum proceres ; cùm patre ſe-*
  *dentem*
*Hâc quondam videre domo, poſitáque tiarâ,*
*Submiſere genu.* . . . . .

La forme de la tiare étoit ronde, élevée comme une tour, entourée d'un diadême ou d'une couronne, faite par le bas de façon qu'elle couvroit les joues en partie. . . . . Midas, roi de Phrygie, eſſayoit en vain de cacher ſes longues oreilles avec ſa tiare.

*Ille quidem celare cupit, turpique pudore,*
*Tempora purpureis tentat velare tiaris.* . . . . .
                              Ovid. *Meta. l.* 11.

On reconnoît cette forme dans quelques médailles, dans les anciennes moſaïques de Rome, où les Papes ſont repréſentés la tiare en tête. Anciennement elle étoit couleur de pourpre ; enſuite pour donner plus de magnificence à cette coëffure royale, on l'orna de pierreries. . . . . .

fi brodé en or, & enrichi de quelques pierreries, & une épée qui étoient placés aux deux extrémités de l'autel, & destinés au premier général qui commandera quelque armée contre les in-

---

*At viridem gemmis, Eoæ flamine sylvæ,*
*Subligat extremâ patriam vertice tiaram...*
  Valer. Fl. *Argonaut. l. 6.*

Les reines portoient la tiare dans les occasions où il falloit représenter. Arsacé princesse du sang royal d'Ethiopie, femme d'Oroondate, roi de ce pays, avoit sur sa tête cette espece de couronne que les Persans appellent tiare, lorsqu'elle fit paroître devant elle le beau Théagene..... Heliodore, hist. Ethiopique, ou amours de Théagene & de Chariclée. l. 7.

La différence qu'il y avoit entre la tiare des Souverains & celles de leurs grands officiers, étoit que les rois la portoient droite, les ducs, princes, ou satrapes la portoient inclinée; de-là l'origine du bonnet ducal des doges de Venise & de Genes, que l'on appelle de leur forme *Corno ducale*, & qui sont des tiares de la seconde espece.

L'ancienne tiare des Papes n'avoit donc qu'une seule couronne, le Pape Boniface VIII. y en ajouta une seconde, & Benoît XII, ou selon d'autres, Jean XIII, une troisieme. C'est pour cela que les Italiens appellent la tiare pontificale *Triregno.*

fidèles; perfonne n'a eu ce préfent de l'Eglife, depuis le prince Eugene. Ces ornemens précieux fe confervent dans le tréfor du château Saint Ange, d'où on les tire avec grande précaution, & toujours fous l'efcorte d'un détachement de troupes.

Les chapelles ordinaires que tient le Pape, & qui font toutes réglées, fe font avec les mêmes cérémonies à peu près, mais fans autant de folemnité : elles s'affemblent ou dans la chappelle du Quirinal ou dans quelqu'autre églife principale de Rome; je n'y ai vu aucun ambaffadeur, ainfi je ne puis dire dans quel ordre ils s'y placent.

L'ambaffadeur de la ville & république de Bologne, dans les chapelles ordinaires, a fa place marquée derriére les fiéges des cardinaux en entrant. Celui-là n'y manque jamais, & c'eft une des prérogatives que cette ville fe réferva en fe donnant au faint Siége, & qu'elle conferve avec exactitude pour prouver qu'elle eft plus alliée que fujette. Ce doit même être une des principales fonctions de fon ambaffade; car je crois qu'il entre pour peu de chofes, dans la difcuffion des affaires politiques de l'Europe.

7. Le Pape actuel ne sort jamais que pour aller dans les églises de Rome où le Saint Sacrement est continuellement exposé par tout, & avec grande solemnité. Son cortege alors est différent de celui dont j'ai parlé & plus simple, quoiqu'encore digne d'un Souverain. Quatre chevaux legers de la garde marchent en avant & font détourner les embarras des rues par où sa Sainteté doit passer, & de-là vont s'emparer des portes de l'église où le Saint Sacrement est exposé. Le cortége est précédé de deux ou trois valets de chambre à cheval, de deux chapelains, du porte-croix monté sur une mule blanche, & de deux gentils hommes ou cameriers de cape & d'épée. Le carrosse du corps est attelé de six chevaux blancs; le cocher & le postillon vêtus d'une côte d'armes ou habit à la Romaine, de velours ciselé, couleur de feu, tous deux la tête nue, en hyver ils portent des perruques pour se garantir des injures de l'air; car quelque tems qu'il fasse, on ne va jamais que le pas; à côté de chaque cheval du carrosse est un valet de pied vêtu comme le cocher. A la suite sont deux prélats, cameriers secrets, à cheval en habit long &

*Cortége du saint Pere quand il sort dans la Ville.*

manteau violets, & douze chevaux legers commandés par l'officier de garde.

Un second carrosse à six chevaux, où sont les prélats de service dans l'antichambre du Pape; quelques valets de garde-robe à cheval, & quatorze cuirassiers de la garde, commandés par un maréchal des logis. Ce cortége est ordinairement suivi par les carrosses des Prélats qui sont les plus assidus à faire leur cour.

Quand le saint Pere sort, il porte le camail pourpre brodé d'or & bordé d'hermines, l'étole pourpre brodée, la calotte de même, le chapeau rouge bordé d'un petit galon d'or, tout le reste de l'habillement est blanc, à l'exception des souliers ou pantoufles qui sont rouges, brodées en or. Il a sur le devant de son carrosse, son maître de chambre ou quelqu'autre prélat qui lui fait compagnie, & il ne cesse de distribuer des bénédictions tout le long de son chemin. Le peuple ne manque pas de courir à son passage pour en recevoir. Il est même d'usage, quand on le rencontre, de descendre de carrosse pour se mettre à genoux, ce qui fait que les cochers sont très-attentifs à l'éviter. Un des grands embarras de carrosses que j'ai vu à Rome, fut un jour de fête à l'heure de la promenade. Le Pape revenant d'une église où étoient les quarante heures, s'avisa de passer par le cours, rien n'étoit plus singulier que de voir l'empressement avec lequel les carosses cherchoient à s'échaper par les rues détournées.

Audience du Pape. 8. Le Pape dans les audiences solemnelles qu'il donne aux ambassadeurs, les reçoit sur un thrône dans une salle du Palais destinée à cet effet, on ne lui parle qu'à genoux, & après avoir baisé la croix qui est bordée sur sa pantoufle.

Quand l'ambassadeur nationnal n'a rien qui l'engage d'aller à l'audience du Pape, auquel les étrangers veuillent rendre leurs hommages, on lui fait demander une audience particul'ere, on s'adresse pour cela au maître de chambre qui donne le jour & l'heure. On laisse épées, chapeaux, manchons, & calottes dans l'anti-chambre: on est annoncé par le maître de chambre qui ouvre la porte, & qui laisse entrer seuls, ceux pour lesquels il a demandé l'audience. On fait une génuflexion à la porte, une seconde au milieu de la chambre, une troisieme en approchant de la personne du souverain pontife; on se met ensuite à genoux, & on s'incline pour baiser la pantoufle; mais aussi-tôt le saint Pere nous tendit les bras fort affectueusement & nous releva. Nous passâmes environ une demi-heure avec lui à parler des affaires qui pouvoient nous intéresser. Il met dans la conversation autant de politesse que de bonté, il parle aisément & même gracieusement comme tous les Vénitiens, & a toujours des choses polies & placées à dire. Il me parla avec satisfaction de la régularité du clergé de France, même du second ordre, & de ses connoissances, & me dit en termes exprès qu'il seroit à souhaiter que celui des autres nations & sur tout d'Italie, l'imitât, ce qu'il accompagna de choses personnelles & très-honnêtes; il finit par nous dire si nous n'avions rien de particulier à lui demander, nous nous bornâmes à sa bénédiction, & nous nous mîmes à genoux pour la recevoir; nous nous retirâmes en faisant trois génuflexions ou révérences comme en entrant, à chacune desquelles il nous donna autant de bénédictions. Il étoit alors entièrement vêtu de blanc, à l'exception de la calotte & des pantoufles; assis dans un fauteuil, devant une table sur laquelle il y avoit un livre & quelques papiers. C'étoient les seuls meubles qui fussent dans le cabinet où nous fumes reçus, les murs étoient couverts d'une ancienne tapisserie à bande de damas cramoisi, & de broderie.

Le Pape Clément XIII, Charles Rezzonico, Vénitien, né le 7 Mars 1693, élu pape le 6 Mars 1758 est d'une taille médiocre, fort embonpoint, le visage plein & frais, presque tout-à-fait chauve, la physionomie pleine de douceur & de bonté, & les manieres les plus affables; sa conduite, dans tous les tems de sa vie, a toujours été d'une régularité édifiante, & son élévation n'a rien changé aux sentimens d'humilité chrétienne qui l'ont animé dans sa vie privée.

Les Papes depuis long-tems vivent d'une maniere si retirée & se communiquent si peu, que la critique la plus amere ne peut mordre sur leur conduite. L'usage est de ne les élever sur le thrône de saint Pierre, qu'à un âge où leur façon de penser est connue & ne peut plus changer, la décence qui regne dans leur palais est portée au point qu'aucune femme

femme n'y entre quand ils y font; ils ne leur rendent jamais de vifite; cette maniere contribue à rendre leurs perfonnes plus refpectable au peuple, qui fe familiarife très-aifément avec les objets qu'il voit fouvent & de près, quelque dignes qu'il foient de fes refpects.

Les principales charges de la maifon du Pape, toutes celles qui donnent un rang dans la prélature s'accordent gratuitement, & d'ordinaire les cardinaux en crédit, les chefs de parti, en difpofent autant que le Pape même : ce font autant de créatures qu'ils ont, toujours à portée de les avertir des mouvemens fur lefquels ils ont l'œil, & dont ils tâchent d'être bien inftruits pour fervir à propos leurs patrons; mais toutes les charges inférieures, même les emplois en apparence les plus vils, fe vendent un prix affez cher, ce qui fe fait auffitôt après l'élection du Pape, je ne me fuis pas informé au profit de qui fe faifoient ces ventes : il faut de la protection pour placer fon argent d'une maniere auffi cafuelle; mais fi le Pape vit feulement cinq ans ces fortes de gens ont des gages fi confidérables, & tant de profits cafuels, qu'ils retirent leur principal avec un gros intérêt, outre l'honneur qu'ils ont eu de porter la livrée du souverain Pontife, & de jouir de tous les privileges attachés à cet état. Quand le regne est long, ces gens là s'enrichiroient s'il étoit possible qu'un homme de cette espece pensât à l'avenir ou à la fortune : mais d'ordinaire leur dépense augmente à proportion de leurs revenus, & n'a d'autres bornes que l'impossibilité de la porter plus loin. Dès que la femme d'un valet de pied, ou d'un balayeur du palais pontifical, a vu l'écu des armes du Pape arboré sur la porte de son manoir, & son mari avec l'habit cramoisi, alors elle se regarde comme une espece de princesse, elle se voue à l'oisiveté la plus parfaite, ne sort plus qu'avec quelque robe de la friperie, & un valet de louage par qui elle se fait précéder, elle veut par cet étalage en imposer au moins aux étrangers qu'elle peut rencontrer, car ses voisines, qui en feroient autant si elles étoient dans le mêmes cas, ne cessent de tourner sa vanité en ridicule, & de l'accabler de leur mépris.

Tous ceux qui sont en place, & qui ont du crédit pendant le gouvernement actuel, font des vœux pour qu'il dure; mais comme c'est toujours le petit nombre, comparé à celui qui n'a que des prétentions qu'il voudroit mettre en valeur; il s'enfuit néceffairement, que tout pontificat un peu long ennuie fort tous les Romains, qui croient beaucoup gagner à un changement. Telle à toujours été la façon de penser de toutes les Cours où tout se fait par intrigue (*a*). C'eft pour cela, que pendant que toute l'Europe faifoit des vœux pour la confervation du Pape Benoît XIV, le peuple Romain s'ennuyoit de la longueur de fon regne, & regardoit avec fatisfaction répandre des larmes au refte du monde catholique. Dans ces occafions il regne une licence toujours impunie, & qui dès-lors ne connoît plus de bornes.

9. Je ne m'arrêterai point ici à difcuter comment les cardinaux d'un commencement foible & obfcur, fe font élevés au degré de puiffance & de grandeur dont ils jouiffent depuis quelques fiecles (*b*). Il eft certain que leur

Etat des Cardinaux à Rome.

___

(*a*) *Multi odio præfentium, & cupidine mutationis fuis periculis lætabantur.*

Tacit. an. *L.* 3

(*b*) Innocent IV. donna aux Cardinaux le bonnet rouge & le chapeau, au premier concile de Lyon en 1245. Les réguliers n'avoient point

état à Rome est très-élevé. Ils partagent avec le Saint Pere l'autorité souveraine ; & si, de leur seule volonté, ils n'ont pas, comme lui, droit de vie & de mort, & de déroger aux loix; ils ont tant de privileges & si respectés, un crédit si étendu, qu'ils ont quelques raisons de se regarder comme égaux aux rois & aux Princes souverains, qui semblent même favoriser cette idée, en leur écrivant pour les complimenter sur leur promotion, dans les termes à peu près qu'ils s'écrivent entr'eux pour se féliciter sur leur avénement au thrône.

Plusieurs de ces Cardinaux prennent nuement à Rome le titre de Protecteur des différens Etats Catholiques :

―――――

le bonnet, ce que Grégoire VII leur accorda depuis. Paul II leur permit l'usage des mitres de soie blanche, réservées auparavant au seul Souverain Pontife, & défendit à tout autre prélat d'en porter de pareilles. Il permit que leurs chevaux ou mules eussent la housse d'écarlate, & voulut qu'eux-mêmes portassent l'habit rouge. Urbain VIII, au lieu du titre d'illustrissime, leur accorda celui d'éminentissime. Toutes ces prérogatives cumulées, ont fait que ceux, qui, n'étoient que diacres, soudiacres, ou même clercs, ont voulu avoir le pas au-dessus des évêques : ce qu'ils ont obtenu en effet.

ainsi le cardinal *Calonna di Sciarra* prenoit la qualité de protecteur de la couronne de France; emploi qu'exerce actuellement le cardinal des Ursins; le cardinal Alexandre Albani prend celui de protecteur de l'Empire, des royaumes & états héréditaires de la maison d'Autriche, du royaume de Sardaigne & des autres états de ce Prince : il en est ainsi des autres cardinaux qui ont de ces protectoreries distinguées ; en cela ils ont succédé aux Sénateurs Romains, qui protégeoient les Rois, qui se faisoient gloire d'être leurs clients, & du sort desquels ils disposoient.

Ce n'est cependant plus ici la même chose, leur vraie qualité, est celle de protecteurs des Eglises de tel ou tel royaume, emploi aussi utile qu'il est honorable, par les droits qui sont attachés à la proposition qu'ils font en consistoire des Prélats nommés pour remplir les grands bénéfices, ensuite pour l'expédition des bulles qu'ils sollicitent eux-mêmes ; outre qu'il est rare qu'après qu'ils ont servi, ou si l'on veut protégé une couronne pendant quelques tems, ils n'en soient pas récompensés par quelque bénéfice d'un très-grand revenu, ce qui les met en état de soutenir leur dignité avec plus d'éclat, & ordinairement ce font ceux qui tiennent le plus grand état à Rome ; quelques autres encore qui font riches par eux-mêmes, ou nés au rang des Princes, vivent avec représentation, ceux furtout qui aiment la fociété, ónt un jour de la femaine qu'ils tiennent chez eux affemblée ouverte que l'on appelle Converfation.

Les cardinaux protecteurs des couronnes fe mêlent peu de leurs affaires politiques, fur-tout quand elles ont un Ambaffadeur réfidant à Rome, ou un Miniftre reconnu pour gérer leurs affaires ; il eft rare que le miniftere s'adreffe à eux pour l'expédition d'autres affaires que celles qui regardent fpécialement les Eglifes ; on leur recommende quelquefois de veiller aux intérêts de la Nation, de feconder les Miniftres, mais c'eft un compliment qui n'a rien de réel, il eft très-rare qu'ils ayent le fecret des négociations.

Ce n'eft pas que plufieurs ne foient très-capables de les bien gérer, mais comme leur attachement aux couronnes ne peut pas être affez connu, que d'ailleurs il eft difficile qu'ils en connoiffent bien les vrais intérêts, que quelquefois il feroit dangereux de leur mettre entre les mains des secrets importans, il est beaucoup plus sage de se servir de Ministres particuliers plus connus, qui n'ayent d'autres intérêts qu'a celui de la puissance qu'ils ont à servir.

Je crois bien qu'un Cardinal Italien chargé des affaires d'une couronne, & qui lui est véritablement attaché, est fort en état de les bien faire dans tout ce qui a rapport à la Cour de Rome, & peut espérer plus de succès qu'aucun autre Ministre, par la connoissance qu'il a de la Cour même où il tient le premier rang, & des ressorts qu'il faut employer pour réussir dans les entreprises. Ainsi je ne doute pas que le cardinal Alexandre Albani, qui est Ministre plénipotentiaire de l'Empereur & de l'Impératrice-Reine de Hongrie, ne soit un très-bon Ministre, & fort attaché aux intérêts des Princes qu'il sert. Cet homme revêtu de la pourpre romaine depuis plus de quarante cinq ans, plein d'esprit & de sagacité, rompu dans les intrigues de la Cour, où il a toujours eu un parti dominant, ne peut que servir très-utilement une Puissance à laquelle il est attaché, & lui entretenir toujours un parti considérable & très-nombreux dans la ville de Rome; ce dont il est aisé de s'appercevoir dans la maniere de penser des Princes & des Barons Romains.

Au reste la Maison d'Autriche réussira toujours mieux dans ce genre qu'aucune autre; le sacré College, la Prélature, & presque tous les Italiens ont toujours eu pour elle une inclination décidée.

Il seroit plus difficile à la couronne de France de trouver parmi les Cardinaux Italiens, un Ministre qui traitât ses affaires avec autant de succès & d'attachement, il faudroit que ce fût un homme d'un assez grand mérite, pour changer en quelque façon les sentimens des Romains à cet égard.

On a vu les cardinaux de Polignac & de la Rochefoucault, avoir un parti tout-à-fait dominant dans Rome, y tenir le haut bout dans les affaires, & l'assurer même à la Nation qu'ils y représentoient : mais leur mérite supérieur & leurs vertus avoient réduit les Romains au silence, ils n'osoient s'opposer à leurs entreprises, ni à leurs volontés qui étoient toujours justes, ils les avoient subjugués, & ce qu'il y a de singulier, c'est que leur mémoire est plus célèbre à Rome même qu'en France : on y parle encore d'eux avec le plus grand respect, & il semble qu'on les regrette (*a*).

---

(*a*) *Memoriæ proditur Tiberium, quotiens curiâ egrederetur, græcis verbis in hunc modum eloqui solitum. O homines ad servitutem paratos, scilicet etiam illum qui libertatem publicam nollet, tam projectæ servientium patientiæ tædebat.....* Tacit. an. l. 3.... Le Peuple Romain semble être fait pour être dominé avec empire, il n'en croit rien. Cependant mille anecdotes le prouveroient. Il est certain que de toutes les Nations Catholiques, celle qui a naturellement le moins de crédit à Rome, & qui y est la moins aimée, est la Françoise. Cependant peu de Ministres étrangers y ont eu autant de crédit que les cardinaux de Polignac & de la Rochefoucault, & M. le Duc de C. Pendant son ambassade, ils y dominoient absolument, ils disposoient des charges, régloient en quelque façon les promotions des Cardinaux, & ne souffroient pas que des gens déclarés contre la nation y fussent compris. Ils maintenoient leurs droits avec une vigueur étonnante, & faisoient vraiment respecter le nom François. On a vu les Transteverins ou habitans du bourg St Pierre, peuple qui vit dans une sorte d'indépendance, connu par une fermeté grossiere, dans laquelle il semble que l'on retrouve quelque étincelle de l'ancienne bravoure romaine, dont ils prétendent descendre seuls, proposer à un de ces Ministres dont ils admiroient la noblesse & le courage, d'aller s'établir parmi eux & qu'ils le se-

Quant aux autres Cardinaux, ceux qui possédent les grandes charges dont j'ai parlé, ont de la considération par leur état même, & par leurs qualités personnelles, qui d'ordinaire les élevent à ces postes distingués, à moins que l'amitié particuliere, qui souvent est aveugle à Rome comme ailleurs, où les droits du sang ne les y ayent portés. Les talens des autres se font assez connoître dans les congrégations où ils sont employés, & dans les affaires qu'ils ont à traiter. Moins ils font riches par eux-mêmes, plus le souverain Pontife a attention de les employer dans les affaires

———————————————

roient Roi de Rome : c'étoit le premier mouvement d'un peuple ignorant & indiscret qui présumoit trop de ses forces; mais il sert à faire connoitre son génie & la maniere dont il doit être conduit. J'ai vu que lorsqu'il fut question de donner un successeur à un autre Ambassadeur qui avoit rempli le tems de sa mission, & qui avoit demandé son rappel, on souhaitoit beaucoup à Rome d'avoir un Prélat de l'Eglise de France, très-connu par son génie ferme & décidé, & qui très-certainement y auroit eû beaucoup de considération, & y auroit dominé, s'il s'en fût tenu à faire valoir les droits de sa place & l'honneur de la nation, sans rien prétendre de la Cour de Rome.

utiles, desquelles ils puissent retirer dequoi fournir aux dépenses qu'entraîne leur état. Car il faut qu'un Cardinal ait un Maître de chambre, qui est toujours gentilhomme, deux gentilshommes de suite qui peuvent être ecclésiastiques ou laïques, des Chapelains ou Aumoniers, des Sécretaires, une livrée nombreuse, & au moins douze chevaux de carrosse, & ce sont ceux qui sont dans l'état le plus médiocre; car les cardinaux chargés des intérêts des couronnes, ceux des grandes maisons de Rome, les Colonna, les Orsini, les Borghese, ont un état de maison comme des Princes souverains. Le cardinal Jérôme Colonna, Camerlingue du Saint Siege, dans les grandes occasions, avoit une livrée brillante & nombreuse, & quatre ou cinq carrosses à six chevaux remplis des Officiers de sa Maison; le cardinal Colonna di Sciarra n'avoit pas un état moins brillant, il soutenoit la splendeur de cardinal & de Prince Romain, avec autant de noblesse que de magnificence.

Je ne place dans aucun rang le cardinal duc d'Yorck: les droits de sa naissance, sans la Pourpre Romaine, l'avoient mis au premier rang, qu'il soutient avec une dignité compatible avec la sainteté de son état, la pureté de ses mœurs, & une solide piété. On lui donne le titre d'altesse royale, & le Pape entretient toujours chez lui une garde d'honneur commandée par un officier.

Tous les Romains en général se croient intéressés à maintenir l'honneur du cardinalat ; aussi quand le mérite éleve à la Pourpre Romaine, quelque ecclésiastique ou quelque religieux d'une naissance obscure qui n'a aucune ressource ni dans sa famille, ni même dans son ordre, tous s'empressent de fournir gratuitement ce qui lui est nécessaire pour la pompe extérieure de son nouvel état. J'ai vu le cas arriver, & l'un envoyoit des chevaux, l'autre un carrosse : on se cotisoit pour acheter l'étoffe de la livrée, on faisoit présent de meubles. Chacun cherche à se ménager un cardinal qui ne doit son état qu'à son mérite qui peut le mener plus loin encore; on a toujours l'exemple de Sixte V devant les yeux.

Malgré tous les mauvais contes que plusieurs voyageurs se sont amusés à débiter sur le ton général du sacré college & sur ses mœurs, je n'ai rien vu dans sa conduite qui ne fût conforme aux regles de la décence ecclésiastique, plusieurs même avoient des mœurs très-pures & portoient les vertus chrétiennes à un haut degré. La piété & la grande charité du cardinal Erba Odescalco, vicaire du Pape, mort au mois de Mars 1762, à peine âgé de cinquante ans, étoient connues à Rome & dans tout l'Etat Ecclésiastique. Sa conversation étoit honnête & édifiante, son abord affable. Ses grandes affaires & ses vertus ne le rendoient que plus humble & plus doux; j'en parle d'après ce que j'en ai éprouvé par moi-même en différentes occasions que j'ai eu l'honneur de le voir. Le cardinal vicaire fait les fonctions d'évêque de Rome, & en exerce la jurisdiction dans la ville: il a l'inspection immédiate sur les hôpitaux, & tous les établissemens de charité; on porte à son tribunal les difficultés qui peuvent se rencontrer dans la célébration des mariages; c'est à lui sur-tout que s'adressent les chefs des pauvres familles que des malheurs inopinés forcent de recourir aux secours du public.

Le jeune cardinal Marc-Antoine Colonna, frere du connétable & de monsignor Pamphile nonce en France, fait cardinal dans la promotion du 26 septembre 1766, est d'une vertu généralement reconnue, des mœurs les plus pures, doux, honnête, affable, ne regardant la splendeur de son nom & la dignité de son état que comme des moyens de faire le bien : aussi quelle fut la satisfaction de Rome, quand le Pape l'eut nommé cardinal vicaire, place très-onéreuse par elle-même & très-fatiguante, & dans laquelle on sacrifie d'ordinaire sa santé & son patrimoine au soulagement des pauvres.

Le cardinal Stopani a rempli avec éclat les plus importantes nonciatures; il est vraiment habile & très-capable de gouverner; il en a donné des preuves dans sa légation de Ravenne; il connoît parfaitement les cours de l'Europe & leurs différens intérêts; il vit dans la retraite & une grande regularité; on le rencontre quelquefois dans les conversations, & on y recherche avec empressement le plaisir de l'entendre parler sur ces différens objets.

On parloit beaucoup du mérite des cardinaux Spinelli, Merlini, Crivelli, Antonelli, je n'ai eu aucune occasion de les voir ; mais la renommée étoit pour eux : il y a une certaine licence d'écrire à Rome, & de tout satyriser, qui sert à conduire à la vérité même, parmi les ténèbres de la satyre.

Le cardinal Ganganelli, Mineur Observantin, fait cardinal dans la derniere promotion, passe pour un des esprits les plus déliés du sacré college ; il a la physionomie fine, & de la gaieté dans la conversation. C'est sa science qui l'a élévé à la Pourpre Romaine.

Le cardinal Orsini, ministre plénipotentiaire, & protecteur du royaume des deux Siciles, a un état de prince, beaucoup de politesse & d'affabilité, & une conduite réguliere : il a été marié, & a un fils connu sous le nom de duc de Gravina. Etant resté veuf très-jeune, il entra dans la prélature & fut fait cardinal à l'âge de vingt-quatre ans. Il est dans l'ordre des diacres, quoiqu'il ne soit que simple clerc ; comme le duc de Gravina est le dernier mâle de la grande & ancienne maison des Ursins, on prétend que s'il venoit à mourir sans enfans, le cardinal quitteroit la Pourpre Romaine & l'état ecclesiastique pour se remarier. Il y a encore à Rome un marquis Orsini peu riche, & que l'on dit être de la même maison.

Il ne faut pas s'étonner si dans le nombre des cardinaux, il s'en trouve quelques-uns dont la régularité ne soit pas aussi exacte. Placés dans une très-grande élévation, nés avec des passions vives qu'ils ont mille moyens de satisfaire, dans un pays où les mœurs publiques sont si peu respectées, est-il surprenant que quelques uns ayent donné dans des écarts ? Encore ai-je vu par moi-même que la satyre avoit presque toujours grossi les objets. Les Protestans sur-tout ne pouvant anéantir le Catholicisme, n'ont rien épargné de ce qui pouvoit donner des ridicules aux chefs de la Religion, en les chargeant de quantité de vices qu'ils prétendent être attachés à leurs places, & être d'usage parmi eux : ce qui a beaucoup contribué encore à répandre ces bruits, & à leur donner quelque air de vraisemblance, ce sont les propos licencieux des Romains, leurs chansons, & leurs vers satyriques. Il n'y a pas de peuples au monde qui se livre avec plus d'impunité à ce genre de plaisirs ; les enfans mêmes chantent par les rues des chansons satyriques, où les gens en place sont nommés, on affiche à leurs portes les placards les plus insultans. De tems en tems Pasquin leur lâche les plaisanteries les plus piquantes, quoiqu'il ait peu de pratique à présent. De peur que les personnes à qui l'on en veut, ne s'y trompent, c'est à la porte même de leurs palais que l'on affiche les injures qu'on a à leur dire. Il est vrai que l'on a le plus grand mépris pour toutes ces entreprises obscures, à moins que le coupable ne soit pris sur le fait, on ne le recherche pas. C'est en général le génie & le goût du peuple Romain; j'ai lu une satyre atroce du dernier conclave, que l'on attribuoit ouvertement à un cardinal de beaucoup d'esprit, mais du génie le plus mordant. Dans tous les recueils des pieces du tems, que l'on trouve dans la plupart des maisons des Romains qui se piquent de sçavoir quelque chose, le nom de l'auteur est à la tête de la piece; j'en ai lu une autre qui contenoit la chronique la plus exacte, mais la plus scandaleuse de la ville de Rome attribuée également à un très-grand personnage. La facilité de faire des vers italiens donne lieu à ces pieces qui sont presque toutes d'un style plaisant & original, écrites avec une aisance qui en fait le principal mérite. Je sçais qu'on fait fort peu de cas à Rome de ces pieces, qu'elles ne nuisent à rien : un jeune prélat attaqué de la maniere la plus sanglante, ne s'en inquiete pas davantage ; ces satyres ne peuvent pas préjudicier à son avancement, s'il a les talens nécessaires aux différentes places qu'ils se propose de remplir, & des protecteurs, il fait également son chemin.

C'est sans doute cette licence qui a donné lieu à tant de mauvais bruits qui se sont répandus, & qui ont été si fort augmentés par les ennemis de la cour de Rome ; il importe peu de sçavoir s'ils ont quelque réalité. Ce que j'ai vu, c'est que Rome est le pays de la liberté & de la tranquillité même, dès que l'on est assez sage pour se conformer aux usages qui y sont généralement autorisés, & avoir seulement un respect exterieur pour tout ce qui est réellement respectable. (*a*)

---

(*a*) J'y ai vu un vieillard François, qui y a enfin trouvé une retraite tranquille après une vie très-orageuse, dont les commencements avoient été si brillans, qu'il regardoit la Pourpre Romaine comme la récompense certaine de ses travaux. Je parle de M. l'Abbé de Montgon, fort connu par ses Mémoires. Il vivoit à Rome en 1762, tout-à-fait désabusé du faux éclat des

L'habillement des cardinaux, quand le Pape tient chapelle, est dans les tems de pénitence, c'est-à-dire, de Carême & d'Avent, la soutane violette de laine, avec cet habit ou manteau immense qu'ils mettent par-dessus, & dont la queue traînante n'a guere moins de dix aunes de longueur : ce manteau est de moire, la queue est portée par un ecclésiastique en soutane & en manteau de soie violette, appellé Caudataire, & qui dans les cérémonies est assis aux pieds de son maître. Le reste de l'année ils sont vêtus de rouge, en hyver la soutane est de velours, en été de moire ou d'une autre étoffe légere. A l'ordinaire ils portent le matin la simarre ou ha-

***

grandeurs humaines, ne songeant qu'à terminer tranquillement une carriere qui avoit déja été fort longue, & qui étoit encore traversée par les douleurs de la goutte, qu'il supportoit très-patiemment, soit que l'habitude, ou la douceur du climat en eût diminué le sentiment, comme il le disoit lui-même. Je me rappelle qu'en me parlant de toutes les traverses qu'il avoit éprouvées, & de l'état de repos où il se trouvoit, il me cita fort à propos un passage de Tacite (an. l. 12) *Deesse nobis terra in qua vivamus, in qua moriamur, non potest.*

bit long noir doublé de rouge. L'après-dînée ils sont en habit court noir doublé de rouge, & le manteau, avec les bas, la calotte, & les talons des souliers rouges, le cordon du chapeau rouge, brodé en or. Ils ne portent jamais le chapeau rouge que lorsqu'ils font leur entrée solemnelle à Rome, ou quand ils accompagnent le Pape dans la cavalcade qu'il fait lors de sa prise de possession. Ce que nous appellons en France, le chapeau de cardinal ou la barette, du mot italien *biretto*, est un petit bonnet quarré d'une étoffe de laine ou de soie rouge, avec une petite houppe de même couleur, que le saint Pere envoie par un prélat au cardinal désigné. Beaucoup sont très-curieux de cette commission, qui leur procure le moyen de voyager sans frais. (*a*)

---

( *a* ) Benoît XIV étoit, comme on le sçait, homme à bons mots. Un Prélat dont il estimoit peu la capacité, le sollicitoit vivement pour être chargé d'une de ses commissions, ne sçachant comment s'en débarrasser : Qu'il patiente, dans peu j'enverrai une *mutande* au Général des Capucins, lorsqu'il fera sa tournée en Espagne, & il la lui portera : la plaisanterie se répandit bien vîte, & le Prélat a conservé depuis ce tems-là le nom de *Monsignor della mutanda*.

10. Le cérémonial est une des grandes études des gens qui ont à traiter à Rome, qui sont d'un rang à exiger des égards marqués, & qui doivent aussi en rendre : c'est le supplice de la plupart des ambassadeurs, des cardinaux·& des princes, ce n'est pas même un objet tout-à-fait indifférent pour ceux qui n'ont rien à prétendre en ce genre ; car dès qu'ils sont reçus par tout, il faut qu'ils sçachent exactement ce qu'ils doivent aux différens états, & ne pas donner à l'un ce qui ne convient qu'à l'autre, à moins qu'ils ne soient déterminés à se charger d'un ridicule local, qui n'est rien par lui-même, & aux yeux de tout homme qui ne se borne pas à la superficie même des choses, mais qui est un sujet grave aux yeux des Romains, & qui peut leur faire concevoir des sentimens de mépris, ou les prévenir défavorablement contre des gens d'ailleurs fort estimables. Si j'avois quelques conseils à donner à ce sujet, ce seroit plutôt de se tenir sur une très-grande réserve, avec politesse cependant, que de tout accorder. Le premier leur paroît ignorance des usages, le second passe parmi eux pour bassesse.

Aussi voit-on que toutes les démar-

*Cérémonial à Rome.*

ches des uns vis-à-vis des autres sont compassées. Le degré sur lequel on doit s'arrêter est marqué, la feuille de parquet sur laquelle on doit se placer est fixée, on fait tant de pas & rien au-delà. J'ai vu tout ce cérémonial à l'occasion des visites que se rendoient les nouveaux cardinaux de la promotion du mois de Novembre 1761. On sçait quels rafraîchissemens doivent leur être présentés, le traitement qui doit être fait aux officiers de leur suite, même à leurs domestiques de livrée. Quand deux cardinaux se rencontrent dans les rues de Rome, marchant publiquement comme cardinaux, c'est-à-dire, d'un pas grave, dans leurs grands carrosses, & la livrée à pied, celui qui est d'un rang inférieur s'arrête, fait son compliment à son collegue, & ne bouge pas qu'il ne soit passé : tout ce cérémonial est une vraie servitude, & je suis encore à comprendre comment les Romains entr'eux ne se sont pas accordés pour l'abroger entiérement, car il est onéreux, dispendieux & fort embarrassant. Il y a beaucoup d'autres remarques particulieres à faire sur ces usages, qui se trouveront répandues dans la suite de ces mémoires.

Je ne dirai rien non plus des cérémonies qui s'obfervent dans les confiftoires par rapport aux cardinaux, l'ufage où est le fouverain Pontife de leur fermer la bouche & enfuite de l'ouvrir. Tout cela a des fignifications myftérieufes, dont on trouve par-tout l'explication. Mais je vais parler d'une fête que donnent les cardinaux après leur promotion, que l'on appelle la façade, *la faciata*, & qui dure trois jours. J'ai vu celle de M. le cardinal de Rochechouart qui fe fit dans les premiers jours de Janvier 1762. Ce fpectacle que l'on ne peut voir qu'à Rome, & qui intéreffe les beaux arts & les mœurs du pays, doit tenir fon rang dans ces mémoires. Façade, fête que donnent les Cardinaux à leur promotion.

La face principale du palais qu'occupoit le cardinal, étoit décorée d'un grand ordre d'architecture corinthienne, qui s'élevoit jufqu'au haut du bâtiment; entre des colonnes étoient placées dans des niches les ftatues des quatre vertus cardinales avec des génies & des emblêmes qui y avoient rapport; au-deffus de la porte qui divifoit l'ordre en deux parties égales, étoit une large niche foutenue par quatre colonnes, dans laquelle étoit placée la ftatue de la Religion appuyée fur l'Eglife de France, figurée par un petit temple posé sur un globe aux armes de France, au-dessus les armes du Pape soutenues par deux grandes renommées, au bas les armes du cardinal avec le cordon de l'ordre du St Esprit; cette décoration étoit terminée par des vases de belle forme, des pôts à feu figurés, & des génies entre-mêlés : tout l'édifice étoit d'une charpente solide, peinte de la couleur des marbres les plus rares; les chapitaux & les bases des colonnes étoient dorées, de même que la plupart des ornemens de relief; les statues étoient formées par une petite charpente revêtue de plâtre, auquel on avoit donné la couleur & l'éclat du marbre.

Vis-à-vis étoit une large galerie en demi-cercle, décorée dans le même goût & assez grande pour contenir cent musiciens qui formoient deux chœurs de musique instrumentale, qui se répondoient de façon que la symphonie ne cessoit point. Au-dessus de cet orchestre, on avoit abattu quelques toises de mur d'une maison, pour faire dans une grande chambre un large balcon, d'où les cardinaux & les dames pussent jouir à leur aise du coup d'œil de la *faciata*: cette loge étoit tapissée de damas rouge

semé

semé de fleurs de lis d'or; le devant étoit décoré de deux colonnes torses peintes en *lapis lazuli* & chargées d'une guirlande dorée, elles foutenoient un grand fronton aux armes de France. A l'autre extrêmité du palais qui donne dans le quartier oppofé, étoit une fymphonie de cors-de-chaffe, hautbois & baffes, qui annonçoient la fête principale.

L'intérieur de la maifon, fuperbement illuminée, répondoit à cette magnificence, l'affemblée pendant les trois jours fut compofée de tous les cardinaux, des princes & princeffes, de tous les prélats & barons Romains, auxquels on fervoit continuellement des rafraichiffemens de toute efpece, en glaces, confitures, forbets & fruits préparés avec autant de goût que de délicateffe, quoique tout fût fervi avec profufion: ce qui m'étonnoit, c'eft la capacité de l'eftomac de certaines gens, qui ne femblent fe trouver à ces affemblées que pour y confommer le plus qu'ils peuvent de toutes fortes de forbets & de boiffons chaudes & froides dont on peut dire qu'ils fe gorgent, outre qu'ils ne font point de façon de remplir leurs poches de confitures seches, de dragées, &c. Cette fête est d'une dépense considérable, & dure chaque jour environ trois heures; toute la maison du cardinal étoit en gala, & remplissoit une longue enfilade d'anti-chambres où chacun étoit placé à son rang.

L'origine de cet usage est très-simple : le premier domestique de livrée que l'on appelle le décan, faisoit peindre en rouge, les chambranles des portes & des fenêtres de son maître pendant qu'il alloit recevoir le chapeau de cardinal, & allumoit quelques torches à son retour ; on n'en faisoit d'abord pas davantage : on imagina ensuite de peindre en marbre ce qui n'étoit qu'en rouge, on en voit des vestiges sur plusieurs maisons de Rome. A la promotion du duc d'Yorck, la chambre apostolique fit faire une façade plus somptueuse : un cardinal riche enchérit sur ce qui avoit été fait pour le duc d'Yorck. Comme les cardinaux François, surtout ceux qui sont revêtus du caractere d'ambassadeur, tiennent à Rome un très-grand état, ils doivent tout effacer par leur magnificence, & voilà pourquoi la façade de M. le cardinal de

Rochechouart étoit si brillante. En mémoire de la premiere institution, toute l'illumination ne se fait encore qu'avec des torches de cire blanche, que l'on distribue par grouppes, ce qui est plus dispendieux & ne vaut pas cependant les petits lampions que l'on emploie en France dans les illuminations figurées. Toute l'isle que forme ce quartier, étoit illuminée de grands pots à feu, & les gardes y étoient placés les uns près des autres, pour contenir le peuple & laisser défiler les carrosses sans embarras ; ils avoient tous leurs places marquées dans les rues voisines, de sorte que le service se faisoit avec autant d'ordre que de promptitude, quoiqu'il y eût tant dans la cour que dans les environs toujours deux à trois cens carrosses, & sept à huit cens domestiques de livrée. Je n'ai vu nulle part ailleurs, autant d'ordre, dans les fêtes ou assemblées nombreuses qu'à Rome, les domestiques eux-mêmes y contribuent. Les gardes Corses & Avignonoises, sçavent au moins se faire respecter de ces gens qu'ils traitent sans miséricorde quand ils leur résistent & sans égard pour qui que ce soit. Ce qui les maintient encore dans cet ufage, eft l'ordre qu'ils font accoutumés de garder à ces affemblées fréquentes où fe trouvent les cardinaux en grands équipages: chacun paffe à fon tour. Quand le carroffe du corps du cardinal avance, il faut que tous ceux de fa fuite viennent après; il n'eft permis à qui que ce foit de les couper. Tout cela va gravement & avec flegme, mais eft très-bien ordonné.

Tous les cardinaux ne font pas des façades, ceux qui ont poffédé des charges dont la récompenfe ordinaire eft le chapeau de cardinal, en font exemts de droit: on prétend même que cet ufage nouveau fera fupprimé, attendu les dépenfes qu'il entraîne, le fracas qu'il caufe, & la forte de joie purement mondaine qui l'accompagne, & qui ne convient pas aux fucceffeurs immédiats des apôtres, aux princes de l'Eglife, chez lefquels tout doit refpirer la gravité & la fainteté.

*Charges appellées cardinales.*

12. Les places que l'on regarde à Rome comme cardinalices, c'eft-à-dire, celles qui ont le chapeau pour récompenfe après quelque temps de fervice, font celles de gouverneur ou préfet de Rome, de vice-gérent ou promoteur

general de Rome, de secrétaire de la consulte, de trésorier de la chambre apostolique (*a*), de maggiordome, &

---

(*a*) La Chambre apostolique présidée par le cardinal Camerlingue, & en son absence par le Gouverneur de Rome, est chargée de l'administration des finances, & de la perception des revenus du Saint Siége, provenans tant des biens patrimoniaux, douanes, salines, droits différens de gabelles, profits de monnoie, que des autres impôts. Elle est propriétaire de tous les terreins abandonnés & ruines d'édifices antiques dont elle n'a pas fait la concession ou l'aliénation. Ses Officiers sont l'Auditeur général, qui en est proprement le premier Magistrat, & le Trésorier général. Les différentes charges qui en dépendent, sont possédées par les Prélats Clercs de chambre, qui sont, *il Prefetto dell'annone, il Presidente dell'aqué & delle ripé*, le Commissaire général des armes, le Commissaire général de la mer, qui est en même-tems Gouverneur du Château St Ange ; *il Presidente della grascia*, le Préfet des archives, le Président des monnoies, *il Presidente delle stradé* (ou l'Edile), les Présidens Gouverneurs des douanes. Ces Officiers ont tous leurs tribunaux particuliers où ils réglent ce qui est de leur ressort. La Chambre apostolique chargée de la perception des revenus, l'est aussi de la dépense, & c'est à son nom que se fait l'emploi de la plus grande partie des revenus du St Siége, sous les ordres du Souverain Pontife ou de ses Ministres, & surtout des Neveux, qui n'ont plus que ce moyen

de maître de chambre du Pape, & les Nonces dans les principales Cours de l'Europe : ces places font très-briguées, & font importantes par la carriere qu'elles ouvrent.

Mais la plus belle de toutes est celle de gouverneur de Rome, qui est en

pour faire utilement leurs affaires. La congrégation des Cardinaux appellés, *del buon guoverno*, décide de ce qui a rapport à l'embellissement de la ville, à la construction & réparation des chemins & édifices publics, mais elle ne se mêle point de l'emploi des deniers. Presque tous ces emplois de même que ceux de la chancellerie & de la daterie, font en charges fort utiles : outre le crédit qu'elles donnent, le revenu en est très-bon, & la même personne en possède plusieurs, que souvent elle exerce ou qu'elle fait gérer par des prête-noms. Elles se perdent par mort, mais le propriétaire peut en disposer, & la vente qu'il en fait est légitime, s'il survit quarante jours.

Je dirai à ce sujet que le tabac, qui a été long-temps en parti à Rome, est actuellement au rang des marchandises ordinaires. On en tire beaucoup d'Espagne & de France : celui-ci qui est de bonne qualité, se vend à Rome vingt-deux sols la livre de douze onces. La difficulté d'empêcher la contrebande, détermina Benoît XIV, à mettre le tabac dans le commerce libre.

même-tems vice-camerlingue de l'Église ( *a* ). Elle donne le plus grand crédit dans la ville, & tout le relief que

---

( *a* ) Le Préfet ou Gouverneur de la ville, en étoit anciennement le Magistrat ordinaire, & avoit à peu-près les mêmes fonctions qu'a aujourd'hui le Gouverneur de Rome. Il recevoit les plaintes des maîtres contre leurs esclaves, & celles des esclaves contre leurs maîtres. Il régloit les droits des banquiers & des orfevres soumis à sa jurisdiction. Il connoissoit des malversations des tuteurs & curateurs, punissoit les affranchis ingrats envers leurs patrons; veilloit à la tranquillité du peuple, à l'approvisionnement de la ville, à la police des spectacles, empêchoit toute assemblée illégitime. Auguste créa cette Magistrature, & en revêtit Agrippa son gendre. *Dio. Cas. l.* 50.

Il faut bien distinguer cette charge de celle de Préfet du Prétoire, qui étoit spécialement chargé de la garde de la personne & du palais de l'Empereur. Cette charge, si belle dans son origine, devint vénale sous les Empereurs tyrans ou avares.

*Pegasus attonitæ positus modo villicus urbi :*
*An ne aliud nunc præfecti....*

Juv. sat 4.

Il paroît cependant que les choses se rétablirent au premier état, car on voit au rang des Préfets de Rome les personnages les plus illus-

puisse avoir une charge de cette espece. Le gouverneur de Rome a tous les détails de police, & le droit d'en décider, soit par lui, soit par ses préposés. Le Barigel & les Sbirres sont à ses ordres: c'est à lui que les ambassceurs même sont obligés de s'adresser, quand ils ont à faire punir ou arrêter quelqu'un, soit de leurs nationnaux, soit des étrangers

---

tres. Claudius Numatianus Gallus Rutilius exerçoit cette charge en 410, & étoit très-content du Peuple Romain. Il en parle ainsi dans son itinéraire.

*Quod nulla meum strinxerunt crimina ferrum :*
   *Non sit Præfecti gloria sed populi.*

Sidonius Appollinaris succéda à son pere dans cette charge, & l'occupa avant que d'être élu évêque de Clermont en Auvergne en 472.

Dès les temps les plus reculés, le Préfet de Rome eut des équipages & un train distingué de celui des autres grands de cette ville. Simmaque qui en fut Préfet dans le quatriéme siécle, ne jugea pas à propos de s'en servir, ainsi qu'il l'écrit lui-même, let. 7. du 10 L... *Falso creditum est quod urbanæ fastigium potestatis peregrini ac superbi vehiculi, usus attolleret....* L'autorité du Préfet de Rome s'étendoit jusqu'à cent milles aux environs de la ville, *ad centesimum ab urbe lapidem.*

dont ils ont à fe plaindre. Il eft vrai que les droits de franchife reftreignent fouvent les limites de fa jurifdiction, & excitent des querelles fort vives, témoin celle qui arriva en 1762, entre l'ambaffadeur de Venife & le gouverneur, & dont j'ai déja parlé ; mais ces accidens paffagers ne diminuent rien à l'éclat de fa charge & à fes droits. Il a une garde attachée à fa perfonne, payée par la chambre apoftolique, & dont il difpofe à fon gré. C'eft le feul prélat qui ait droit de paroître dans les cérémonies publiques avec la même pompe que les cardinaux, que le cortége de fa garde rehauffe encore, & rend plus remarquable. Le gouverneur de Rome recevoit autrefois l'inveftiture de fa charge des Empereurs auxquels il prêtoit ferment de fidélité, ce qui s'eft obfervé jufqu'au Pape Innocent III, qui fit prêter ferment de fidélité entre fes mains au Préfet de Rome, & lui donna l'inveftiture de fa charge par un manteau : ufage qui s'eft confervé jufqu'à préfent.

Cette place étoit occupée en 1762 par M. Eneas Silvius Piccolomini (a),

―――――――――――――――

(a) Il a été fait cardinal à la promotion du mois de Septembre 1766.

Sienois, de la maison de ce nom, qui a donné des Papes à l'Eglise, entr'autres le célébre Pie II, plusieurs autres grands hommes & des généraux d'armée de réputation connue. Il y a vingt-quatre autres gouvernements des principales villes de l'Etat Ecclésiastique, possédés par des prélats : je ne sçais pas quels en sont les avantages, on m'a dit qu'ils étoient arbitraires & presque à la volonté du gouverneur; cependant il se garde bien d'exactions criantes, qui le mettroient dans le cas d'être dépossedé & puni. Les petits gouvernemens sont le partage des docteurs en loi, qui en jouissent en vertu d'un bref du Pape.

*Auditeurs de Rotte & autres Tribunaux.* 13. Les grandes affaires qui se traitent à Rome sont confiées à l'examen des auditeurs de Rote, qui en sont les commissaires nés. Le roi de France a le droit d'en nommer un, le roi d'Espagne en nomme deux pour la Castille & l'Arragon. Les autres sont à la nomination de la cour de Rome, & ils sont douze en tout. Ces prélats tiennent un rang fort distingué à Rome. Ils font leur rapport dans les congrégations nommées par le Pape, pour décider souverainement des affaires dont ils sont chargés, & dans lesquelles ils ont voix délibérative. Ces congrégations sont composées d'un certain nombre de cardinaux & de prélats du second ordre, que l'on appelle *ponenti* ou *votanti*. Il est bien difficile d'avoir un jugement décisif dans ce tribunal : la lenteur des auditeurs de Rote à travailler leurs rapports, & à mettre l'affaire en état d'être jugée; la communication qui doit en être faite aux cardinaux de la congrégation, qui pour se mettre au fait, font faire des extraits par leurs auditeurs, qui sont ordinairement de jeunes gens instruits dans les usages & le droit de la Cour de Rome, qui s'attachent à la personne des cardinaux, pour entrer par leur protection dans la prélature, & parvenir à des places plus importantes (*a*).

---

(*a*) Les procès de divorce ne sont point rares à la Cour de Rome, qui ne se rend pas difficile pour rendre nuls les mariages entre époux qui ne se conviennent pas. Ces sortes d'affaires qui se jugent en premiere instance aux Officialités de France, & sur lesquels les Parlemens prononcent ensuite définitivement, se traitent à Rome pour tout le reste de l'Italie, même l'Espagne & le Portugal, où les jugemens de la Cour de Rome, dans ces matières, que l'on re-

Tous ces préalables nécessaires, occasionnent dans les grandes affaires des retardemens, des longueurs & des frais, qui dégoûtent d'entreprendre aucun procès de longue discussion à la cour de Rome; c'est cependant là qu'il faut que tous les gens du comtat d'Avignon viennent plaider en dernier ressort, les autres tribunaux sont plus expéditifs, & jugent définitivement & par provision, sauf l'appel aux tribunaux supérieurs.

Il y a plusieurs tribunaux de police, tenus sous l'autorité du Camerlingue (*a*) par les clercs de chambre qui

---

garde comme purement ecclésiastiques, ont force de Loi, même quant aux effets civils. J'ai vu un Gentilhomme Espagnol solliciter en personne une sentence de divorce depuis plus de huit ans ; sa requête avoit été admise, néanmoins on ne touchoit pas au fond de l'affaire ; la derniere réponse qu'il eut, fut qu'il pourroit être jugé dans quinze mois. Il falloit que sa cause ne fut pas bien bonne, mais on ne vouloit pas le renvoyer, parce qu'il faisoit de la dépense à Rome : raison politique pour y garder les étrangers autant qu'il est possible ; car les affaires des Romains & des Italiens s'expédient plus vîte.

(*a*) Le Cardinal Camerlingue est le premier Officier de la Cour de Rome : dès que le Pape est mort, il vient & frappe à diverses reprises

y président, & tiennent leurs audiences à certains jours de la semaine dans le palais qui est destiné à cet usage, *à monte Citorio*, & que l'on appelle *Curia Innocenziana*.

Les plus importans pour la ville sont ceux tenus par les commissaires des approvisionnemens connus sous le nom de *Prefetti de l'annona* & *della grascia* (a). Ils mettent le taux à toutes les

---

sur le front du défunt l'appellant par son nom, & voyant qu'il ne répond pas, il prend toute sa suite à témoin de la mort du Souverain Pontife; alors il lui ôte l'anneau du Pêcheur, qu'il baise avec respect, & se retire. Pendant la vacance du Siége, il régit l'Etat de l'Eglise, fait battre monnoie à son profit, administre la justice, publie des édits, & marche en cavalcade accompagné de la Garde Suisse du Pape & de ses autres Officiers. C'est le Président ordinaire de la Chambre apostolique, & il a parmi ses Officiers, en cette qualité, un Trésorier & un Auditeur généraux, & douze Clercs de chambre, Présidens de différens tribunaux. Le mot Camerlingue est tiré de l'allemand & signifioit autrefois le Trésorier du Pape & de l'Empereur. Voyez le glossaire de du Cange, à ce mot. . . .

(*a*) Cette charge fut établie par Auguste, non comme une magistrature fixe, mais comme un emploi extraordinairement créé pour le bien du peuple. . . . . *Cassiodore l. 6.* en écrit exac-

denrées de consommation, qu'ils changent à proportion de leur abondance, ou du gain que veuillent faire les marchands, qu'ils favorisent trop souvent aux dépens du pauvre peuple, au moins à en juger par ses plaintes.

Il est certain que les denrées, eu égard à leur abondance, & au peu d'éxportation qui se fait de l'Etat Ecclésiastique, sont ordinairement à un prix trop haut; mais il se fait dans cette partie des monopoles secrets difficiles à préve-

───────────────────────

tement les devoirs.... *Tui studii est, ut sacratissimæ urbi præparetur annona, ubique redundet panis copia ; per officinas pistorum, cibosque discurris, pensum & munditiam panis exigis carpentum Præfecti urbis mistâ glorificatione conscendis. Tu illi in spectaculis conjunctissimus inveniris.... Te promissor ubertatis seditiones civicas, momentaneâ satisfactione dissolvis.*

Seneque ( *de brevitate vit.* c. 18 ) dit fort plaisamment à ce Magistrat. *Cum ventre humano tibi negotium est.* Cette charge qui dans son origine avoit eu quelque consideration, tomba dans un grand discrédit..... *Nunc inane nomen, & Senatorii census gradis sarcina edidit.* Boèce. l. 3. de cons. phil. Prof. 4....
Les fonctions de cette charge sont toujours les mêmes. Elle s'exerce sous l'autorité du Camerlingue & du Gouverneur de Rome.

nir & même à empêcher, parce qu'ils font ignorés du Souverain, & tolérés par tous ceux qui pourroient lui ouvrir les yeux fur ces abus. J'ai vu tout d'un coup le prix de l'huile très-augmenté, quelques marchands riches en avoient fait un enharrement confidérable, & l'avoient cachée, il n'y en avoit plus dans les marchés ni fur les ports du Tibre. Le peuple qui vit au jour la journée, & fans aucune provifion, fe plaignit, demanda qu'on lui fournît l'huile qui lui étoit néceffaire pour fa confommation, & il fut obligé de la payer à un nouveau prix & plus haut, à celui que les marchands y fixerent eux-mêmes, quoique le commerce fût libre & que la récolte d'huile eût été bonne; mais là comme ailleurs, le peuple n'eft point à l'abri des coups d'autorité que peuvent faire les Prépofés dans un gouvernement foible, qui n'a point de principes fixes pour les parties de détail, cependant fi intéreffantes pour le peuple, qui fait par-tout la partie la plus nombreufe.

Il y a d'autres Prélats chargés de la propréré de la ville, de l'entretien des pavés, de la réparation des grands chemins, de la vérification des monnoies, qui tiennent également leurs audiences à des jours marqués ; c'est encore dans le palais de *Monte Citorio* où se tiennent les Tribunaux pour les affaires civiles & contentieuses de la ville & de la Campagne de Rome, qui répondent à nos Bailliages & Sénéchaussées. Pour l'expédition de ces affaires, il y a une multitude d'Avocats, de Procureurs & d'autres gens de Loi, compris sous le nom général de Curiaux (*a*).

Il ne faut pas comprendre parmi les Curiaux, les Avocats consistoriaux, qui sont Officiers de la Cour de Rome & en charge, établis pour plaider sur les oppositions que l'on forme aux provisions des bénéfices, qui sont très-com-

---

(*a*) La Consulte, Tribunal qui se tient au palais de ce nom, par un Secrétaire en charge, qui y préside d'ordinaire, connoît des plaintes du peuple contre les Gouverneurs de l'État Ecclésiastique, excepté des villes qui ont des Légats, toutes les autres envoient à Rome leurs criminels, pour y être jugés en dernier ressort. A l'égard des procès civils & criminels, la voie de révision est toujours ouverte, ensuite le recours au Pape, qui y a égard s'il le juge à propos, & qui par un *chirographo* régle tout sur sa seule volonté souveraine. Ce *chirographo* représente la Loi royale dont je parlerai ailleurs.

munes dans les pays où les élections ont lieu, & pour cela ils entrent & parlent dans les Confiſtoires, ils ſont chargés encore de demander le Pallium pour les Archévêques & les Métropolitains, ils propoſent les cauſes de la canoniſation des Saints. Ils ſont au nombre de douze, dont ſept ſont appellés anciens & cinq ſurnuméraires. Il y en a un qui eſt chargé particulièrement des cauſes des pauvres bénéficiers, qui ne ſont pas en état de faire les frais néceſſaires pour obtenir leurs proviſions. Ces places ſont importantes & ménent ſouvent aux premieres dignités, pluſieurs Papes les ont exercées avant que d'être revêtus de la pourpre Romaine. C'eſt parmi les Avocats confiſtoriaux que l'on choiſit le Promoteur de la foi, le Recteur du College de la Sapience; & l'Avocat du fiſc ou des finances de l'Etat Eccléſiaſtique.

14. La Juſtice ordinaire à Rome en première inſtance, ſe rend au Capitole par les Magiſtrats municipaux de la ville qui ont à leur tête le Sénateur.

*Sénateur de Rome & Conſervateur. Capitole.*

C'étoit anciennement le ſouverain Magiſtrat de Rome, créé par le peuple, indépendant du Pape & des Empereurs. Tant que le Peuple Romain conferva une idée de ce qu'il avoit été autrefois, quoique le Sénat ne subsista plus, il s'élisoit un Magistrat conservateur de ses droits, qui eût dû plutôt porter le nom de Tribun que celui de Sénateur. Par un traité fait environ l'an 1100, la dignité de Sénateur fut soumise à l'autorité du Pape, mais dans la suite des tems le peuple rentra dans ses droits, & créa de son propre mouvement un ou plusieurs Sénateurs, suivant qu'il croyoit en avoir besoin, ou que des personnages puissans l'avoient gagné pour se faire conférer le titre & les droits de cette place. En 1263, Charles comte d'Anjou, frere du roi saint Louis, fut élu Sénateur perpétuel de la ville. Etant paisible possesseur du trône de Naples, il remit sa dignité à Henri prince de Castille, qui fut reconnu en cette qualité par le peuple de Rome & le Souverain Pontife. En 1278, le Pape Nicolas III se fit élire Sénateur par le peuple; dignité, dit Platine, que l'on avoit coutume d'accorder aux Rois & aux Princes. Ce Pape étoit de la maison des Ursins, il fut remplacé par le Pape Martin IV, François né à Tours, qui rétablit dans la dignité de Sénateur le roi de Naples, dont les descendans conserverent cette dignité, & la firent exercer à Rome par des Chevaliers qu'ils y nommoient.

Les Romains voulant rentrer dans leurs droits quelque tems après, élurent pour Sénateurs ou Magistrats souverains deux Chevaliers des maisons Colonna & Orsini. Pendant le séjour des Papes en France, Rome fut dans une espece d'anarchie, durant laquelle le Peuple Romain eût pû révendiquer ses droits s'il eût encore existé. Mais les Papes après leur retour, sur-tout après l'extinction du grand chisme & l'élection de Martin V, anéantirent la grande autorité du Sénateur, ils en conserverent le titre, & ne lui laisserent que le droit d'être à la tête de la Magistrature municipale de Rome.

Ce titre est cependant encore très-honorable; mais celui qui en est revêtu doit être étranger, il est possédé aujourd'hui par M. le comte de Bielke, Suedois. (*a*) Il réside au Capitole, a des officiers attachés à sa personne, & une

───────────────────

(*a*) Il a eu pour successeur en 1756, Dom Abondio Rezzonico, troisiéme neveu du Pape regnant.

garde entretenue par la ville, qui l'accompagnent dans les cérémonies publiques, & lorsqu'il va à l'audience du Pape en grand équipage. Son habit de cérémonie est la longue robe de pourpre bordée d'étoffe d'or, qui répond à l'habillement ancien des Sénateurs Romains. Il a pour collateraux ou premiers assesseurs quatre magistrats, dont trois ont le nom de Conservateurs, & un celui de Prieur ou député des différens quartiers de la ville : ces places sont occupées par des gentilshommes nommés par le Pape, dont deux changent tous les trois mois. Les autres juges sont des docteurs en droit reçus sur la présentation du Sénateur ; ils tiennent leurs séances dans le palais des Conservateurs qui est à main droite sur la place du Capitole.

Capitole. La grande salle qui est dans le bâtiment principal du Capitole, est occupée par plusieurs tribunaux particuliers, où s'expédient les affaires peu importantes qui demandent célérité, & dont les jugemens s'exécutent à l'instant qu'ils sont rendus, ou sur la déposition des témoins assignés, ou sur l'aveu même de celui qui est appellé en jugement.

C'est le seul tribunal de Rome dont

les magiſtrats ne ſoient pas eccléſiaſtiques, car tous les autres, même les tribunaux de juſtice criminelle, ſont préſidés par des prélats.

Il y a une très-ancienne ſociété ou académie d'agriculture établie au Capitole, compoſée pour la plus grande partie de princes & barons Romains, qui ont une juriſdiction qui s'étend ſur la Campagne de Rome appellée *Agro Romano* ou banlieue de la ville, à dix ou douze milles aux environs; mais cette juriſdiction eſt peu reſpectée, ou elle eſt bien négligente ſur la partie de l'adminiſtration qui lui eſt confiée; car quelque fertile que ſoit tout le territoire, il eſt inculte pour la très-grande partie.

La juſtice à Rome ſe rend aſſez exactement dans les procès ordinaires, ſurtout quand on n'a pas affaire à une partie puiſſante par elle-même ou par ſes protections; en ce cas il n'y a ſortes de lenteurs ou de chicanes que l'on n'ait à éprouver, juſqu'à ce que l'on ait abandonné ſon inſtance, ou accepté un accommodement toujours déſavantageux, & que la partie protégée propoſe moins dans la crainte d'être condamnée, que pour ſe délivrer de l'ennui d'avoir à répondre aux plaintes & aux demandes de la partie léfée & plaignante.

En matiere criminelle la juftice à Rome eft une efpece d'énigme à laquelle il n'eft pas poffible de rien comprendre : il y a peu de villes, eu égard à fa population, où il fe commette autant de crimes dignes de mort. Les affaffinats y font tres-fréquens, il s'y en eft fait plufieurs pendant le tems que j'y ai paffé ; le reffort de la ville s'étend au loin, & renferme la Sabine, l'Ombrie, la Marche d'Ancone, la province du Patrimoine, & toute la Campagne de Rome, dont les affaires criminelles fe jugent en dernier reffort à Rome même ; & pendant cinq mois il ne s'y eft fait qu'une feule exécution à mort, quoiqu'il y ait eu de ma connoiffance dans la ville, au moins une douzaine d'affaffinats confommés, fans parler des coups de ftilet qui n'ont fait que des bleffures ; mais la protection, l'ordre obfervé dans les jugemens, & la difficulté d'acquérir des preuves, font que prefque tous les criminels fe tirent d'affaire, ou en font quittes pour la peine des galeres à tems.

Un payfan de Frafcati affaffina il y a quelques années, de la maniere la plus cruelle un homme de la campagne qui amenoit à Rome un cheval chargé de fruits; il lui enleva son manteau, ses souliers, une tabatiere d'argent, & tout ce qu'il avoit de monnoie. Un voiturier qui suivoit, avoit vu de loin le crime, cependant assez à portée pour reconnoître le coupable qu'il rencontra à *Ponté mollé*, il le dénonça à la garde, & le fit arrêter sur le champ. Il étoit nanti de tous les effets qui furent reconnus être ceux du paysan assassiné. Il tint ferme vis-à-vis du voiturin, dont on reçut la déposition, & auquel il fut confronté, on prétendit que la preuve n'étoit pas complette, & par la protection d'une maison puissante, il ne fut condamné qu'à quelques années de galeres.

Sous le pontificat de Benoît XIV un habile artificier avoit volé de nuit & avec effraction à divers Marchands, la valeur de plus de cent mille écus, il avoit un petit carrosse qu'il conduisoit lui-même, & un associé qui l'aidoit dans ses vols, il fut supçonné assez violemment pour avoir lieu de craindre. Il se retira en Piémont, où il fit le feu d'artifice qui fut tiré pour le mariage du duc de Savoie en 1750. Le roi de Sardaigne, qui en fut très-content, lui fit demander en quoi il pourroit l'obliger. Il le pria d'employer sa protection pour le faire rentrer à Rome avec sureté, d'où une affaire malheureuse, qu'il expliquoit à son avantage, l'avoit, disoit-il, fait sortir. Le prince s'informa du fait ; & ayant sçu la vérité, il fit payer l'artificier, & lui donna ordre de quitter sur le champ ses états, sous peine de galere. Il obéit ponctuellement, mais il revint à Rome, où il fut arrêté & condamné à être pendu. Les sollicitations les plus puissantes même des cardinaux accrédités, n'avoient pu fléchir le Pape, qui étoit d'autant plus irrité, que les vols multipliés de cet homme avoient réduit à la mendicité plusieurs marchands connus & accrédités ; quand un Jésuite parent du voleur, vint se jetter au pied du thrône, & parla si efficacement au St Pere, qu'il obtint commutation de peine & condamnation aux galeres. Le Pape étoit pour lors à Castel-Gandolphe, & le courier qui apportoit le *chirographo* ou le décret de commutation, n'arriva qu'à l'instant où le coupable sortoit pour aller à la potence. Ce même homme n'a pas changé pour cela d'inclination, il a fait depuis sur les galeres plusieurs actions dignes de

mort,

mort, & par leur qualité & par sa situation, la même protection l'a toujours tiré d'affaire, ce qui a paru une énigme sur tout sous le pontificat de Benoît XIV.

Voici encore un fait de ce genre dont j'ai en quelque sorte été témoin : un habitant de Rome avoit été maltraité par un des gardes du gouverneur, & cherchoit à s'en venger. Il le trouva en plein jour dans une rue de Rome très-fréquentée, l'insulta vivement, & finit par l'assassiner à coups de stilet, au milieu de plus de deux cens témoins qui les environnoient, & qui se dispersèrent aussitôt, laissant le cadavre au milieu de la rue. L'assassin étoit connu, mais il s'échapa aisément; les palais des ambassadeurs, ceux des cardinaux, plusieurs quartiers qui sont en franchise, fournissent mille moyens aux coupables de se cacher. Ce n'est pas là le singulier de l'aventure, c'est que quelques perquisitions que pût faire le gouverneur, qui étoit vraiment irrité, tout son crédit échoua, & ne put trouver un seul témoin qui interrogé juridiquement, convint d'avoir vu commettre le crime ou de connoître l'assassin. Cette affaire fit un très-grand éclat dans le tems,

*Tome V.* E

& on fut obligé de l'abandonner, faute de pouvoir acquérir aucune preuve juridique, quoique le crime se fût commis à onze heures du matin dans le voisinage du Cours.

Cela prouve le génie de la populace de Rome, & le flegme avec lequel elle sçait mentir dans l'occasion, se ménageant à elle-même une ressource pour pareille circonstance. C'est peut-être ce qui est cause qu'il est si difficile de rendre exactement à Rome la justice en matiere criminelle.

*Politique & intrigues à Rome.*

15. J'ai donné plus haut une idée de la prélature Romaine & de ses occupations, elle est nombreuse & cependant presque toute occupée ou aspirant à l'être. Il n'y a probablement point d'ordre dans le reste de l'univers, point de cour où il y ait autant d'intrigues & de brigues. On peut même dire que presque tout s'y fait par cabale; parce que toute personne distinguée par sa naissance, par son rang, par son crédit ou par ses richesses, se fait gloire d'avoir beaucoup de créatures, de se mêler de tout ce qui se passe. J'imagine que par ce moyen leur existence prend à leurs propres yeux une plus grande étendue. Les femmes ne sont pas à ce sujet plus

tranquilles que les hommes, au contraire elles se livrent à l'intrigue avec beaucoup plus d'ardeur; si elles sont jeunes, elles n'en ont que plus de crédit; si elles ont passé le tems de plaire, elles n'en ont que plus d'adresse & de subtilité. L'intrigue a lieu, non-seulement quand il y a des places vacantes, mais encore pour celles auxquelles on aspire, & qui doivent vaquer dans un cas prévu, ou même imaginaire. On prépare tous les moyens de succès, on sonde les desseins de ceux que l'on craint d'avoir pour concurrens, on cherche à les renverser, tout cela se passe dans le plus profond secret, & il n'y a qu'une très-grande habitude de ce manége qui puisse en mettre au fait.

Il est étonnant combien la mort de deux ou trois cardinaux Italiens, ou une promotion causent de mouvemens & de changemens dans Rome : toute la ville est en action, & s'intéresse à ce qui se passe : on ne parle ni de ses vues ni de ses desseins, tant que les places ne sont pas remplies; mais quand on n'a plus rien à prétendre, c'est alors que le mécontentement s'exhale par les satyres les plus piquantes. Heureux ceux que cette vengeance obscure soulage, & qui ne prennent pas la chofe affez à cœur, pour éprouver de ces révolutions fi vives qu'ils en font la victime; car les Italiens, même ceux qui paroiffent avoir les plus fortes têtes, font à ce fujet d'une fenfibilité étonnante. J'en ai vu périr de dépit d'avoir éprouvé quelques défagrémens dans ce genre; car je ne parle ici que de ce qui s'eft paffé à Rome fous mes yeux, ou de ce que j'ai appris de bonne fource. On prétend même que quand le défefpoir eft porté à un certain point, la vie leur devient infupportable (*a*).

---

(*a*) Monfeigneur de Lerma Napolitain, Secrétaire des rites, celui de tous les Italiens que j'ai entendu s'exprimer avec plus de force & d'éloquence, & une facilité que lui donnoient fes vaftes connoiffances; étoit l'un des plus habiles Prélats de la Cour de Rome. Benoît XIV l'avoit défigné Cardinal peu avant fa mort: mais le gouvernement ayant changé, il fe vit fruftré de fes efpérances & même d'une place qui conduifoit au chapeau, qui reftoit vacante par la promotion de 1761, & à laquelle fon mérite lui donnoit plus de droit de prétendre qu'à perfonne: il ne réfifta pas à ce revers de fortune, & mourut d'une bile répandue dans le fang, au commencement de 1762. Le Cardinal P. que l'on avoit vu remettre au Pape regnant, d'abord

De cette habitude à l'intrigue naît une curiosité insatiable. Le plus souvent ils n'ont aucun intérêt à sçavoir ce qui se passe ; mais il ne faut pas que l'on puisse imaginer qu'ils ignorent rien. Au commencement de 1762 il arriva tout de suite de France deux couriers extraordinaires : l'un à M. le cardinal de Rochechouart, l'autre au consul de France ; combien ces événemens intriguerent les politiques désœuvrés de Rome. Nous ne pouvions pas aller à au-

───────────────

après son exaltation, les provisions de ses deux charges de Sécretaire des brefs, & de Bibliotécaire de l'Eglise, & que le Pape le pria de conserver, avec cette politesse aisée que l'on connoît en lui : forcé de signer un bref favorable aux J. qu'il n'aimoit certainement pas, & le Pape irrité de sa résistance l'ayant menacé de lui ôter sa charge ; il partit furieux de Rome, se retira à son hermitage de Frascati, où il mourut d'appoplexie dans les 24 heures. Si au contraire il eut tenu ferme & attendu le coup dont il étoit menacé, & que certainement on n'auroit pas osé lui porter, son crédit & sa réputation y eussent beaucoup gagné ; mais sa foiblesse & sa crainte détruisirent cette idée de fermeté qu'il avoit donné de lui-même, & sa mort prouva qu'il n'étoit qu'un homme singulier, hardi lorsqu'il n'avoit rien à risquer ; ailleurs fort semblable aux autres

cune assemblée, que nous ne fussions entourés d'une multitude de prélats curieux, qui nous parloient de l'arrivée de ces couriers, & qui vouloient qu'il y eût du myſtere. L'un étoit pour l'expédition d'une affaire particuliere, & qui n'intéreſſoit perſonne à Rome; l'autre avoit un objet plus relatif à Rome; mais M. le cardinal avoit gardé ſon ſecret, & il ne tranſpira que lorſque ceux qui étoient le plus intéreſſés à le cacher, l'eurent rendu public (*a*).

---

(*a*) Au ſujet de l'affaire qui avoit fait expédier ce courier, on vit paroître à Rome le ſonnet ſuivant, qui n'eſt qu'un jeu de mots, mais vraiment dans le goût Italien.

*Sopra il Breve mandato da Clemente XIII, ſommo Pontifice, al Rè Chriſtianiſſimo, per la cauſa ed indifeſa de Jeſuiti, ſulle parole dello ſteſſo breve,* Aut ſint ut ſunt, aut non ſit.

### SONETTO.

*Anch'io notaï la fraſé* aut ſint ut ſunt
  *In Gallia, al che ſoggiunſe,* aut non ſint,
  *E vale à diré, nel modo onde ora ſunt*
  *Siano, o altrimenti toſto piú,* non ſint.

*Dicea il Senato,* independenti ſunt

Il en est de même d'autres événemens plus considérables par rapport aux souverains, mais qui ne peuvent jamais regarder les particuliers qu'indirectement, sur-tout quand ils se passent dans des régions qui n'ont aucun rapport avec le pays qu'ils habitent. Le roi de Prusse pendant la derniere guerre, avoit peut-être plus de partisans à Rome qu'à Breslau. Pendant que Rome prend hautement le parti des Stuards, qu'elle entretient dans ses murs le prince infortuné qui porte le titre de roi d'Angleterre; la maison d'Hanovre a des partisans qui font des vœux pour sa prospérité dans l'anti-chambre même de Jacques

———————————————

*E ben d'uopo, ché tali più non sint;*
*Di Regia autorita nemici, sunt,*
*Meglio è ché i lor' statuti più non sint.*

*Il Rè volea ché fossa detto sint,*
  *Poiché fû chi asseri, fideli sunt,*
  *Ma seppé il vero, é disse anch'ei non sint.*

*Abbandonati al Paramento sunt,*
  *E se or' si vuol, ché riformati sint,*
  *E troppo tardi, perche più non sunt.*

III ou du cardinal duc d'Yorck. Le zèle politique des Romains de nos jours, est quelque chose d'inconcevable, & qui m'étonnoit à chaque instant. Je ne doute pas que l'élection du dernier roi de Pologne ne les ait occupés très-sérieusement, & qu'il n'y ait eu des paris, des partis même déclarés, pour ou contre les divers prétendans dont on avoit d'abord parlé.

Cette habitude de se travailler l'esprit sur des sujets en apparence si peu importans pour ceux qui s'en occupent, donne une souplesse & une dextérité assez généralement répandues, auxquelles tout le monde croit avoir droit, mais qui cependant n'est pas le partage de tous. J'ai vu dans la Prélature Romaine des personnages très-capables des plus grandes affaires, tant par l'étendue & la solidité de leurs connoissances, que par la force de leur génie. Il faut convenir encore que ceux qui ont ces grands talens, sont ceux qui vont le plus droit dans les affaires. Ils les traitent avec une supériorité sur laquelle ils comptent trop, elle échoue souvent contre la subtilité plus raffinée de gens qu'ils ont peut-être raison de mépriser, mais qui cependant l'emportent sur eux, non en les attaquant à force ouverte, mais en les trompant.

Car le Machiavelisme né en Italie, n'y est pas éteint, on s'y occupe sur-tout à paroître, & très-peu à être, & s'il n'est question que d'en imposer pour arriver à ses fins, on est sûr d'y être. Combien j'ai entendu de mensonges que je sçavois être tels, débités gravement, par des gens capables de leur donner une autorité qui ne pouvoit être que momentanée : ils ne doutoient pas que la vérité ne dût être connue très-promptement ; mais il etoit de leur intérêt de mentir pour l'instant, & ils ne s'y refusoient pas.

Je ne suis point initié dans les mysteres de la politique, je sçais seulement qu'il faut sçavoir se taire & garder, autant qu'il est possible, un extérieur égal, & qui ne laisse rien découvrir des sentimens intérieurs, se tenir toujours également enveloppé dans le voile du mystere, ou prendre tel autre maintien d'habitude plus convenable au caractere & au tempérament ; mais il faut être toujours le même. Alors rien ne déconcerte autant les scrutateurs des secrets de la politique, que le maintien

E v.

égal d'un homme silencieux & prudent. Ce moyen de réussir me paroît bien au-dessus des petites finesses, & de la fausseté du Machiavelisme. Voilà cependant ce que l'on appelle l'école de la politique, c'est à cette cour, dit-on, que se forment les politiques les plus déliés peut-être, & les plus rusés; mais non pas les plus grands & les plus habiles.

Les Prélats Romains qui se sont distingués dans les nonciatures, peuvent bien avoir acquis assez de connoissance des grandes affaires de l'Europe, pour les bien entendre & même les conduire. C'étoit sans doute là que s'étoient formés les cardinaux *Valenti* & *Archinto*, tous deux secretaires d'état sous le pontificat de Benoît XIV, & dont le ministere a été brillant & s'est fait respecter. C'étoit là encore que s'étoit formé le cardinal Mazarin; mais alors il se traitoit plus de grandes affaires à Rome qu'à présent. La réputation de cette Cour en fait de politique, date encore de plus loin : il faudroit remonter au siecle de Charles V & de François I. C'étoit alors que les fondemens de ces grands traités qui intéressoient toute l'Europe, se jettoient à Rome, les papes y entroient pour beaucoup en qualité de princes souverains; mais depuis près d'un siécle, il n'est plus question de ces grands objets, tout s'y borne aux intérêts de la Cour de Rome, & de ce qui en dépend immédiatement, c'est-à-dire, ce qui a rapport au Souverain Pontife, comme centre de l'union de l'Eglise Catholique. La grande politique paroît avoir quitté la capitale de l'univers pour s'établir dans un village de Hollande.

Tout ce qui est de foi est invariable; mais ce qui n'est que discipline peut changer ou être réformé suivant les circonstances. La Cour de Rome le sçait; mais le maintien de son autorité, un zèle apparent de régularité fait qu'elle se refuse souvent à des arrangemens auxquels elle pourroit accéder, & que ses refus forcent à prendre, malgré elle.

On se rappellera qu'en 1762 les cendres arrivérent le 24 Février, jour de la fête de St Mathias apôtre, pour laquelle on jeûne la veille dans presque toute l'Italie. Dans ces circonstances, l'Eglise de France transfere la fête au vingt-cinq, pour ne pas mettre le peuple dans le cas de violer le précepte, en l'obligeant à jeûner le mardi gras. On m'a assuré que l'on suivoit la même regle en Espagne & en Portugal. Le royaume de Naples qui est pays d'obédience & feudataire du St Siége, s'adressa au Pape, pour obtenir de lui un bref dérogatoire, en vertu duquel on transféreroit la fête au 25 : ce qui fut refusé net. Les ministres fâchés de ce refus auquel ils ne devoient pas s'attendre, répondirent qu'ils feroient ce qu'ils aviseroient bon être pour l'honneur de la Religion & le bien du royaume. Cette réponse intrigua beaucoup les Romains, ils furent très-fâchés de leur refus. Les cardinaux même qui avoient été de la congrégation tenue à cet effet, étoient tous prêts à revenir sur leurs pas, & à donner une permission qu'on ne leur demandoit plus, & qu'ils firent dire sourdement que l'on accorderoit à une seconde instance. Mais les ministres de régence plus sages & plus moderés ne voulurent plus se compromettre, ils laisserent publier le jeûne pour le jour du mardi gras, & ce ne fut pas leur faute si dans une ville aussi peuplée que Naples, le précepte fut ouvertement violé par une populace effrenée, à laquelle ils auroient ôté cette occasion de pécher, si on eût voulu les écouter.

A Rome même où tout est de stricte observance, combien n'y eut-il pas de transgressions du précepte, de propos impies & de profanations, les rues en retentissoient hautement. Il est certain que ce zèle mal entendu de régularité, nuit beaucoup plus à la Religion qu'il n'y sert, sur-tout quand tous les spectacles sont ouverts, & les courses de masques permises. En pareil cas le carnaval devant finir le lundi, les masques & les théâtres devroient également être interdits.

Ce qui fâchoit le plus beaucoup de gens très-sensés, c'étoit la crainte que la Cour ne perdît quelque chose de son crédit de ce côté. Car en général les Romains ne sont point intolérans, ils se prêtent volontiers à tout ce qui peut s'accorder avec leur intérêt; mais souvent les vues particulieres de quelques ministres conduits par une inspiration étrangére & trop despotique, l'emportent sur les vues des plus raisonnables, sur lesquels cependant le mal retombe en partie, quoiqu'il n'ait pas tenu à eux qu'on ne le prévînt.

L'Inquisition ou le St Office à Rome n'est point un tribunal aussi redoutable qu'on l'imagine ordinairement, on n'emprisonne personne que la preuve de son délit ne soit bien acquise; les conjectures les plus fortes ne suffisent point, il faut des preuves positives & évidentes; mais une fois bien établies, il n'y a pas moyen de se soustraire à la rigueur de ses loix; les sollicitations en sont absolument bannies : un juge qui a été sollicité, est obligé de déclarer en pleine congrégation, par qui & pourquoi il a été sollicité. On ne dit jamais au coupable de quoi il est accusé, il faut qu'il confesse son crime sur les interrogations qu'on lui fait. Ceux qui préviennent le décret du St Office en venant avouer eux-mêmes leurs crimes, sont jugés promptement & presque toujours renvoyés absous, s'ils ne sont pas relaps. La peine ordinaire est la prison ou perpétuelle ou à tems, suivant la nature du délit, & l'opiniâtreté des coupables. Le secret y est inviolablement gardé, & on y traite tout ce qui a rapport aux matieres de foi, & même de discipline, quand elle tient à la foi ou aux grands intérêts de la cour de Rome; pour qu'on ne prescrive nulle part contre ses droits, elle fait juger secrettement à ce tribunal, quantité d'affaires qui y sont portées par le promoteur de la foi. Ainsi combien de gens, & même de corps, sur tout en France, sont condamnés par les sentences de l'Inquisition, & ne s'en doutent point. C'est le parti que la Cour de Rome a pris pour se rendre justice à elle même, & on seroit bien étonné de voir le régistres secrets du St Office, quoique le système actuel de la Cour de Rome ne soit pas l'intolérance. J'ai vu par moi-même que quantité d'objets auxquels nous croyons la Cour de Rome fort attachée, ne l'ont jamais que médiocrement intéressée. J'ai ouï un cardinal comparer à ce sujet, la nation Françoise à un corps de feu qui se dévoroit lui-même, s'il n'avoit pas un aliment continuel qui l'entretint.

Le fond de la politique Romaine est un despotisme universel, fondé sur les anciennes maximes de Grégoire VII. Pour l'entretenir, elle se prête aisément à accorder toutes les dispenses & graces qu'on lui demande, parce que ce sont autant d'engagemens de dépendance que l'on prend avec elle. Le temps des excommunications est passé, on se contente des générales que l'on prononce le jeudi saint, les particulieres ne sont plus en usage, ou si rares que les siécles se passent sans qu'elle les emploie; on regrette toujours que trop de fermeté ait occasionné le schisme d'Angleterre. L'esprit du gouvernement, n'est donc pas de resserrer la chaîne, mais d'y ajouter autant d'anneaux que le besoin l'exige, qui l'allongent beaucoup, mais dont l'extrémité reste toujours dans la main de la Cour de Rome, qui y donne quelque mouvement & croit ainsi la gouverner. Systême prudent, eu égard à la disposition actuelle des esprits, & qui conserve toutes choses dans l'ordre.

Les officiers du tribunal du St Office, sont choisis d'ordinaire dans ce que la Prélature a de plus instruit. quoique ces places ne passent pas pour être de faveur (*a*).

―――――――――――――

(*a*) La Pénitencerie est le supplément de l'Inquisition ; on y connoît & on y absout de tous les crimes possibles. Les Pénitenciers obtiennent la permission d'absoudre de ceux qui sont réservés spécialement au Pape sur leur supplique, & un bref qui leur est expédié gratis, où le nom du pécheur est en blanc. Cet usage est constant. On doit juger de-là quelle étoit la verité des allégués contenus dans l'ancien livre ou libelle intitulé *Taxa cancellariæ apostolicæ*, imprimé dans le seiziéme siécle, peu

16. Un ordre vraiment respectable est celui des évêques, ils sont extrêmement multipliés en Italie & sur-tout dans l'Etat Ecclésiastique, leurs revenus sont bornés, ils vivent sans faste & sans représentation ailleurs qu'à leur Eglise ; mais ils sont les premiers Pas- {Ordre des Evêques.}

---

après que Luther eut commencé à dogmatiser.

Cette Justice secrette & qui s'exerce par un seul homme, se rend dans les trois Basiliques principales de Rome, St Jean de Latran, Ste Marie-Majeure, & St Pierre au Vatican. C'est-là que l'on trouve des Confesseurs pénitenciers de toutes les langues & de toutes les nations, dont la charge expresse est d'affranchir de la servitude du péché, tous ceux qui s'adressent à eux avec les dispositions nécessaires pour obtenir cette grace ; ils sont là comme autant de Préteurs dans leurs tribunaux, la baguette *vindicta* à la main, dont ils touchent au front ceux qu'ils jugent dignes d'être affranchis. *Prætor autem vindicta, id est, virga quadam, servi capiti imposita, ita dicebat, dico eum liberum esse more Quiritum*..... Le Préteur n'avoit droit d'affranchir un esclave qu'autant que le maître en le lui présentant, disoit...... *Hunc hominem liberum esse volo.*

Il y avoit deux autres manieres d'affranchir, ou par testament, ou en permettant que l'esclave se fît inscrire comme libre, sur les registres du cens ou dénombrement.

teurs de leurs troupeaux, qu'ils abandonnent peu, qu'ils visitent souvent, & dont ils connoissent les besoins. Les Cardinaux Evêques, quelque grands qu'ils soient, ne se dispensent pas de ce soin. J'ai rencontré de ces Evêques dans le cours de leurs visites accompagnés d'un sécretaire & d'un seul domestique, voir tout par eux-mêmes, & porter par tout le flambeau de l'instruction & de la charité. Ces Prélats, quand ils viennent à Rome, sont éclipsés par les cardinaux ; mais ils n'en sont pas moins estimables : la plupart ont une humilité & une charité vraiment apostolique. On peut dire que c'est à Rome le ton de l'épiscopat. Presque tous sont bien instruits, & très-capables de gouverner les troupeaux confiés à leurs soins. Les examens par lesquels il faut qu'ils passent avant que d'avoir leurs bulles, ne sont point pour la forme & de pure cérémonie ; la théologie & le droit canonique en sont les objets. Aussi l'épiscopat n'est pas un état fort envié en Italie, on préfère les charges de la Cour de Rome, & la vie d'intrigue, à moins qu'il ne soit question de quelque bénéfice d'un grand revenu, qui alors est recherché en Italie comme ailleurs, parce qu'on croit avoir des prétentions fondées au chapeau de cardinal, & plus de moyen de se ménager des créatures. Un Evêque en Italie qui a huit mille écus romains, ou quarante mille livres de rente, passe pour très-riche; il y en a peu qui aient autant de revenus.

De tout ce que je viens de rapporter, on voit que l'on doit déja distinguer trois ordres différens dans la Cour de Rome, les cardinaux, le corps de la prélature & l'épiscopat qui devroit être le premier de tous; mais comme il oblige à résidence, & qu'il éloigne de la Cour, les prélats se regardent comme dans un rang supérieur. Il est vrai encore que la plus grande partie de ces prélats ont le titre d'évêques ou d'archevêques *in partibus*: il y a eu tant de villes en Afrique, en Egypte, en Asie & en Grèce qui ont eu autrefois des siéges épiscopaux, que l'on peut y nommer tant de titulaires qu'on le juge à propos. Il en est de même d'une quantité de réguliers qui ont le titre d'abbés *in partibus*.

Les grandes places de la Cour de Rome qui éloignent de son enceinte, sont les légations de Bologne, de Ferrare & de la Romagne, exercées par des cardinaux qui ont pour seconds de jeunes prélats avec le titre de vice-légats ; les nonciatures à Vienne, Paris, Madrid, Lisbonne, Naples, Turin, Varsovie, Venise, Bruxelles, Cologne, Florence, Lucerne : la place d'inquisiteur à Malthe, la vice-légation d'Avignon, & la présidence de la légation d'Urbin (*a*).

―――――――――――

(*a*) La Prélature n'est pas composée des seuls Romains, tous les Italiens y ont part, on y voit même quelques Espagnols, des Allemands en très-petit nombre, mais rarement d'autres François que l'Auditeur de Rote de la nation. Il seroit difficile de dire quelle Province de l'Italie fournit à la Cour de Rome les sujets les plus distingués. On voit dans la suite des Papes de grands hommes des différentes contrées d'Italie. J'y ai vu des Napolitains que l'on pouvoit appeller de grands génies & de fortes têtes ; des Milanois qui montroient les plus heureuses dispositions pour bien gouverner ; des Florentins de beaucoup d'esprit & très-déliés ; des Vénitiens sages & prudens ; des Romains, sous ce nom je comprends tous les sujets de l'Etat Ecclésiastique, qui avoient d'excellentes qualités, & sur-tout qui entendoient supérieurement les intérêts de la Cour de Rome. J'en ai vu de fort instruits, qui pensoient sagement & d'une maniere désintéressée : j'en ai vu d'autres plus prévenus pour les sentimens particuliers que nous

Les canonicats des églises principales de Rome, telle que St Jean de Latran, St Pierre, Ste Marie majeure, sont tous possedés par des prélats dont la plûpart sont en charge à la Cour; les revenus de ces bénéfices sont considerables, on le préfére aux évêchés ordinaires.

Il y a outre cela plusieurs autres ecclésiastiques d'un rang subalterne attachés, soit au service des paroisses, soit

Clergé séculiers & réguliers.

---

appellons ultramontains; ceux-là sont faits pour réussir en Italie, & ne devroient pas en sortir. J'en ai vu quelqu'autres qui avoient faits grand bruit dans leur nonciature, & qui probablement y avoient peu contribué d'eux-mêmes. On se souviendra que l'on dit publiquement dans le tems de la grande affaire du Portugal, que le Nonce qui y étoit alors avoit sonné le tocsin de la revolte, & s'étoit fortifié dans son logement contre le Roi; après avoir bien examiné celui qui y étoit alors, qui est le meilleur homme, le plus doux & le plus tranquille qu'il y ait dans la Cour de Rome, j'ai été convaincu combien il falloit peu compter sur les bruits publics. S'il y eut quelques mouvemens séditieux de la part des Ecclésiastiques de ce Royaume, & qui s'appuyerent de son nom; certainement il ne les y engagea, ni ne les y soutint....

à celui des églises où ils ont des prébendes. Suivant le dénombrement fait en 1761, on comptoit à Rome deux mille sept cens quarante-deux prêtres séculiers, quatre mille trois cens quatre-vingt-un réguliers, dont huit maisons de chanoines réguliers de différentes congrégations, trente-quatre de clercs réguliers, Théatins, Somasques, Jésuites qui ont huit maisons & cinq colleges, Barnabites, Clercs mineurs, Ministres des malades ou *della crocetta*, Clercs réguliers de la Mere de Dieu, Clercs des Ecoles pies qui ont trois colleges; Clercs de la doctrine chrétienne, de l'oratoire de St Philippe de Neri, de St Jérôme de la charité; clercs appellés *Pii operari;* deux maisons de la congrégation de la Mission ; quatre-vingt-quatre maisons de réguliers des ordres de St Benoît, de St Bernard, de St Dominique qui ont sept maisons, de St François qui en ont quatorze, & de Minimes qui en ont cinq; vingt-quatre maisons religieuses de femmes; douze conservatoires ou maisons dans lesquelles on éleve les jeunes filles ; trente-trois hôpitaux, dont quinze sont affectés aux nations différentes & aux pélerins malades de ces nations que l'on doit y recevoir.

Le Cardinal Vicaire dont j'ai déja parlé, a la jurifdiction & l'infpection immédiate fur tous les corps eccléfiaftiques tant féculiers que réguliers & fur les hôpitaux.

Le Vice-gérent ou Promoteur général a la police générale des mœurs du clergé, & eft chargé de l'examen de ceux qui fe préfentent pour les ordinations; c'eft lui qui approuve les confeffeurs, qui donne les permiffions aux prêtres étrangers pour dire la meffe. Il a chez lui un tribunal & des bureaux, où fe portent en premiere inftance toutes les plaintes que l'on a à faire contre les eccléfiaftiques. Les détails de cette charge font très-confidérables. Plufieurs autres bureaux particuliers dans la ville en dépendent. Le Vice-gérent a ordinairement le titre d'archevêque *in partibus* : il faut avoir des talens diftingués, de la fermeté, de la vigilance & de l'affiduité au travail, pour remplir avec honneur cette place qui conduit prefque toujours au cardinalat.

Outre le Vice-gérent, il y a un Promoteur de la foi qui veille à ce qu'il ne s'éléve aucune erreur nouvelle, & que l'on ne fasse pas revivre les anciennes. Il fait ses rapports au St Office.

Le nombre des ecclésiastiques à Rome, monte donc à un peu plus de sept mille, tant pour les séculiers que les réguliers, mais qui paroît beaucoup plus considérable dans l'intérieur de la ville. Si on s'en rapporte au coup d'œil général, tout y paroît être d'ecclésiastiques, parce que plus d'un tiers de ses habitans en portent l'habit. Tous les curieux & gens de loi de quelque état qu'ils soient, célibataires ou mariés, les médecins & les chirurgiens, les professeurs de toutes les sciences, les maîtres de langues, les clercs ou sacristains des églises, quantité de marchands, ceux sur-tout qui sont en charge dans leur communauté, tous ceux même qui n'ont point d'état, portent l'habit ecclésiastique sans aucune marque distinctive de leur état laïque, ce qui fait que dans les promenades, dans les assemblées publiques, dans les places & dans les rues tout paroît fourmiller de prêtres : enfin l'habit noir, le collet & le petit manteau composent ici l'habit de goût de tous les états, ce qui n'est pas sans inconvénient par rapport au clergé, parce que la plupart

part des jeunes gens qui ont adopté cet habit, s'obfervent peu, & fe permettent fouvent des manieres indécentes auxquelles il n'eft pas à croire que des eccléfiaftiques ofaffent fe livrer publiquement. Les étrangers & fur-tout les ennemis de l'églife de Rome, qui n'ont pas fait ou voulu faire cette diftinction, mettent tout fur le compte du clergé & déclament ainfi mal-à-propos contre l'indécence de fes mœurs & fon peu de refpect pour fon état & pour le public.

Je remarquerai encore qu'il n'eft point honnête de porter l'habit long, on ne le met qu'aux heures où on doit aller à l'églife, & les prélats ne le portent que dans les fonctions eccléfiaftiques ou civiles attachées à leurs charges. C'eft alors leur habit diftinctif, ils ont tous dans ces circonftances la foutane violette, le rochet & le camail avec le bonnet quarré noir.

On a beaucoup écrit fur le défordre du clergé féculier & régulier de Rome ; je ne prétends pas en faire ici l'apologie, & donner un démenti formel à tous ceux qui en ont mal parlé. Cependant j'obferverai que ceux qui en ont le plus dit à ce fujet, le connoiffoient

*Tome V.* F

peu. Ils s'en font plus rapporté aux satyres outrées qui se fabriquent à Rome même, & qui ne respectent ni les rangs, ni même la vérité, qu'à l'état réel des choses. J'ai vu pendant le séjour que j'y ai fait des satyres atroces écrites contre les personnes du premier rang, & qui acqueroient même la publicité, tant elles étoient répandues. Elles avoient quelque fondement réel; mais le plus souvent l'exagération faisoit un monstre d'événement peu considérables ou d'écarts légers, que l'on n'auroit pas remarqué si la satyre ne leur eût pas donné une solemnité qu'ils ne méritoient en aucune façon; car presque toujours ses objets étoient secrets dans leur principe, & eussent dû rester couverts du voile du mystere, sur-tout ayant rapport à des gens en place éminente; mais c'est ceux que la satyre attaque avec le plus d'acharnement, & c'est bien parmi les Italiens qu'on retrouve la réalité de ce principe de Montagne sur la grandeur: *Ne pouvant y atteindre, vengeons-nous à en médire*; ainsi qu'ils ne s'en prennent qu'à eux de tout ce qui se débite de peu favorable chez les étrangers à ce sujet, c'est eux-mêmes qui en sont les auteurs.

## COUR DE ROME. 123

Ils font d'une indiscrétion & d'une malignité qui n'a point d'exemples ailleurs. On sçait tout ce qui se passe de plus secret dans l'intérieur des maisons, les querelles, les jalousies, les intrigues quelqu'elles soient, ne peuvent pas rester secrettes plus de trois jours. On débite tous les jours une gazette manuscrite, où l'on trouve tous ces détails, & dans laquelle personne n'est respecté. Le gouverneur de Rome qui a la haute police, les neveux du pape, les cardinaux, n'y sont pas plus ménagés que les particuliers. Chacun y est sous son nom, & il n'y a que les pensées seules dont jusqu'à présent cette espece de gazettier n'ait pas entrepris de rendre compte. Car quelque précaution que prenne pour se cacher quelqu'un qu'il a envie de démasquer, il n'est pas possible qu'il lui échappe. La nuit la plus obscure ne peut voiler aucune intrigue à ses recherches. Il détaille ce que l'on a dit, ce que l'on a fait, ce que l'on a promis, ce que l'on a payé, avec une vérité qui étonne ; c'est un mystère que le moyen dont se sert cet homme pour avoir des connoissances si étendues, & être si bien servi. Cette feuille journaliere est séverement défendue ; il y a des

F ij

peines prononcées contre les auteurs & les diftributeurs, il n'eft pas même permis de l'avoir chez foi ; & malgré cela, elle fe diftribue tous les jours, à ceux qui veulent la payer, car elle eft fort chere. On fait mieux, on l'imprime tous les quinze jours, & on l'envoie dans toute l'Italie & même dans les pays étrangers pour qui elle peut être intéreffante, moins par rapport au détail des intrigues particulieres, que parce que tout ce qui s'eft paffé de plus fecret dans les confiftoires & les congrégations, y eft rapporté le lendemain qu'elles ont été tenues.

J'ai lu cette feuille pendant plus de trois mois de fuite, & j'y ai vu des chofes fi fingulieres & que l'on avoit pris tant de foin de cacher, que ceux-mêmes qui y étoient intéreffés, m'ont dit ne fçavoir comment on avoit pu les découvrir. Plufieurs articles n'étoient pas faits pour donner une idée bien avantageufe de quelques perfonnes en place ; mais malgré cela elles n'annonçoient pas un défordre auffi grand, que le difent les gens mal inftruits.

Il eft vrai qu'il n'y a à craindre que la premiere décharge de cette efpece de batterie mafquée, & il faut que l'auteur en veuille bien à un homme pour revenir à plufieurs fois fur fon compte, à moins qu'il ne change d'intrigue, & que fon inconftance ne faffe éclat, ce qui n'eft pas ordinaire. La première bordée une fois effuyée, il eft d'habitude de laiffer chacun vivre tranquillement & à fa fantaifie. Une paffion qui dure quelque tems, devient refpectable aux yeux du public. Si cependant on doit qualifier de paffions toutes les liaifons qui font entre perfonnes de fexe différent, car la convenance de caractere, le goût de l'intrigue, & plus que tout le défœuvrement occafionnent des liaifons & des affiduités qui fouvent n'ont rien de plus criminel que la perte du tems dont elles font caufe.

Le Clergé inférieur eft ordinairement fi pauvre, a fi peu de confidération, eft fi défœuvré, fi ignorant, qu'il n'eft pas étonnant qu'il foit tombé dans le mépris le plus humiliant. Vivant avec le plus bas peuple, il en a contracté les mœurs & les habitudes. L'avidité du gain l'engage à tout faire pour de l'argent, c'eft là fon vice dominant. J'en ai vu plus d'un attendre les étrangers dans les rues détournées, pour leur demander l'aumône dans les termes que peut inspirer la misere la plus pressante, & cela sans en avoir besoin ; mais c'est un moyen de mettre un inconnu à contribution, dont sans cela ils n'auroient rien tiré, & c'est ce qu'ils appellent parmi eux pour avoir fait une bonne coyonnerie. Il n'y a qu'à voir encore les sacristains des Eglises, qui renferment quelque chose de curieux, & leur importunité à le procurer quelque gratification, pour prendre une idée de ces sortes de gens (*a*).

―――――――――

(*a*) Ce qui contribue encore à rendre le clergé inférieur si méprisable, c'est la quantité de Prêtres étrangers, sans aveu & sans fortune, qui ont fui de leurs diocèses, ou que l'on en a chassé, mendiants pour la plupart, & cependant autorisés à dire la Messe. Ils vivent à Rome dans la plus grande misere, & publient par-tout que c'est pour leur attachement pour l'Eglise Romaine, qu'ils sont réduits à cet état. Les François sur-tout ne manquent pas de dire qu'ils ont été expulsés par les Jansenistes, & que le royaume est à peu de chose près hérétique. Ce discours tout dénué de vraisemblance qu'il est, fait sensation au moins dans le peuple, & leur attire quelque protection. En 1762, il y en eut quelques-uns qui firent du bruit à Rome dans une partie de débauche, la police en prit connoissance, comme ils se dirent François, on

Je n'ai rien vu de si bas; dans les réguliers, c'est l'excès contraire, fiers d'avoir chez eux la nourriture & l'habillement, uniquement occupés de s'entretenir dans la confiance du peuple dont ils jouissent, & qu'ils n'épargnent rien pour augmenter, ils ont une vanité qu'ils ne déguisent point, ils se regardent solidairement comme les plus fermes appuis de l'Eglise Romaine, comme les directeurs nés des consciences, & les seuls docteurs du salut. Il est certain qu'ils ont un très-grand crédit dans le peuple, & qu'ils ont l'empire sur le bas clergé séculier. Combien j'ai vu de pauvres prêtres baiser humblement la manche d'un Capucin, ou le manteau

---

en porta des plaintes à M. le Chevalier Basquiat, qui alors étoit chargé à Rome des affaires de France; il fit venir tous les *Romipetes* François à son hôtel, leur demanda ce qui les avoit amenés à Rome, & combien il leur falloit de tems pour finir leurs affaires; il leur donna à tous quinze jours au-delà, les fit inscrire & porter leur nom au gouvernement, afin que s'ils restoient au-delà du terme prescrit, on les fît mettre en prison, où il se chargeoit de les nourrir. Ce sage réglement en fit décamper la plus grande partie, & contint les autres dans la décence de leur état & le silence.

d'un frere Jésuite, qui recevoient cette marque de respect comme un hommage qui leur étoit dû.

Je n'ai rien remarqué parmi eux qui m'ait paru plus indécent & plus à charge que leurs quêtes continuelles. On voit les freres des différentes réformes de l'ordre de St François, se succéder à toutes les portes, la besace sur le dos, & la boëte à la main. On ne les renvoie d'aucune maison sans leur donner. Un collecteur des deniers royaux ne se présente pas avec plus d'assurance. Devant la boëte où on met l'argent qu'on leur donne, est l'image d'un petit saint qu'ils présentent à baiser pour récompense. Ces quêteurs ont le privilége d'aller seuls, & le droit de pénétrer jusque dans les appartemens les plus reculés des maisons, sans se faire annoncer. Les autres religieux sortent toujours avec un compagnon, au moins jusqu'à une certaine distance de leur couvent; quelquefois ils se séparent, mais ils sçavent se rejoindre à propos. On dit, au reste, que quand les supérieurs s'apperçoivent de quelques excès, ils font dans l'intérieur de leurs maisons, justice sévere des délinquans.

L'ordre de St Dominique m'a par

vivre d'une maniere édifiante & réguliere; on doit dire & penser la même
chose des clercs réguliers des différentes
congrégations; la plupart ont des colleges à gouverner, sont obligés d'étudier beaucoup pour remplir les places
qui leur sont destinées, ce qui les sauve
des dangers du désœuvrement; j'ai remarqué le même ordre dans le couvent des Minimes François de la Trinité du Mont.

Mais en général ils ont tous de la
hauteur, beaucoup de prétentions, &
jouissent d'une grande liberté; il faut les
voir avec le peuple, sur-tout avec les
femmes pour se faire une idée de l'empire qu'ils exercent sur une nation su-
perstitieuse & ignorante qui les regarde
comme des demi Dieux sur terre. Ce
spectacle n'est pas un de ceux qui m'a
le moins amusé à Rome. Car là plupart de ces religieux étoient hors de-là
les meilleurs gens du monde, & souvent les plus bornés. Mais ils ont une
pratique, une suite de propos, un extérieur assuré, qui ne leur manquent jamais, & qui leur concilient à bon marché les respects & l'admiration du peuple. Ils s'intriguent pour l'un & pour
l'autre, vantent leur crédit, font plus

F v

de promesses qu'ils n'en peuvent exécuter, & donnent une grande idée de leur protection : telle est la politique des religieux, sur tout des ordres mendians. Mais en voilà assez sur cet article; si les choses ne sont pas sur un ton plus régulier, il faut s'en prendre aux usages tolérés dans le pays, plutôt qu'à ceux qui s'y conforment. Car un grand nombre de ces différens religieux vivent d'une maniere édifiante, plusieurs s'appliquent aux sciences avec succès, & parviennent par leur mérite aux grandes places de la Cour de Rome, & même au chapeau de cardinal qu'ils honorent autant qu'ils peuvent en être honorés (a).

───────────

(a) On aime à s'intéresser à Rome à tout ce qui se passe, même aux affaires qui semblent les plus indifférentes. On vit il y a quelques années les principales Maisons en mouvement & prêtes à se diviser pour l'élection du Général des Capucins. Il y avoit deux sujets désignés : l'un Espagnol, l'autre François; tous deux étoient dignes de la place. La cabale de l'Espagnol l'emporta. Je crois bien que le P. Général n'y eut aucune part, car c'est le plus modeste & le plus humble des Religieux de son ordre, qui s'en tient à l'observation de sa régle, & a refusé

On compte à Rome quatre-vingt-une paroisses, dont trente-huit sont gouvernées par les réguliers, & les autres par les prêtres séculiers; elles sont distribuées dans les quartiers de la ville. La plus considérable est celle de *St Laurent in Lucina*, elle avoit, suivant le dénombrement de 1761, onze mille sept cent dix ames. La population de la ville, suivant le même dénombrement, montoit à cent cinquante-sept mille quatre cent cinquante-huit ames, dont quatre-vingt dix mille deux cent trente-neuf mâles, soixante-sept mille deux cent dix-neuf femmes de tout âge; dans ce nombre ne sont pas compris les Juifs (*a*), les

*Population de Rome.*

___

toutes les dignités ecclésiastiques auxquelles on a voulu l'élever, quoiqu'il soit Espagnol & d'une naissance distinguée.

(*a*) Les Juifs, quoiqu'assez nombreux à Rome, sont dans une si grande gêne, que tous ceux qui peuvent faire quelque chose ailleurs s'en retirent. L'obligation où ils sont de se trouver aux instructions des samedis sous peine d'amende & de punition, est pour eux la servitude la plus déplaisante. Ils ne peuvent pas faire l'usure, la facilité qu'a le peuple de trouver l'argent dont il a besoin aux Monts de Piété, leur ôte ce moyen de s'enrichir; ils n'ont pour tou-

maisons des ambassadeurs, la quantité considérable d'étrangers qui se succédent à Rome continuellement. Si l'on veut compter pour quelque chose le concours de pélerins & de mendians, tout cela réuni ensemble, peut porter la population de Rome aux environs de deux cens mille ames, ce qui est peu de chose pour une ville aussi étendue; quoique le mouvement y soit assez marqué, eu égard à la maniere dont elle est bâtie & habitée, & dont j'ai parlé plus haut.

*Princes & & Barons Romains.* Ceux qui tiennent le premier rang à Rome dans l'ordre civil, sont les Princes Romains assistans du thrône, parmi lesquels les Colonna & les Orsini sont dans un ordre distingué & supérieur depuis un tems immémorial; le rang même n'est point décidé entre ces deux Mai-

---

tes ressources que le malheureux métier de fripiers, qu'ils exercent à l'ordinaire par les rues de Rome, où on les voit & on les entend criant *robé vecchié :* & deux fois par semaine ils ont le privilege d'étaler à la Place Navone un amas de sales guenilles qui sont le fonds de leur commerce. Leur Quartier ou *Serraglio* est entre le Pont Sixte & l'Isle du Tibre, ou St Barthelemi.

fons, il est seulement convenu entr'elles que pour ne point avoir de disputes inutiles sur la préféance, elles ne se trouveroient jamais ensemble aux cérémonies publiques. Ceux qui restent établis à Rome de cet ordre, sont les princes Borghèse, de Paul V, Ludovisi, de Grégoire XV, Barberini, d'Urbain VIII, dont la Maison est éteinte, & celui qui en porte le nom est un prince de la maison Colonna, qui a épousé la princesse de Palestrine, héritiére des Barberins à condition d'en porter le nom, à la charge de la substitution. Pamphile, d'Innoncent X, Maison encore éteinte, dont les biens ont passé aux Doria, aux Colonne & aux Borghèse. Monsignor Pamphile actuellement Nonce en France, est de la maison Colonna, & porte ce nom à cause qu'il est revêtu d'une prélature ou bénéfice fondée en Cour de Rome par cette maison Pamphile, qui étoit d'une richesse immense. Elle a laissé de très-grands biens, & a fait des établissemens somptueux dans la ville : Chigi d'Alexandre VII, Rospigliosi de Clement IX, Altieri de Clement X, Odescalchi, princes de Bracciano d'Innocent XI, Albani de Clement XI, Corfini de Clément XII, Rezzonico de Clement XIII. Les Conti jouissoient du rang de princes à Rome, bien avant l'exaltation d'Innocent XIII, & étoient regardés avec les Orsini, les Colonna & les Savelli, comme les quatre premieres Maisons de Rome. Celle de Conti a donné huit Papes à l'Eglise, & plus de soixante Cardinaux. La maison Savelli s'est éteinte dans ce siécle, & ses biens ont passé dans la maison des Ursins, par la mere du Cardinal de ce nom, qui en étoit la seule héritiére.

On disoit autrefois qu'aussitôt qu'un Pape étoit élu, tous ses parens étoient Princes : mais cette assertion n'est vraie qu'autant que le Pape les veut reconnoître en cette qualité, (a) & les créer

―――――――――――――――

(a) Le grand despotisme de Rome n'existe plus. Les Papes n'osent plus démembrer les biens de l'Eglise pour les donner en fief à leurs parens comme ils faisoient autrefois ; quolqu'il fût peut-être utile qu'il se releva, au moins pour remettre en valeur tant de terres incultes qui sont abandonnées, & desquelles on pourroit former de très-beaux fiefs. Le despotisme actuel est le droit qu'ont les parens des Papes reconnus & établis Princes de l'Eglise, de se mêler des affaires & de gouverner la Cour de

Princes de l'Eglise. Il y a beaucoup de familles de Papes, qui subsistent encore en Italie, & dont les parens n'ont jamais eu la qualité de Princes. Les Lambertini, sont restés à Bologne dans le rang où ils étoient nés, sans rien acquérir à l'exaltation de Bénoît XIV. Ces Princes dans les cérémonies publiques gardent entr'eux leur rang d'ancienneté sur les dégrés du Trône du

---

Rome; ce qui leur donne une très-grande autorité, & les moyens de s'enrichir. On appelle à Rome tous les grands palais, élevés par les neveux des Papes, des miracles de St Pierre. Les plus considérables se sont opérés dans le siécle dernier. Le plus beau projet que jamais Pape ait formé pour l'aggrandissement de sa famille, est celui de Nicolas III, de la maison des Ursins; Pape en 1268, il vouloit établir en Italie deux Monarques principaux, l'un en Lombardie, l'autre en Toscane : le premier auroit contenu les Allemands, & l'autre les François qui occupoient le royaume de Naples & la Sicile : il destinoit ces deux Etats à ses neveux. C'étoit moins la tendresse du sang que la tranquillité de l'Italie, & la gloire de l'Eglise de Rome qui l'y déterminerent ; car ce Pape étoit un grand homme en tout genre, & très-digne par sa grande piété, sa science & ses vertus, d'occuper la Chaire de St Pierre. *Platina*, in *Nicol. III.*

Pape où ils font placés, quand ils jugent à propos de s'y trouver. Le plus qualifié d'entr'eux donne à laver au Pape quand il officie pontificalement. Leur habit de cérémonie eft l'habit noir à la Romaine, avec le manteau & l'épée; ils ont droit de fe trouver aux cérémonies publiques comme défenfeurs du Chef de l'Eglife, fuivis des Officiers de leurs Maifons & en grand équipage.

Il y a à Rome une quantité d'autres Princes qui y réfident, & auxquels les Papes ont accordé ce titre, comme prémiers Souverains en Italie, ou qu'ils tiennent de l'Empereur, à caufe qu'ils poffédent quelques fiefs relevans de l'Empire. Ils font reconnus dans les autres Etats d'Italie, où on ne leur difpute pas leur titre, mais ils n'ont aucun rang que celui que leur donne leur mérite perfonnel, leur crédit & leur opulence. L'endroit où ils font le moins confidérés, c'eft à Venife, où les Patriciens les traitent avec un refpect théâtral, & qui, malgré fon férieux a l'air de la dérifion. Plufieurs de ces Princes Romains, font décorés de l'ordre de la Toifon d'Or, qu'ils tiennent de l'Empereur, comme Souverain de cet Ordre; qui par ce moyen se ménage des créatures qui lui sont très-attachées. Il y a aussi des Chevaliers de l'Ordre St Janvier, mais on y voit rarement des Cordons Bleux; les seuls Italiens qui sont décorés de cet Ordre, sont le Prince d'Ardoré, à Naples; & le Marquis de St Vital, à Parme. Les marques de distinction que les Empereurs ont accordées de tems en tems aux Princes Romains, n'ont pas peu contribué à les entretenir dans cette attachement qu'ils ont pour la Nation Germanique & la Maison d'Autriche, dont le parti est presque toujours dominant à Rome.

Les Princes & les autres Gentilshommes titrés qui demeurent à Rome, & qui pour la plupart doivent leur élévation aux Cardinaux de leurs familles, sont possesseurs de grands palais, meublés avec une magnificence fastueuse, qui leur est presque inutile. Très-peu ont des assemblées chez eux, & d'ordinaire le maître de la maison habite dans quelque entresol reculé, où il n'y a que les meubles nécessaires pour son usage. Ceux qui voient le plus les grands appartemens, sont les étrangers qui aiment les tableaux, & qui pour satisfaire leur curiosité, consentent à payer une partie des gages du *Guardaroba*, ou Concierge de la maison, qui compte là-dessus. Dans tous ces palais on voit une chambre d'audience avec un dais sous lequel est ordinairement le portrait du Pape & celui de quelqu'autre Souverain, suivant le parti que tient le maître de la maison, soit par goût, soit à cause de quelque charge ou de quelque dignité dont il est revêtu. Ceux qui ne ne sont d'aucun parti, se contentent d'y avoir le portrait du Pape, & du principal personnage de leur maison.

 Les Princes de l'Eglise de famille Papale conservent sous le dais le portrait du dernier Pape de leur maison ; c'est un très-grand titre pour quelques-uns d'eux (*a*).

---

(*a*) Les Princes & Barons, & tous ceux qui ont des charges municipales au Capitole, mettent au-dessus de leur porte avec l'écusson de leurs armes, & celui du Pape, les armes de la Ville & de la République de Rome, qui sont de gueules damassé, à la bande de l'ancienne devise de la République S. P. Q. R. . . . J'ai ouï un vieux politique Avignonnois, résidant à Rome depuis long-tems; homme d'esprit, mais frondeur par habitude & par goût, prétendre

29. L'ufage de tous les Princes & riches Barons Romains, eſt d'avoir une livrée nombreuſe, qui eſt gouvernée par

Faſte de la Nobleſſe à Rome.

que cette ancienne deviſe de la République, étoit une preuve toujours parlante de la liberté originaire des Romains, qu'ils pouvoient revendiquer, en rétabliſſant une forme de gouvernement municipal, libre & indépendant de la Cour de Rome, qui auroit ſes affaires à part. Moi qui n'y voyois qu'une marque d'oſtentation & une ſorte de parure extérieure & d'uſage dans un pays, où l'ancienne République avoit eu ſon établiſſement, mais dont il ne reſtoit plus que la mémoire, je lui demandai ſi les Romains de nos jours avoient quelque choſe de commun avec ceux de la République, ou même ſi on pouvoit les appeller Romains dans le même ſens. La queſtion l'embarraſſa, & il l'éluda en changeant la thèſe. En effet, à deux ou trois Maiſons illuſtres près, qui depuis une longue ſuite de ſiécles ont tenu un rang diſtingué dans Rome, & que l'on pourroit croire deſcendre des anciens Romains; toutes les autres familles ſont nouvelles, on voit leur origine & la date de leur établiſſement dans Rome. Tous ils le doivent à quelques Souverains Pontifes, ou à des Cardinaux accrédités. Les citadins ſont, ou gens d'affaires, ou gens de fortune. Le peuple eſt un compoſé de toutes ſortes de nations, qui ſe renouvellent tous les jours, & dans lequel on trouveroit difficilement quelque famille ancienne. Car j'ai obſervé que les générations ne ſe ſuc-

un chef de la livrée que l'on appelle *Décan*, qui porte l'habit noir à la Romaine & le manteau. Celui-là est toujours de service ; mais les autres ont deux ou trois jours de la semaine libres. Il y a dans chaque antichambre un ta-

cédent pas long-tems à Rome, & que les familles s'y éteignent assez vite, la raison en est toute simple, il s'y fait peu de mariages, s'il y a six enfans dans une famille, il y en a au moins quatre qui sont Ecclésiastiques ou Religieux, outre cela il y a beaucoup de célibataires. D'après cette réflexion qui est vraie, qu'ont de commun les Romains de nos jours avec ceux du tems des Scipions & des Pompée, pour vouloir les rétablir aux droits anciens de la République ? Tous en général, car une famille ou deux ne peuvent pas faire une exception, ne tiennent-ils pas leur état & le principe de leur fortune de l'Eglise même, c'est-à-dire des Papes & des Cardinaux ? Ils le sçavent bien, & les plus sages s'intéressent sincérement à maintenir la Cour de Rome dans sa splendeur & son crédit. Si donc ils conservent encore les armes de la République, c'est qu'ils ont raison de croire que la Ville de Rome doit être encore regardée aujourd'hui comme la Capitale du monde, puisqu'elle est le vrai Siége du Chef visible de l'Eglise, & le centre de l'unité catholique. Ils n'ont pas d'autres prétentions à avoir, ni les politiques n'y doivent pas chercher d'autre mystere.

bleau où chacun voit ce qu'il a à faire. Aucun de ces domestiques n'est ni logé ni nourri dans la maison à laquelle il est attaché. Il vient seulement à l'heure de son service, & ne doit que sa présence dans l'antichambre & suivre son maître en cas qu'il sorte. La plupart même ne servent pas à table, à moins que l'on ne donne quelque repas d'appareil, ce qui est très-rare à Rome. Ils sont payés tous les mois & fort exactement, parce qu'ils sont mariés pour le plus grand nombre, & n'ont que ce moyen pour soutenir leurs familles, à moins qu'ils n'aient des métiers auxquels ils s'occupent les jours qu'ils ne sont pas de service. Quant au reste, cet état est celui de la paresse même, leur grande occupation est de rester dans une premiere antichambre, pour annoncer à la seconde ceux qui viennent faire visite à leurs maîtres; car s'ils font quelqu'autre travail dans la maison, ils en sont payés. Cependant leur service n'est point sans espoir de récompense, dans presque toutes les maisons, ils sont assurés de trouver protection & ressource dans leur vieillesse. On voit de grands bâtimens tenans aux palais des Princes Romains, & que l'on appelle Palais de la famille, où logent tous les anciens domeſtiques, ou leurs veuves qui reçoivent une petite paie par mois, qui aide à leur ſubſiſtance. Cette charité des Romains & la protection conſtante qu'ils accordent à leurs domeſtiques, fait que les places de ce genre ſont très-briguées par le peuple ; pluſieurs même apprennent des métiers qui leur facilitent les moyens d'y être reçus : car dans les grandes maiſons, il y a des domeſtiques de différentes profeſſions, ſur-tout pour l'entretien des équipages & des chevaux qui y ſont très-nombreux.

Ce faſte extérieur eſt ruineux & peu agréable pour celui qui l'entretient ; mais il eſt ſi fort d'uſage, que quand il eſt queſtion de ſe marier, on commence par calculer ſi la dot de la femme que l'on veut épouſer, jointe aux revenus que l'on a, ſuffira pour entretenir les domeſtiques & le train néceſſaire à ſon état ; à peine penſe-t-on à l'entretien de la perſonne même, ſa table & l'éducation des enfans ſont l'objet qui occupent le moins. Tous ces Princes vivent très-frugalement parce qu'ils ont peu de domeſtiques chez eux qu'ils ſoient obligés de nourrir.

Il y en a quelques-uns, qui pour leur

satisfaction particuliere dérogent à cet usage général, & qui ont une très-bonne table; ils y reçoivent les gens avec lesquels ils vivent en société; & même y invitent les étrangers qui leur ont été préfentés; mais c'est le très-petit nombre, car pendant le tems que j'ai passé à Rome, je n'ai vu que les maisons du Cardinal Duc d'Yorck, du Cardinal des Ursins, des Princes de Bracciano, Borghèse, & Albani qui donnassent dans cette magnificence.

Un repas d'invitation à Rome, est une nouvelle dans la ville, ce qui prouve qu'ils ne font pas d'un usage fréquent. Ce que j'ai vu, c'est que l'on en désigne le jour fort long-tems d'avance, ensuite on envoie une seconde fois sçavoir si rien n'empêchera de venir, & la veille même on fait une nouvelle invitation. Ces sortes des repas sont somptueux, délicats, & bien servis.

Le seul Cardinal d'Yorck a tous les jours chez lui à dîner sept à huit personnes. Ce Prince dont j'ai déja parlé est très-accueillant & mérite certainement les respects de tous ceux qui l'approchent; il a sur tout beaucoup d'égards pour les étrangers. Sa table sans être somptueuse est très-bien servie. On réserve à un des bouts de la table pour le service particulier de sa personne, environ un quart de l'espace, où on lui sert son dîner à part, que j'ai vu être composé de trois ou quatre plats à chaque service, & qui ne m'ont pas paru meilleurs que les autres; car il a l'attention d'en offrir à tous ceux qui sont à sa table, sur-tout aux étrangers, pour lesquels cet usage est nouveau, avec lesquels il s'entretient de préférence, & toujours avec une gaieté douce & honnête, dont il donne le ton, & à laquelle sont accoutumés ses convives, que l'on peut dire choisis dans la prélature romaine, & dans la noblesse, ce qui rend sa table très-agréable.

Le tems de carnaval met peu de changement à la façon de vivre des Romains. S'ils se donnent réciproquement quelques repas, c'est une affaire importante, on se rassemble en très-grand nombre, on s'y prépare long-tems d'avance, & on mange, autant qu'il est possible, jusqu'à pleine satiété, car ces gens qui vivent d'ordinaire avec grande frugalité, mangent prodigieusement
quand

quand ils se trouvent à quelques repas d'appareil; cela leur arrive si rarement qu'on peut bien leur pardonner ces excès.

Ils font plus de dépense dans les tems qu'ils vont passer à la campagne dans le printems, aux mois de Juillet & d'Août, lorsqu'ils quittent la ville pour éviter la *Mal'aria* que les chaleurs y causent. La plupart y tiennent un grand état, ce qui est plus dispendieux dans ce pays que par-tout ailleurs, par l'usage où l'on est de donner aux domestiques des maîtres que l'on reçoit chez soi, leur argent à dépenser, parce qu'on ne les nourrit pas; & chacun a des Domestiques à sa suite à proportion de son état : il y a eu des fêtes données à Frascati, où il en coutoit trois ou quatre cens livres par jour au Prince qui les donnoit, pour les seuls domestiques étrangers, sans comprendre les frais nécessaires pour la nourriture des maîtres & de leurs chevaux. Cet usage s'observe même dans la ville, dans les repas d'invitation. Un Cardinal est censé avoir au moins quatre domestiques à sa suite, un Ambassadeur autant, on en compte, un à chaque convive particulier, & le moins que l'on donne à chacun d'eux est trois jules, qui font environ trente-deux sols, parce qu'ils ont servi leur maître à table, & qu'on ne leur a pas donné à dîner : c'est sans doute cet usage incommode, qui fait qu'il y a si peu de tables à Rome, même dans les maisons qui auroient le plus de goût pour cette dépense, & qui seroient en état d'y fournir. Il y a telle maison à Rome, du premier rang & d'une très-grande richesse, où l'on n'a jamais donné un verre d'eau à qui que ce soit; néanmoins il y a vingt équipages roulans, cent chevaux dans les écuries, qui servent non-seulement aux maîtres de la maison, mais encore à tous les domestiques principaux; car le moindre sécretaire, les femmes de chambre ne sçavent pas faire un pas à pied pour le plus léger compliment, il faut que les équipages & la livrée du Prince marchent.

Au reste, l'usage de vivre seuls est aussi bien établi dans toute l'Italie qu'à Rome, en quoi les grands sont imités par les bourgeois & par le peuple.

Il faut en excepter les maisons des Ambassadeurs, qui sont accoutumés à une représentation nécessaire à leur état, & qui ont tous les jours table chez eux. Celle de M. le Cardinal de Rochechouart, toujours magnifiquement servie, étoit ouverte de très-bonne grace aux Romains & aux étrangers, & fur-tout aux François. Les bontés dont il m'a honoré pendant mon féjour à Rome, font au-deſſus de ma reconnoiſſance & de mes éloges. Ce reſpectable Prélat avoit dans ſes procédés toute la nobleſſe & l'affabilité que l'on pouvoit attendre d'un homme de ſa haute naiſſance, conſtitué dans la plus éminente dignité.

M. le Baillif de Breteuil, Ambaſſadeur de Malthe, connu à Rome non-ſeulement par la place diſtinguée qu'il y occupe, mais encore par ſon goût & ſes connoiſſances dans les belles-lettres & les arts qu'il aime & protége, y tenoit alors un état de maiſon conſidérable, & recevoit parfaitement, non-ſeulement les perſonnes de ſon rang réſidantes à Rome, mais encore les François, & les autres étrangers, ſur-tout ceux qui avoient quelques talens reconnus. Je ne dois pas conſerver un ſouvenir moins cher de M. le Chevalier Giuſtiniani, Ambaſſadeur de la République de Veniſe. J'ai parlé ailleurs de la fermeté avec laquelle il ſçavoit maintenir les droits de sa place, & revendiquer les égards dûs à la République qu'il représentoit. Ce que je dois ajouter ici, c'est qu'aux lumieres les plus étendues pour les affaires d'état, il joignoit une grande habileté dans l'histoire & la littérature, & que toutes ces qualités distinguées n'ôtoient rien à l'amenité de son caractere ; il rassembloit à sa table ce qu'il y avoit de plus aimable & de plus habile parmi les Sçavans de Rome. Je voudrois éterniser la reconnoissance que je dois à ces personnages illustres pour les politesses que j'en ai reçues pendant le tems que j'ai passé à Rome.

C'étoient alors les seuls Ambassadeurs qu'il y eût : l'Espagne n'y tenoit qu'un Ministre particulier qui n'avoit point d'état de maison; le Cardinal Alexandre Albani étoit Ministre plénipotentiaire de l'Empereur & de l'Impératrice Reine de Hongrie; le Cardinal des Ursins avoit le même titre pour le royaume de Naples.

Le titre d'excellence que l'on accorde à tous les Princes & Barons Romains, aux Ambassadeurs & aux Prélats, & aux femmes de ce rang, est si généralement répandu en Italie, qu'il faut s'habituer à le donner indistinctement à toute personne d'un état distingué, pour ne pas manquer à ce qu'on leur doit. Il ne faut pas craindre d'en trop faire dans ce cas; c'est une marque de distinction qui ne tire à aucune conséquence; la preuve en est que les marchands & tous ceux de cet état, de même que les peuples l'accordent indistinctement à toutes les personnes qui font quelque dépense, & qui sont vêtus décemment. On se fait aisément à cet usage, & dès que l'on a fréquenté quelque tems la grande compagnie, on apprend les distinctions qu'exigent les rangs & les personnes différentes; c'est aux gens du pays même qu'il faut s'en rapporter à ce sujet.

20. On ne s'en instruit nulle part mieux que dans les grandes Conversations. C'est le nom que l'on donne aux assemblées principales de la ville de Rome. *Conversations ou assemblées chez les Cardinaux.*

Il y en a deux sortes, celles que l'on appelle en *prima sera*, & auxquelles on est reçu à l'entrée de la nuit, sont tenues par les Cardinaux qui ont chacun leur jour marqué, elles durent un peu plus de deux heures, & sont quelquefois très-brillantes. Les Princes Romains sont assez magnifiques dans leurs habits, la plupart sont décorés de quelques Ordres. Les Cardinaux, Prélats & autres Ecclésiastiques, presque toujours vêtus de velours en hyver, quoiqu'en très-grand nombre, ne rendent pas le coup d'œil triste. Le gros de l'Assemblée se tient ordinairement dans une galerie vaste, décorée & bien illuminée. Il y a d'autres pieces où l'on peut passer après avoir rendu ses hommages au Cardinal chez lequel on va en conversation; on est fort le maître de s'asséoir, de se promener, de causer avec qui l'on veut. Dans ces sortes d'assemblées, où il ne faut pas croire que tout le monde soit reçu indistinctement, il regne beaucoup de liberté, mais qui n'ôte rien de la décence. On y voit presque tous les gens en place de Rome, on s'y donne des rendez-vous, c'est-là où on apprend des nouvelles, & même où l'on est à portée de faire des connoissances distinguées; ainsi il n'est pas indifférent de les suivre. On sert par-tout des rafraîchissemens, quelques-uns sont si minces, que ce que l'on en fait n'est que pour entretenir l'usage; à l'ordinaire on y fait grande consommation de chocolat & de limonade.

La plus brillante & la plus nombreuse étoit ordinairement celle du cardinal Sciarra Colonna. Ce prince de l'Église d'une taille avantageuse & d'une figure fort noble, aimable & accueillant, étoit naturellement gai, il se faisoit un plaisir de rendre sa maison gracieuse. Il avoit plus d'égards pour les François que pour les autres étrangers, & il faisoit profession d'être fort attaché à la nation & à son souverain. Le roi lui avoit envoyé son portrait dont il avoit fait un usage qui témoignoit sa reconnoissance.

Plusieurs cardinaux & prélats portent la croix de Malthe, ou parce qu'ils ont des bénéfices de cet ordre, ou parce qu'ils ont exercé des charges à Malthe, ou parce qu'ils sont de famille papale, en ce cas le grand maître ne manque jamais de leur envoyer la croix. Je regardois un jour la croix de Malthe du cardinal Sciarra, qui me parut plus grande qu'elles ne le sont ordinairement, mais enrichie de très-beaux diamans. Il s'en apperçut, & me tirant à part il me dit : » Vous examinez ma croix, » mais vous n'en connoissez pas le prix;» en même-tems un ressort fit lever la plaque de diamans du milieu, & j'y vis le portrait du roi de France. Il ajouta :

» Il est encore mieux dans mon cœur, » & j'ai regardé cette faveur comme la » plus précieuse que j'aie reçue de mes » jours. » Il passoit en effet à Rome pour être fort attaché aux intérêts de la nation.

L'état de sa maison étoit considérable & sur un ton distingué. Comme ces conversations sont des assemblées de gala, différentes anti-chambres sont remplies, d'abord de la livrée, ensuite des valets de chambre, des aumôniers & des chapelains, des secrétaires & gentilshommes, qui répétent le nom de celui qui entre & le reçoivent, chacun dans la piece qu'ils occupent, jusqu'à ce que l'on soit parvenu au maître de chambre ; qui chez les cardinaux de ce rang, est toujours un gentilhomme qualifié qui annonce & qui présente ; il est vrai que quand on est habitué à aller aux conversations, on ne fait plus autant de cérémonies pour les particuliers, que lorsqu'ils sont présentés pour la prémiere fois ; le grand cérémonial ne s'observe constamment que pour les cardinaux & quelques princes Romains, que le maître de la maison va recevoir hors de la porte de la galerie où se tient l'assemblée. Il est assis à côté de cette

porte, se leve pour tout le monde, à moins que ce ne soit des gens avec qui il vive dans une grande familiarité, ce qui est rare. Ils se respectent trop eux-mêmes pour manquer à quelques égards. On reconnoît l'école où le cardinal Mazarin avoit appris la maxime qu'il avoit si bien inculquée à Louis XIV. » Res-
» pectez-vous, si vous voulez que l'on
» vous respecte.

Pour que ces conversations soient brillantes & agréables, il faut qu'elles soient nombreuses; rien n'est si triste qu'une assemblée de ce genre où il y a peu de monde. Il est vrai que j'en ai vues rarement qui ne fussent bien suivies.

Le cardinal duc d'Yorck rendoit la conversation intéressante & aimable par la façon dont il recevoit ceux qui y étoient présentés; il avoit même l'attention de remarquer quand on y manquoit, & en faisoit des reproches obligeans. Les dames y venoient, parce qu'il y avoit un concert qui duroit autant que la conversation.

Les assemblées du samedi chez le cardinal de Rochechouart, étoient très-nombreuses; son état de cardinal & sa dignité d'ambassadeur y attiroient tout ce qu'il y avoit de plus distingué à Rome, & le *rinfresco* y étoit plus magnifique & plus abondant qu'ailleurs.

Les autres grandes conversations *en prima sera*, étoient chez le cardinal Rezzonico, & chez le cardinal Ferroni.

La princesse Rezzonico, tenoit aussi la conversation *en prima sera*, il y avoit quelquefois très-grande compagnie. Son état de maison avoit de la pompe : elle avoit des écuyers & des pages, sorte de magnificence qui n'étoit pas ordinaire aux autres dames Romaines ; c'étoit sans doute une distinction attachée à sa qualité de nièce du Pape regnant qui lui donnoit le premier rang seulement pendant la vie du St Pere.

Le cardinal des Ursins tenoit sa conversation le matin dans la galerie Farnese peinte par les Carraches : les dames y venoient en petite robe, & mêmes souvent en coëffure négligée. Quoique cette conversation fût souvent nombreuse, elle n'avoit pas l'éclat de celles du soir.

Les dames Romaines portent le matin une coëffure ou voile rabatu, qui leur couvre tout le visage ; les cardinaux seuls ont le privilege de le lever, & c'est une politesse à laquelle ils ne man-

# ROME. PREMIERE PART. 155

quent jamais, quelquefois l'assemblée y gagne; souvent on aimeroit autant que le voile restât baissé. C'est-là où je vis une princesse Romaine accompagnée de deux de ses filles mariées, qui laissa sortir de dessous ce voile une figure qui auroit tenu son rang parmi les antiques, avec des cheveux chargés de poudre d'un jaune doré. Ce genre de parure me parut nouveau, & je crus revoir la Licé d'Horace qui tâchoit de rappeller les amours qui s'envoloient (*a*).

21. Ce que l'on peut appeller les grandes & longues conversations, celles qui durent une partie de la nuit en hyver & jusqu'au jour en été, ce sont celles que tiennent les princesses & dames Romaines : elles commencent à deux

*Autres Conversations ou Assemblées.*

―――――

(*a*) ..... *Licè, fis anus & tamen*
  *Vis formosa videri.*

*Nec Coæ referent jam tibi purpuræ,*
*Nec clari lapides tempora, quæ semel*
  *Notis condita fastis*
   *Inclusit volucris dies.*

    Od. 13. 1. 4.
   G vj

heures & demie ou trois heures de nuit; la compagnie eſt une heure environ à s'aſſembler, enſuite on fait des parties de jeu de commerce, pendant leſquels on ſert quelques rafraîchiſſemens. Les jeux que j'ai vus en uſage ſont le reverſis, l'ombre & le tréſetté qui reſſemble à l'ancien quadrille, quoique plus difficile à jouer, attendu que pour réuſſir, il faut ſçavoir deviner le jeu de celui avec qui on eſt, & qui eſt du côté oppoſé de la table, & que l'on ne nomme jamais de couleur.

Les converſations les plus brillantes de ce genre étoient celles de la princeſſe de Paleſtrine au palais Barberini, de la princeſſe Doria au palais Pamphile, des marquiſes Bolognetti & Patrizzi. On ne paye pas les cartes, mais on n'en a pas toujours de neuves ; on s'en apperçoit moins, parce qu'elles ſont griſes en déhors. On joue preſque partout ſur des tables de marquetterie, où il n'eſt pas aiſé de ramaſſer les cartes. On voit à ces jeux & à ces converſations preſque toujours les mêmes perſonnes hommes & femmes, & en même nombre.

Les converſations particulieres de ce même ordre ſont moins nombreuſes, on

n'y trouve que les amis ou les connoiſſances particulieres de la maiſon, qui
ſont au goût de celle qui les tient. La
Princeſſe de Bracciano, femme de beaucoup d'eſprit, qui même a des connoiſſances diſtinguées, n'avoit qu'une petite aſſemblée compoſée de gens choi-
ſis. Je n'y ai jamais vu plus de vingt
perſonnes & ſouvent moins, mais la
converſation y étoit toujours intéreſſante & fort gaie. La Princeſſe Bor-
ghéſe rendoit ſa maiſon très-agréable par
ſes politeſſes & ſon eſprit. Perſonne à
Rome n'a été plus mêlé dans les intrigues que cette Dame, qui a eu part à
preſque toutes les affaires principales.
Elle a paru toujours être attachée au
parti de la France. On trouvoit auſſi
preſque tous les ſoirs très-bonne compagnie chez la Ducheſſe de Guadag-
nioli, femme aimable & de la figure la
plus intéreſſante. C'eſt dans ces converſations particulieres où on apprend le
mieux à connoître Rome & ſes intrigues, il y vient beaucoup de Cardinaux, qui y ſont plus librement qu'aux
grandes aſſemblées (*a*).

_____

(*a*.) Les rues à Rome, ne ſont point éclai-

Au reste chacun dans son état tient son assemblée & cherche à la rendre brillante & agréable. J'en ai vu quelques-unes d'un ordre inférieur à celui

---

rées pendant les nuits d'hyver, le gouvernement ne fait aucune dépense pour cela. Les illuminations que l'on fait devant les Madones des rues, y sont moins multipliées qu'ailleurs, ce qui fait qu'elles sont très-obscures. Il n'est point d'usage de porter des torches derriere les carrosses; on n'a ordinairement qu'une ou deux petites lanternes que tiennent les gens de livrée, & qui suffisent pour éclairer les cochers qui ne sont pas accoutumés à une lumiere plus considérable. Les Cardinaux mêmes & les Princes sont accoutumés à cet usage. Tout contribue à entretenir l'obscurité respectable qui doit couvrir les mysteres cachés de la nuit. Ces lanternes servent à éclairer jusqu'aux appartemens où l'on reçoit, & qui par-tout sont très-élevés. Les Cardinaux & les Princesses ont le droit de faire descendre les valets de l'antichambre avec des torches jusqu'au bas de l'escalier, où ils viennent les recevoir. Ils les conduisent de même, quelques-uns l'exigent, d'autres n'y font pas d'attention & se contentent de la petite lanterne. Il est assez d'usage de proposer les torches à toutes les personnes de quelque considération, & le Décan qui les voit sortir ne manque pas de crier *Torcé*, mais on ne les accepte pas; ce seroit une vanité déplacée, pour tout autre qu'un Cardinal, un Prince ou un Ambassadeur.

dont je viens de parler, où la société étoit choisie & très-bonne. Telle étoit celle de M. *Digne*, Conful de France à Rome. Souvent il avoit chez lui d'excellens concerts, & j'ai vu à fon affemblée des Cardinaux, des Ambaffadeurs, des Princes & des Prélats du premier ordre, même le Gouverneur de Rome, quoiqu'il garda fon rang avec beaucoup de dignité.

Je ne puis pas parler ici avec trop de reconnoiffance & d'amitié de ce Miniftre de la Nation Françoife à Rome. Sa probité, fon défintereffement, fon zéle pour l'honneur & l'intérêt de la Nation font connus. Il a le cœur excellent, & il eft de la fociété la plus fûre, qualités rares en Italie. Il a fuccédé à un pere, qui pendant une longue fuite d'années avoit eu la confiance des Miniftres, fa probité fur-tout l'avoit rendu recommendable; il eft mort décoré de l'Ordre de Saint Michel. Son fils ne mérite pas moins d'égard, il a le cœur vraiment François, noble & généreux. En faifant fon éloge, je rends juftice à la vérité. Il eft doux de louer fés amis, quand ils font vraiment eftimables, & que l'on eft fûr que les fuffrages du public se joindront aux sentimens de l'amitié particuliere.

Dans toutes ces conversations j'ai toujours vu beaucoup de décence & le ton le plus honnête. Il y a à Rome comme par-tout ailleurs des intrigues particulieres, on les sçait; mais où sont-elles ignorées quand on veut les connoître ? Il m'a même paru qu'en général les femmes étoient aussi dissimulées à cet égard en Italie qu'en France, parce qu'on ne doit rien conclure de la présence continuelle du *Cicisbé*. Celles sur lesquelles les passions ont un empire décidé s'observent quelquefois moins, quoique je pusse citer des modéles de décence extérieure, avec les passions les plus impétueuses. Mais mon dessein n'est pas de faire ici un recueil d'anecdotes scandaleuses. Les femmes galantes sont connues à Rome comme ailleurs : la plupart sont aimables & attrayantes, il faut seulement sçavoir éviter avec elles des engagemens que beaucoup d'exemples me persuadent n'être point avantageux.

Quant aux entretiens ordinaires des conversations, il est étonnant combien le beau & le mauvais tems, le *Siroco*

& le *Tramontana* y fourniffent; fans ces fujets ordinaires, fi faftidieux par eux-mêmes, & rebatus par tout mille & mille fois, on diroit fort peu de chofe, car c'eft par-là que tous les arrivans débutent, c'eft ce que l'on entend répéter à deux cens perfonnes qui fe fuccédent, dont la plupart cependant font inftruites, & certainement ont de l'efprit. Mais l'habitude de ne rien dire de ce que l'on penfe, & d'être occupé d'intrigues continuelles que l'on a intérêt de cacher, fait que l'on ne montre que ces idées communes. J'ai remarqué encore que naturellement les Romains ne font pas fort gais. La gêne du cérémonial les contraint prefque tous. Ceux qui ont des talens aiment à s'occuper de grandes affaires, dont ils ne parlent qu'à ceux qu'ils ont intérêt d'en inftruire, ou auxquelles ils veuillent faire de fauffes confidences. La reffource la plus ordinaire des converfations eft de s'entretenir des affaires politiques que l'on apprend par les gazettes; on trouve dequoi fe fatisfaire, même à difputer fur ces fujets, car on aime à prendre parti. Quelquefois on y parle de littérature, de phyfique, des différens ufages des Nations, mais c'eft plus avec les étrangers qu'avec les Romains. Ce dont on parle le moins en public, ce sont des affaires de la Cour de Rome, sur lesquelles il faut être très-réservé, attendu la quantité de gens qu'elles intéressent.

Ce que je puis dire, c'est qu'il est nécessaire de porter à ces assemblées beaucoup de circonspection, qui ne doit cependant pas aller à garder un silence absolu, qui seroit une autre extrémité vicieuse, ridicule aux yeux des Romains, qui aiment qu'on leur parle, & même qu'on les prévienne de quelque politesse.

Quoiqu'ils se voient beaucoup les uns les autres, il ne s'en aiment pas davantage; ils ne s'épargnent ni les mauvais propos, ni les ridicules dont ils peuvent se charger. Les plus grands personnages ne sont pas plus respectés que ceux d'un rang inférieur : quelquefois même, ils se tiennent entr'eux les propos les plus piquans & les plus durs. J'ai vu deux Cardinaux avoir la dispute la plus vive, sur la tendresse que l'on devoit à ses parens, & dont ils n'étoient susceptibles ni l'un ni l'autre.

A moins que l'on n'ait un mérite transcendant & qui en impose, on n'est pas exempt des brocards que l'on lance quand on entre ou quand on fort. Souvent ils font très piquans, & par-tout ailleurs ils occasionneroient des affaires très-sérieuses; mais il n'y a rien à craindre ici de ces excès de vengeance qui vont à attenter à la vie, en risquant la sienne. On rend injures pour injures, on se battroit peut-être à coups de poing, si on ne craignoit de se faire mal. On se contrarie, on dit des horreurs sur le compte les uns des autres, & on s'en tient là. J'ai ouï dire à Rome qu'un homme d'un rang distingué avoit été assassiné par un de ses ennemis qui lui avoit proposé un duel. Sa veuve conserve encore sa chemise ensanglantée, & la montre souvent à deux grands fils qu'elle a, tous deux dans l'ordre de la Noblesse, pour les engager à venger la mort de leur pere; mais ils répondent à cela, qu'ils ne sont pas curieux de se faire tuer comme lui. Cette mere a, dit-on, des sentimens romains; mais les fils sont au ton du jour. J'ai appris ce fait dans les conversations même où ils étoient à portée de l'entendre raconter. Alors, ils ont la prudence de s'éloigner pour ne prendre aucun part à ce qui se dit.

Comme c'est toujours à peu près les mêmes personnes qui circulent dans toutes les grandes conversations de la nuit; si on demande pourquoi les autres n'y viennent pas, tout de suite on sçait ce qui les occupe chez elles, & on donne le détail le plus exact de toutes les intrigues. On ne se cache pas pour cela, quoique les freres où les sœurs des personnes intéressées soient présentes (a).

Sur-tout ce que je viens de dire on peut se former une idée des mœurs & des usages, de ce qui compose à Rome le premier ordre dans l'Etat Ecclé-

─────────────

(a) J'aurois dû mettre à la tête de toutes les Conversations, celle que tient le Saint Pere quand il lui plaît d'avoir compagnie chez lui. Mais le Pape regnant n'a pas ce goût, il se contente de ses affaires, & de quelque société avec les Officiers principaux de sa Cour, & ses Prélats domestiques. Il est fort sédentaire, & aime si peu le mouvement, que quoiqu'il ait de très-beaux jardins tenans à son Palais de Monte-Cavallo, les jardiniers m'ont assuré ne l'y avoir vu qu'une fois en cinq ans. Le Pape Benoît XIV avoit tous les jours une conversation assez nombreuse, à laquelle les étrangers même étoient souvent admis. On s'y entretenoit principalement de nouvelles de littératures, & quiconque y pouvoit apporter quelque chose de ce genre y étoit bien reçu.

fiastique & Civil. On pourroit porter ces obfervations plus loin, les appuyer par une quantité d'anecdotes ; mais je n'en ai déja peut-être que trop dit à ce fujet.

Le coup d'œil général des converfations eft affez brillant : les jours des grandes affemblées, les femmes y font parées avec magnificence, beaucoup de diamans & d'autres bijoux fort riches. Elles fe coëffent avec foin, mais elles n'en font pas encore à l'élégance Francoife. On voit qu'elles font très-curieufes de nos modes, qu'elles outrent fouvent. Le rouge n'y eft point du tout en ufage, ce qui fait qu'elles paroiffent toutes fort pâles, & il eft rare de voir des femmes du premier rang avec un teint frais & de belles couleurs.

Les hommes y font très-bien vêtus, mais ils font peu de dépenfe en linge blanc, cette forte d'économie s'accorde mal avec la richeffe des habits. Dans les affemblées ordinaires on voit arriver des femmes avec les cheveux en papillotes, elles vont de même aux fpectacles & aux promenades publiques. J'en ai vu à Venife, à Bologne & à Rome. Il paroît que c'eft une forte d'aifance, que la plupart des femmes regardent comme une distinction à laquelles elles sont fort attachées.

<small>Idée générale des mœurs & usages à Rome.</small>

22. Les Romains hommes & femmes, comme tous les habitans des Capitales, préferent leurs usages & leurs plaisirs à ceux de toutes les autres Villes; il est de la politesse de ne les pas contredire. Ils croient qu'on ne vit qu'à Rome, & qu'on végete ailleurs en s'ennuyant. Un excès d'attachement pour leur patrie leur donne ces idées. Un étranger trouve autant d'agrémens à Naples, à Vénise, à Florence ou à Milan qu'à Rome. Il ne faut donc pas adopter les préjugés des Romains à ce sujet. Ils imaginent que les plaisirs de la société y attirent cette foule d'étrangers qui y sont continuellement; mais il y en a dans tout le reste de l'Italie. On reste plus long-tems à Rome qu'ailleurs, parce que c'est la Capitale de cette belle partie du monde; que c'est le centre où se traitent toutes les affaires, & que l'on y trouve rassemblés des gens de tous les états différens. D'ailleurs la tranquillité avec laquelle on y vit, la liberté dont on jouit, la beauté de la Ville & ses ornemens multipliés, la douceur de son climat, tout cela réuni, y fixe avec raison les étrangers plus long-

tems qu'ailleurs, sur-tout ceux qui voyagent pour s'inftruire.

C'eft dans les fociétés de Rome que l'on voit combien il eft agréable de fçavoir la langue Italienne, par ce moyen on eft à portée de prendre part à tout ce qui fe paffe, d'y acquérir des connoiffances, de former des liaifons; c'eft même une raifon pour y être mieux reçu, par-là on prouve l'eftime que l'on fait du pays que l'on eft venu voir, & de fes habitans avec lefquels on a pris la voie la plus fûre de vivre en fociété. J'ai vu beaucoup d'Anglois à Rome, dont trèspeu s'étoient foucié d'apprendre la langue Italienne, mais tous parloient François fort aifément, & ne fçavoient pas d'autre langue étrangere. La plûpart de ceux qui venoient aux converfations, y étoient précifément comme fpectateurs. Leur coutume, hommes & femmes, eft de fe réunir par tout où ils fe trouvent, de caufer enfemble, & de regarder tout le refte avec une fierté qui a l'air du mépris, & je crois que c'eft foncièrement le génie de cette nation. A la vérité, ils ne frondent rien ouvertement, mais ils ne fe compromettent pas en approuvant à la légere. J'en ai rencontré quelques-uns d'une fociété douce & fort agréable : il est rare d'en trouver de ce caractere.

Les Allemands sont les meilleurs gens du monde. Ils approuvent & louent tout indistinctement, fidèles à la lettre des descriptions, ils ne voient que ce qui y est annoncé, & tel qu'il y est annoncé. Ils croient tout ce qui est écrit. Les Saxons sont plus déliés, & les Polonois ne manquent pas de goût.

On nous accuse de vouloir tout ramener à nos usages, de fronder tout ce qui n'est pas Paris & ses modes, de prétendre dominer par tout, d'aimer les tracasseries. Il y a long-tems qu'on nous fait ces imputations odieuses, surtout en Italie, où l'on en charge en général toute la nation; il faut que l'on y ait donné lieu, par l'habitude de préférer hautement nos mœurs à celles des étrangers, de blamer tout ce qui ne se fait pas comme chez nous. On doit convenir que c'est assez le ton de tous les jeunes François qui voyagent : ton ridicule & qui est celui de l'ignorance même, comme si chaque nation n'avoit pas ses goûts & ses usages, comme si cette diversité ne rendoit pas le tableau général du monde beaucoup plus piquant. Ce qui fait encore que cette façon

çon de penser est si révoltante pour les étrangers, c'est qu'il y a peu de François qui voyagent & qui fassent cette dépense que l'on aime sur-tout en Italie, & qui tourne toute à l'avantage du pays que l'on parcourt; on voit de loin en loin quelques jeunes François qui ont imaginé qu'ils n'avoient qu'à se présenter pour être admirés & mis au prémier rang; & qui sont très-étonnés qu'on ne se rende pas à leurs prétentions. Ils s'en vengent par mépriser hautement & tourner en ridicule tout ce qui leur paroît nouveau; ils ne semblent voyager que pour retrouver par tout Paris, ses spectacles, ses promenades, ses modes & ses sociétés. Pourquoi en sortoient-ils, ils perdent leur tems, & sont cause que l'on attribue à toute la nation des sentimens qui ne sont que ceux de quelques jeunes étourdis. Quoique je n'en aie rencontré aucun de cette espèce, je ne fais point ici une déclamation imaginaire, je parle d'après ce que m'en ont dit les plus sensés des Italiens qui m'ont cité tous les originaux. Les Anglois beaucoup plus sages, ne pensent peut-être pas plus favorablement de ce qu'ils voient, mais ils n'en disent rien.

Cette antipathie des Italiens pour les François, soutenue par les nouveaux griefs dont je viens de parler, est de bien vieille date; il faudroit remonter jusqu'au tems où les Princes d'Anjou de la maison de France furent appellés par les Papes au thrône de Naples, revenir au tems de Charles VIII, & à l'horrible sac de Rome fait par les Allemands à la solde de l'Empereur Charles V, aux descendans desquels on n'en sçait pas le moindre mauvais gré, tandis que l'on en rejette toute la faute sur le connétable de Bourbon, Général de cette armée; qui périt dans cette expédition, & qui ne sçut rien des horreurs qui suivirent sa mort. Cependant à Rome même son nom sert encore à faire peur aux enfans qui crient, tant la tradition de cet événement s'y est si bien conservée. Mais a-t-on vu dans le tems que les Calvinistes ravageoient la France, quelque Général François, quoique Huguenot, porter dans sa poche un cordon d'or & de soie destiné à étrangler le Pape, comme faisoit le Colonel Mansfeld, qui à la tête d'une troupe de Luthériens, vouloit, disoit-il, dans le style de son législateur, venir mettre à sac la nouvelle Babylone, & anéantir la trace de ses Princes; tout au contraire prouve à Rome même les obligations qu'a le Saint Siége à la nation Françoise, qui de tout tems a été sincérement attachée à la Religion Catholique & à son chef.

C'est ainsi que je défendois un jour les intérêts de ma nation, sans cependant désavouer ses torts; on m'écoutoit d'autant plus favorablement que je ne passois pas pour vouloir les multiplier. Aussi convenoit-on avec moi que les François étoient estimables, & que l'on ne pouvoit s'empêcher de les aimer, dès qu'ils vouloient bien supporter les autres, & ne pas chercher à les couvrir de tous les ridicules qu'il leur plaisoit d'imaginer.

Mais le fonds de cette préférence que l'on donne aux Allemands & aux Anglois, c'est la quantité que l'on en voit; la richesse & le sérieux des uns, & la pesante bonhomie des autres. Les Italiens ne s'en défient point; ils n'ont pas cette politesse prévenante, ces attentions habituelles pour les femmes, cette gaieté de caractere, cet enjouement naturel qu'ont les François, & qui font trembler une nation toujours foncierement jalouse; quoiqu'à présent cette maladie cruelle n'ose presque plus se montrer à découvert. Elle ne regne plus que sourdement. Les maris paroissent laisser à leurs femmes toute la liberté qu'elles peuvent souhaiter; aussi ont-elles pour la plus grande partie un ami particulier ou cicisbé qui ne les quitte pas, qui se place à côté d'elles, & les entretient exclusivement à toute autre, jusqu'au tems où deux tête à tête se réunissent pour faire une partie que chacun arrange à sa fantaisie, sans que la maîtresse de la maison s'en mêle beaucoup ( *a* ). La ressource des étrangers

***

(*a*) Les Cicisbés étoient autrefois à Rome des gens sans conséquence, leur constante assiduité auprès de la même femme pendant une longue suite d'années, les faisoit regarder par les maris même, comme des amis d'un caractere rare; & ils prétendoient qu'il falloit avoir l'esprit & le cœur gâté par les usages de France, pour imaginer autre chose. La mode a changé, la gazette de Rome révéle souvent au public des scenes violentes entre les maris & femmes qui ont pour cause la galanterie des Cicisbés. Il est vrai qu'elles sont secrettes, & que les intéressés ne peuvent trop être courroucés contre l'indiscrétion du gazettier. Au reste de quelque côté que vienne la jalousie, elle n'est pas moins incommode aux étrangers agréables & à préten-

est de trouver des femmes qui n'ayent point de cicisbé, ( & il y en a à Rome ) avec lesquelles ceux qui aiment à jouer, font leur partie; j'ai déja dit que l'on n'y jouoit que des jeux de commerce. Le Pape regnant a si févèrement défendu les jeux de hazard, que l'on n'en parle nulle part; mais ce qu'il y a de remarquable, c'est que ceux qui sont chargés par état de veiller à l'exécution de ces ordres, & qui aiment le gros jeu, ont porté le piquet à un si haut prix, qu'il équivaut pour la dépense aux jeux de hazard les plus forts.

Ceux qui ne jouent pas trouvent d'autres gens aussi désœuvrés qu'eux, avec lesquels ils s'entretiennent de ce qui leur plaît. Au reste on ne tient à ces conversations qu'autant que l'on veut. On y est toujours reçu avec la même politesse.

---

tion, que les Cicisbés ont singulièrement à l'œil. La galanterie se traite chez les Italiens avec une méthode solemnelle, qui paroît être partout la même, pour s'en bien mettre au fait, il faut lire un recueil de sonnets avec leur explication morale, intitulé; *Filosofia ed amore del Conté Gio Battista Comazzi*. In-8°. Trento 1711.

A mesure que l'on fait ces visites, on s'apperçoit qu'elles ne sont pas absolument gratuites; car le lendemain que l'on a été présenté dans une maison, on a le matin à sa porte, un député *della famiglia*, ou des domestiques, qui vient complimenter le noble étranger, sur l'honneur qu'il a eu de voir son maître ou sa maîtresse, & recevoir en conséquence *la buona mancia*, ou gratification d'usage; on ne peut pas leur donner moins de trois paules, c'est le taux le plus bas; cependant quand on leur a donné cette somme, dont ils sont peu satisfaits, ils n'ont rien à exiger au-delà. Ils reviennent encore aux bonnes fêtes, quand il est arrivé quelque chose d'heureux à leur maître: ils n'échappent aucune occasion de multiplier leurs demandes; cela va jusqu'à impatienter ceux qui sont le moins intéressés & le plus en état de donner. Mais c'est l'usage, & la famille du Pape n'est pas plus généreuse que les autres, on lui doit près de trente livres de notre monnoie, toutes les fois que l'on est admis à l'audience de sa Sainteté.

Ainsi il ne faut pas se flatter de voir rien à Rome gratis, que les Eglises quand elles sont ouvertes, la Villa Medicis qui est le seul jardin vraiment public, & les fontaines dont on laisse prendre librement de l'eau à qui en a besoin.

Ces grandes conversations ou assemblées de nuit, durent jusqu'à ce que les théâtres soient ouverts. Celles des cardinaux qui se tiennent de meilleure heure ne sont jamais interrompues.

23. Les spectacles publics commencent à Rome le lendemain des Rois & durent jusqu'au Mardi-gras inclusivement. Il y a toujours plusieurs théâtres ouverts dont les Princes & Barons Romains font l'entreprise. Le plus vaste est celui *d'Argentina* C'est-là que l'on représente les grands opéra, où le Gouverneur de Rome & les Ambassadeurs ont leurs loges fixées au second rang en face du théâtre. Toutes les autres personnes du premier rang, s'arrangent de la maniere qui leur est la plus convenable & la plus commode. Ces loges se payent plus ou moins suivant leur position, celles de face même jusqu'au quatriéme rang, sont les plus cheres.

Les Princes Romains avoient prétendu il y a quelques années, qu'il n'y avoit que le Gouverneur de Rome,

Théâtres & autres Spectacles.

comme repréfentant le Souverain, dont la loge fut fixée invariablement au milieu du fecond rang de face ; en conféquence, ils s'arrangerent entr'eux, & tirerent les places au fort, de maniere qu'ils déplacerent tous les Ambaffadeurs : cette petite rufe avoit été mife en pratique pour enlever la loge de face à un Ambaffadeur de France, qui tenoit fon rang avec une nobleffe & une dignité qui les étonnoit ; en conféquence ceux qui avoient la direction principale du fpectacle, lui porterent la clef d'une loge du fecond rang, mais de côté, en lui difant, que le fort en avoit décidé ainfi ; qu'ils efpéroient qu'il voudroit bien contenter, pour ne rien déranger aux places qui étoient toutes deftinées, fur-tout à la veille des fpectacles. Je ne doute pas que ceux qui avoient imaginé ce bel arrangement, ne fe regardaffent comme de fins politiques, dont les intrigues leur feroient une fois raifon de cette noble fierté qui les humilioit en toutes occafions ; mais il tourna entièrement à leur honte. L'Ambaffadeur refufa la clef, & fans entrer dans aucune difcuffion avec les Princes directeurs du théâtre, il leur dit qu'il fçauroit fe placer. Il alla tout de fuite trouver le Cardinal fécretaire d'Etat, auquel il repréfenta vivement que le rang d'un Ambaffadeur de France, & la place qu'il devoit occuper, ne pouvoit jamais être foumife au fort & au caprice des Romains, qu'il fçauroit les forcer à lui laiffer libre celle qu'il devoit avoir; qu'il n'avoit cependant rien voulu entreprendre fans en prévenir fon Eminence.

Le Cardinal qui connoiffoit fa fermeté, ne douta pas qu'il n'exécutât exactement fon projet : il n'y avoit cependant pas moyen de changer l'ordre, toutes les clefs étoient diftribuées, chacun avoit fait meubler fa loge; mais par accommodement, on le pria de vouloir bien accepter la premiere loge de face, celle du Gouverneur de Rome, qui n'en eut point cette année. Cet arrangement défola ceux qui avoient imaginé le bel expédient de tirer les clefs au fort, ils furent la rifée, & de celui qu'ils avoient prétendu mortifier, & de la Cour de Rome, & du peuple. Je pourrois citer plufieurs traits, qui prouveroient avec quelle dignité cet homme illuftre foutenoit l'honneur du Roi fon Maître, & de la Nation qu'il repréfentoit. On ne lui manquoit pas impu-

H v

nément, plusieurs Prélats Romains ont sçu à quoi s'en tenir. C'est d'eux-mêmes que j'ai appris tout ce que je rapporte ici. Ils en parlent encore avec le plus grand respect. Qu'il est heureux & pour le Souverain & pour les Nationnaux d'avoir des Ministres publics, qui se conduisent avec autant de dignité !

Le théâtre d'Argentina a six rangs de loges, ses ornemens n'ont rien de remarquable. La perspective de la scene est belle, & assez grande pour quelque représentation que ce soit. Il y a quelques décorations de bon goût.

J'y ai vu représenter deux opéra sérieux, celui de *Zenobia*, tragédie de Metastasio, n'eut point de succès; mais le second *Artaserse*, tragédie du même, mise en musique par *Piccini*, Maître de Chapelle à Naples, réussit au-delà de l'imagination. La musique en étoit excellente : outre plusieurs ariettes, il y avoit des récitatifs obligés, & quelques scenes d'un pathétique surprenant, & des morceaux de symphonie admirables. Cet opéra eut trente représentations de suite, & se soutint jusqu'à la fin du carnaval, avec le même concours & des applaudissemens continuels.

C'est le peuple des loges & du parterre qui décide ici & dans toutes les Villes principales, de la fortune des spectacles. Naturellement connoisseur en musique, il n'applaudit jamais à faux; mais quand il est content, il s'y livre avec une sorte de fureur qui dénote vraiment la passion. Dans les premieres représentations de cet opéra, lorsqu'on étoit le plus attentif aux morceaux distingués, on entendoit sortir du fond du parterre ou des sixiemes loges, des *Ah caro... Bravo... Eh viva il Maestro...* & autres termes de satisfaction, que le sentiment même sembloit leur arracher, & qu'ils retenoient à moitié, crainte de troubler le silence tranquille qui regnoit; mais quand le morceau étoit achevé, c'est alors que partoit la foule des applaudissemens exprimés de toutes les manieres imaginables, & avec un fracas étonnant.

Quiconque s'y trouvera, & qui pensera aux spectacles de l'ancienne Rome, imaginera, s'il le peut, ce que devoient faire quatre-vingt mille spectateurs qui applaudissoient, & dont les voix étoient redoublées par les échos pratiqués exprès autour du théatre. On dit que la commotion de l'air étoit alors si forte, que l'on a vu tomber morts les oiseaux qui voloient au dessus du théâtre; & je n'ai pas de peine à le croire, sur le leger essai que j'ai entendu à Rome.

Il y eut aussi à ce spectacle quelques ballets assez bien entendus, mais si le Peuple Romain se connoît bien en musique, il n'a point d'idée juste de la danse : ce qui le transporte, ce sont les sauts forcés, les danses outrées, sans régle & sans mesure, qui ne dépendent que de la force & de l'adresse du sauteur. Je l'ai vu dans l'enchantement d'une danse hollandoise très-médiocre, tandis qu'il ne faisoit presqu'aucune attention à un ballet de Roger & d'Alcine, dont les danses nobles & toutes de caractère, étoient bien composées & très-expressives (a).

───────────────────────────────

(a) Si le gros des spectateurs n'y fit aucune attention, la satyre n'épargna pas le Gouverneur de Rome qui avoit approuvé ce ballet, & le traita de la maniere la plus cruelle; on vit courir peu après une piece de vers, où on l'accusoit de profanation, d'avoir renoncé à son Baptême, &c. Voici quelques fragmens de cette piece, qui serviront à donner une idée du goû de la satyre à Rome, & de la maniere dont elle s'exprime.

Tout le peuple Romain eſt extrêmement curieux de ſpectacle : ſon goût eſt une paſſion pouſſée à l'extréme. Les artiſans, les journaliers, les mendians même ſe refuſent le pain, pour payer une place au théâtre; on les voit dans une ſixieme loge, entaſſés les uns ſur les autres, ſe tenir pendant tout le ſpectacle, qui dure quatre heures au moins, dans la poſition la plus gênée, & c'eſt de-là que partent les ſuffrages qui décident du ſort de la piece. Ceux qui ne peuvent pas être ſpectateurs, tâchent

---

*Timidi Epicurei, io vi perdono*
*Se il voſtro ardir' non s'inoltro cotanto*
*Era ſerbato l'inudito errore*
*Di Roma Santa, al nuovo Reggitore.*
*Perche à Londra non vai ſtolto ſaneſe*
*S'hai prorito di far' lo ſpirto forte ?*
*Dun que San Pietro ti fara lé ſpeſé*
*Perche t'uniſca allé Tartaréé porté. . . .*


*Or' ſingi, che il piacer' maeſtro ſia*
*E dimmi poi con la tua vaſta mente,*
*Qual puó mai ſuggerir' caſto penſiero*
*Quell' amore d'Alcina è di Ruggiero ?*

de se glisser dans les corridors, & quand ils y trouvent quelque coin d'où ils peuvent entendre, ils y restent avec la plus grande constance.

Le spectacle étant aussi long, & en récitatifs au moins pour les deux tiers, on s'y ennuyeroit beaucoup, si on n'étoit pas dans l'usage de faire des visites aux personnes de sa connoissance dans leurs loges, sur-tout aux Dames chez lesquelles on avoit coutume d'aller en conversation. C'est une attention qui est de devoir. On y cause assez haut, jusqu'à l'instant des ariettes & autres parties connues du spectacle qui demandent de l'attention, on y sert des rafraîchissemens, & on y est comme à tout autre conversation. Mais en général les loges à Rome sont trop petites pour que l'on puisse y avoir des tables de jeu, comme j'en ai vu dans quelqu'autres villes de l'Italie.

On n'est point étonné d'y voir entrer les Prélats & autres Ecclésiastiques, ils contribuent autant que le reste de la noblesse, à l'entretien du spectacle, en louant des loges où ils vont très-librement. Peu d'Evêques se permettent ce plaisir, & je ne crois pas y avoir vu plus de deux fois des Cardinaux : le Pape regnant tolere plus les spectacles qu'il ne les approuve, & ce feroit lui faire mal fa cour que d'y être affidu, quoique l'on ait cherché à y mettre toute la décence poffible.

Il ne monte jamais de femmes fur les théâtres de Rome, dans les opéra ce font des *Caftrats* qui en jouent les rolles. Plufieurs font de jolie figure, & ne font point déplacés : il y en a qui ont des voix angeliques, & d'une étendue dont il eft difficile de fe faire une idée. Le malheur eft qu'avec tous ces talens, ils fentent rarement ce qu'ils difent : leur gefte eft en oppofition avec leur chant. Pour les écouter avec plus de plaifir, il faut fermer les yeux, car en général ils chantent bien & jouent mal, fur-tout dans les grands opéra. Les bonnes baffes-tailles & les tenores font rares en Italie (*a*).

─────────────

(*a*) Il y a une quantité prodigieufe de Caftrats en Italie, & fur-tout à Rome; il n'y a pas d'année qu'on en faffe plufieurs pour en maintenir l'efpece. La police qui tolere cet ufage, a ordonné que l'on n'opéreroit les enfans qu'autant qu'ils y confentiroient. On les prend à l'âge de dix ou onze ans, & ce font ordinairement les parens qui les déterminent, en leur faifant

On admet pas plus de danseuses sur les théâtres de Rome que d'autres actrices, ce sont de jeunes garçons qui figurent en femme, & même il y eut une Ordonnance de Police qui leur enjoignoit d'avoir des culottes noires.

───────────

entrevoir les avantages de cet état, dont ils ne peuvent pas encore imaginer les désagrémens. Ce qu'il y a de malheureux, c'est qu'il arrive souvent qu'ils perdent leur voix. Alors ils sont vraiment à plaindre. Accablés de mille incommodités, attachés à leur existence, dès que le premier feu de la jeunesse est éteint, ils sont sans ressource, livrés à la misere, & à des maladies presque continuelles, dans un état de tristesse insurmontable, & d'une foiblesse qui ne leur permet pas de gagner leur vie par le travail, la vieillesse sur-tout leur est insupportable. J'en ai vu un à Genes, âgé de cinquante à soixante ans, & dans une position où rien ne lui manquoit des aisances de la vie, qui m'a assuré que quoiqu'il eût toujours vécu d'une maniere fort rangée, il étoit dans un état continuel de mélancolie, de langueur & de souffrance. Tant qu'ils sont jeunes, qu'ils ont de la voix & de la figure, ils tirent vanité de leur état, dont ils ne sentent pas encore les inconvéniens. Plusieurs font des fortunes considérables, & établissent avantageusement leurs collatéraux. Au reste, c'est toujours l'intérêt des peres & des meres, qui sacrifient leurs enfans aux plaisirs du public.

Tous les Acteurs sont payés à un prix très-cher, la premiere Actrice d'Argentina, qui étoit un Castrat, eut pour six semaines mille écus romains, qui font plus de cinq mille francs de notre monnoie. Les autres sont payés à proportion & aussi cherement. Mais on ne les gâte point, on ne leur souffre ni caprices, ni hauteurs, ni impertinences. Les Princes Romains Directeurs des théâtres, aux gages desquels ils sont, les font châtier sévèrement quand ils manquent à leurs devoirs. Tous les habillemens appartiennent aux théâtres; on les change ou on les renouvelle à chaque représentation d'opéra différens. Il y en a quelques-uns de fort brillans.

Il regne dans les loges & le parterre, une grande obscurité pendant le spectacle; il n'est pas permis d'y avoir de lumiere; on y tolere quelques petites bougies, à l'aide desquelles on lit la piéce pendant les premieres représentations. La scene seule est éclairée, ce qui la rend beaucoup plus majestueuse & plus brillante; un grand lustre suspendu au milieu du parterre sert à éclairer l'assemblée, jusqu'à ce que le spectacle commence, alors on l'enleve.

Les autres théâtres moins grands que celui d'Argentina étoient occupés par des comédiens & des bouffons. Les premiers repréfentoient des comédies de Goldoni. Les autres des petits opéra, genre de fpectacle très-plaifant, où les chanteurs font vraiment acteurs, & d'ordinaire fe divertiffent en amufant le public. Les caftrats y jouent également les rolles de femme, & j'en ai vu réuffir de façon à faire illufion complette (*a*). Mais dans les comédies, il eft infuportable de voir le rolle d'une jeune fille repréfentée par un homme qui a la barbe longue & la voix rauque. (*b*)

---

(*a*) Au fujet de ces comédies, je me fouviens d'en avoir vu repréfenter une fur le Théâtre de *Tordinoné* à Rome, dont l'intrigue me révolta : C'étoit une mauvaife imitation du Tartufe de Moliere, dans laquelle l'impofteur établiffoit toutes fes intrigues fur des empoifonnemens, & finiffoit par s'empoifonner lui-même fur le théâtre; idée horrible qui n'eft point faite pour la comédie, & que la Police ne devroit pas tolérer fur-tout en Italie, eu égard aux reproches que l'on a faits dans tous les tems à cette Nation de mettre en ufage ces moyens odieux, pour fatisfaire fa vengeance ou fes autres paffions.

(*b*) Il femble que de toute ancienneté les hommes ont joué les rôles de femmes fur les théâtres

C'est ce que j'ai vu dans une comédie de Goldoni, intitulé *Pamela*, presqu'entièrement traduite du françois.

―――――――――

de Rome & de la Grèce. Le Préteur Vindex dans les motifs qu'il alléguoit aux Gaulois pour les soulever contre Néron, leur dit qu'il a vu ce Prince jouer publiquement sur le théâtre le rôle d'une courtisane, & dégrader ainsi la majesté de l'Empire qu'il déshonoroit par tant d'autres crimes. . . . Lucien dans le Dialogue de la danse paroît être de ce sentiment : l'inspection des masques antiques qui servoient autant à changer la voix que la figure, l'indiquent encore, cependant Pline L. 7. c. 48, *de spatiis vitæ longissimis*, parle d'une Actrice nommée Luce qui a représenté pendant cent ans.

*. . . Lucia mima centum annis in scena pronuntiavit,*

Expression qui ne laisse aucun doute sur le genre de son emploi; immédiatement après il cite une autre Actrice pantomime nommée *Galeria Copiola* que l'on fit monter sur le théâtre âgée de cent quatre ans, à des jeux votifs qui se faisoient pour la conservation d'Auguste. L'Edile Pomponius l'avoit mise au premier apprentissage de la profession quatre-vingt-dix-neuf ans auparavant, sous le Consulat de Marius & de Carbon. Voilà des femmes que le Magistrat faisoit instruire, il y avoit donc alors des Actrices au moins dans quelques spectacles. Peut-être aussi l'usage changea-t-il !

L'acteur qui repréſentoit la Pamela jeune & jolie, quoique très-intelligent, étoit d'une figure ſi oppoſée au perſonnage qu'il faiſoit, que l'on ne pouvoit s'y accoutumer : on ne ſe fait pas à voir la jeuneſſe, les graces & la beauté repréſentées par une figure nerveuſe, à barbe noire & épaiſſe, avec de grands pieds & de gros bras. Quand dans ces comédies on peut avoir pour les rolles de femmes des caſtrats à qui la voix a manqué, & qui ont quelque intelligence, c'eſt une vraie trouvaille (*a*).

―――――――――

(*a*) C'eſt aux Perſes auxquels on doit le cruel établiſſement de la caſtration. On en attribue l'invention à Semiramis ; on ne dit pas ce qui la détermina à cette barbarie. *Docti deteſtantur memoriam Semiramidis reginæ, quæ teneros mares omnium prima caſtravit*..... Beroald. *in Suet. Domitian*. Mais cet uſage après la corruption des mœurs, ſur-tout du tems des Empereurs, devint très-commun.

*Heu pudet effari, perituraque prodere fata!*
*Perſarum ritu male pubes centibus annis,*
*Subripuere viros, exactaque viſcera ferro,*
*In venerem fregere : atque ut fuga nobilis ævi*
*Circumſcripta , morâ properantes differat*
  *annos,*

Comme il n'eft point honnête d'aller au parterre, on envoie louer une loge du fecond ou du troifieme rang, qui

---

*Quærit fe natura, nec invenit : omnibus ergo Scorta placent.* . . . .

Petron. *de bel. civili.*

Ces derniers mots indiquent à quoi on deftinoit les malheureufes victimes de cette opération barbare. On avoit pris toutes les précautions imaginables pour qu'elle réuffît & qu'elle fût moins dangereufe. On faifoit à Samos des couteaux de terre cuite, fpécialement deftinés à cet ufage. . . . *Samiâ teftâ, matris Deûm Sacerdotes virilitatem amputant, nec aliter citra perniciem.* . . . . Plin. l. 35. 12.

Cependant dans les fiécles même les plus corrompus, on reclama publiquement contre cet ufage : *Non vivunt contra naturam, qui exfcâi funt ut peritia fplendeat tempore alieno: quid fieri vel crudelius vel miferius poteft ? Nunquam vir erit, ut diù virum pati poffit.* . . Senec. ep. 122. Domitien, ce Prince cruel & barbare, eut horreur de cet ufage, & l'arrêta par fon autorité. C'eft le feul trait de fa vie que la poftérité ait pu louer. *Caftrari mares vetuit; fpadonum qui refidui apud Mangones erant pretia moderatus eft.* . . . . Sueton. *in Dom:t.* c. 7. Martial lui donne à ce fujet le glorieux titre de Pere de la Patrie & d'amour du genre humain.

quelquefois est fort chere, & se paye plus de quinze francs, sur-tout quand le spectacle est fréquenté : celles du pre-

---

*Non tulit Ausonius, talia monstra pater.*
*Idem qui teneris nuper succurrit ephebis,*
  *Ne faceret steriles sæva libido viros.*
*Dilexere prius pueri, juvenesque, senesque :*
  *At nunc infantes te quoque, Cæsar, amant.*
Ep. 9. l. 9.

La Loi promulguée à ce sujet, continua d'être observée encore quelque tems.

*Et Censor prohibet mares adultos*
*Supplicium subire formæ.*
Statius, *Silv.* 3.

Mais près de trois siécles après, cet usage avoit donné lieu à des mariages infâmes, contre lesquels les Empereurs Constance & Constant furent obligés de sévir dans une Constitution expresse. 31 au Cod. *Quum vir nubit in femina, viro porrectura quidquid cupiat, ubi sexus perdidit locum, ubi scelus est id quod non proficit ciere, ubi venus mutatur in alteram formam, ubi amor quæritur nec videtur, jubemus leges insurgere, &c.*

Malgré cette Loi, il paroît que l'on ne se réforma pas entièrement sur ce genre de débau-

mier rang qui sont presque au niveau du parterre, sont ordinairement occupées par les gens aisés du peuple, ou des femmes avec lesquelles on ne voudroit pas faire société. Mais au grand théâtre, il faut nécessairement amodier une loge pour tout le tems du carna-

---

che; car Alain de l'Isle, Théologien célèbre de l'Université, mort à la fin du treiziéme siécle, cité par du Cange, au mot *devirare* : dit fort plaisamment.

*Quum venus in venerem pugnans, illos facit*
*illas,*
*Quumque sui magicá devirat arte viros....*

A quel tems a-t-on commencé à leur donner le charme de la voix, qui, selon l'expression des Grecs, est la fleur de la beauté? Les anciens ne nous en apprennent rien. La beauté & la netteté de la voix des impuberes & des jeunes filles, a imaginé de tirer cette ressource des eunuques, qu'il faut croire n'avoir plus d'autre destination, & les a multipliés sur les théâtres, où la dépravation du goût les admire encore; car quelle différence entre ces belles voix de femmes que l'on entend sur-tout à Venise, & les chants forcés, sans graces & sans ame des Castrats, qui ne les font remarquer que par des éclats étonnans, & des tenues d'un tems considérable : triste & seul privilege de leur état.

val, que l'on a, ou pour tous les jours, ou seulement de deux jours l'un ; de cette façon on est libre pour aller aux autres spectacles, & c'est ordinairement le parti que prennent les étrangers. Sur tous ces théâtres, c'est le même genre de spectacles, & opéra bouffons.

Il y a des détachemens des Gardes Corses & Avignonoises pour maintenir la tranquillité à tous les théâtres.

*Carnaval de Rome, beauté de son spectacle.*

24. Le carnaval de Rome est un plaisir général pour toute la Ville qui y prend part. Plaisir brillant, tranquille & sûr, que la Police protege & maintient avec la plus grande attention. Il dure huit jours francs, non compris les Vendredis, Dimanches & jours des Fêtes, auxquels il n'est pas permis de porter le masque.

C'est une affaire très-importante pour une Nation qui aime les spectacles avec fureur. Le soin de se masquer occuppe les grands & les petits, les femmes & surtout celles du peuple, qui dans le cours de l'année, ne peuvent guère prendre part à d'autre spectacle qu'à celui là.

La cloche du Capitole que l'on ne sonne jamais que dans les circonstances les plus rares, telles que la mort du Pape ou son élection, annonce au Peuple Romain l'ouverture de cette fête ; ensuite on
tire

tire le canon à vingt-une heure, c'est-à-dire, environ à deux heures & demie après midi dans notre maniere de compter.

L'assemblée & la promenade des masques se fait le long de la rue du Cours, depuis la Place du Peuple jusqu'au Palais St. Marc, dans l'espace d'une demi-lieue commune de France. Pour que la Police soit observée exactement, il y a des détachemens des troupes du Pape résidantes à Rome, postés dans toutes les places & carrefours qui se trouvent le long du Cours, & des Sbirres répandus par-tout, pour arrêter sur le champ quiconque y causeroit le moindre trouble, ou féroit aux masques la plus legere insulte ; aussi les femmes & les filles vont seules se placer où elles jugent à propos, sans craindre que personne leur parle ou les arrête qu'autant qu'il leur plaira. Les balcons & les fenêtres des Palais & des Maisons dont cette rue est bordée sont garnies de tapis & de pavillons. On loue les fenêtres des maisons particulieres de même que les Galeries que l'on construit exprès pour ce tems, enfin toute la rue est décorée.

A l'ouverture du carnaval le Gouverneur de Rome, précédé de sa Garde à cheval, suivi de ses Officiers & de sa

Maifon en carroffe de parade, va & revient d'un bout de la rue du Cours à l'autre, pour voir fi tout en eft bien difpofé. Le Sénateur vient enfuite en même cortege avec les Confervateurs, le Prieur & fa garde ; après quoi ils fe retirent l'un & l'autre pour laiffer l'efpace libre aux mafques & aux carroffes. Ce n'eft pas exagerer que de dire qu'il y a dix mille mafques à pied, dont les uns marchent le long des banquettes qui bordent la rue du Cours, les autres font affis fur des chaifes, ou des amphithéâtres élevés exprès & dont les places fe louent. Ces mafques font pour le plus grand nombre très-joliment habillés, les femmes bien coëffées, vêtues avec une propreté extérieure très-foignée. Celles qui font jolies, s'ajuftent de façon à dérober le moins qu'elles peuvent de leurs agremens. Cette partie de fpectacle eft très-variée, ou par l'élégance qui regne dans la parure, ou par la diverfité des habits de théâtres, de nations ou de caractère. Tout y eft d'un air d'arrangement & de propreté qui fait de cette rue une galerie immenfe, peuplée des deux côtés d'un nombre confidérable de mafques différens, qui changent de place & allant d'un quartier à un autre, varient le tableau & le rendent toujours nouveau (*a*).

---

(*a*) Les Auteurs qui ont écrit sur les antiquités Grecques & Romaines, ne nous apprennent rien sur l'origine des Mascarades & des Bals. Les Bacchanales ne nous présentent que les fureurs de l'ivresse, auxquelles on mêla dans la suite les désordres autorisés par le culte de Vénus. Les Saturnales étoient des fêtes tranquilles dans lesquelles on ne se déguisoit point. On changeoit d'état à la vérité, les Maîtres servoient leurs esclaves, mais chacun conservoit son habillement & sa figure. On a prétendu que les déguisemens divers qui sont d'usage dans les fêtes du carnaval, devoient leur premiere existence au culte religieux des Gaulois; ils adoroient le Soleil, la Lune, Jupiter, Mercure, Minerve; mais leur grande dévotion étoit pour le Soleil auquel ils donnoient le nom de Belenus, Taranis, Mithras. Les Prêtres de cette Divinité étoient à la tête de plusieurs sociétés ou confrairies, dont chacune avoit pour symbole une constellation céleste. Dans les solemnités chacun des confreres se déguisoit, en lion, en belier, en ours, en chevreau, &c. & tous ensemble ils formoient des processions ou danses, dans lesquelles ils imitoient les mouvemens des signes du Zodiaque. De-là sont venus ces processions singulieres que l'on fait encore en Provence & en Flandres, que la sainteté de la Religion Chrétienne & la gravité majestueuse n'ont pas encore abolies. Ces spectacles ont toujours plû au peuple, il a voulu les multi-

Mais ce qui peut paroître encore au-dessus, c'est la quantité des carosses qui se promenent à la file dans cette rue sur deux rangs, (le milieu étant réservé aux Princes Romains, qui seuls ont le droit d'y passer) la parure des domestiques & des chevaux. On ôte les glaces du carosse, l'impériale se partage : le devant & le derriere de la voiture se rabaissent en dehors, ce qui lui donne une forme allongée, & en fait une espece de char de triomphe, où sont ordinairement des masques vêtus avec goût. Comme plusieurs des Princes & Barons Romains conduisent eux-mêmes dans cette occasion leurs chevaux, les cochers y sont habillés magnifiquement, les uns en do-

---

plier, & leur ôter toute la gêne de leur premiere institution, pour cela il les a mêlés aux réjouissances du carnaval ; les passions y ont trouvé leur compte, & les ont rendu plus agréables en les variant. Ainsi aucune sorte de déguisement n'a été exclue, chacun a suivi librement son goût & son caprice, c'est sur-tout chez les peuples les plus policés & les plus opulents que ce plaisir a le plus d'éclat. Je ne dis rien de la danse, elle paroît être née du sentiment intérieur de la satisfaction, & en être l'expression.

mino, les autres en Turcs ( cet habit a bonne grace sur le siege ) quelques-uns en arlequins, d'autres en polichinels, chacun suivant son goût ; les laquais sont ordinairement masqués comme les maîtres, & souvent les femmes dans le même goût que les hommes, celles surtout qui veulent être deguisées.

Les chevaux sont ornés de rubans & de gros flots de gaze de différentes couleurs qui leur couvre les crins, & qui en voltigeant font un effet très-pittoresque ; ils ont outre cela le poitrail garni de petits tabliers de cuir découpés & chargés de sonnailles, ils en ont à la croupe & aux jambes. L'embarras de cette parure & le bruit leur donne un air de gaieté qui leur fait prendre part à la fête & embellit le spectacle ; comme ils sont toujours en mouvement, les sonnailles qui se répondent les unes aux autres, font un bruit continuel qui étonne d'abord, mais auquel on s'accoutume & qui n'incommode point. Il y avoit au moins deux cens carrosses, ajustés & parés dans ce goût-là ; beaucoup d'autres moins brillans & chargés de masques ; & une très-grande quantité de ceux qui ne veulent pas se masquer, mais qui sont bien aise de prendre part au spectacle ; tels que les Prélats, les femmes d'un âge raisonnable & qui n'ont plus de prétentions, quelques Princesses qui ont des raisons particulieres pour se contenter du spectacle, sans en faire partie comme masques, & les étrangers qui ne gagneroient rien à se masquer. Tout cela réuni fait une suite de mille carosses au moins, qui tournent pendant deux heures environ dans la rue du Cours, à la file les uns des autres, sans que personne de quelque rang qu'il soit s'avise de la couper ou d'en sortir, à moins que l'on ne se trouve à l'embouchure de quelque rue par laquelle on veuille se retirer. Tous ces carrosses semblent ne former qu'un seul corps, qui avance par un mouvement égal & commun à tous. Au moyen de cet ordre, il n'arrive ni embarras, ni inconvénient. Un tas de masques courent dans le milieu de la rue, haranguent ceux qui sont dans les carosses, & tiennent quelquefois des propos très-piquans. Il y en a d'autres qui se placent dans des tribunes ou balcons, & qui s'adressent à tous les passans en général, ou qui disputent avec un antagoniste qui est dans une tribune opposée, & donnent quelques scenes très-plaisantes, sur-tout quand un des disputants vaincu par fon adverfaire eft réduit au filence, c'eft alors que le vainqueur triomphe de la maniere la plus plaifante, en adreffant au peuple le compliment qu'il croit mériter.

Quand le ciel eft ferein & que l'air eft doux, il n'y a rien de plus magnifique & de plus pompeux que cette brillante affemblée de mafques, que l'on peut même regarder comme un fpectacle unique en Europe, & fort au-deffus de toutes les fêtes générales qui fe font ailleurs en ce tems. Quand il pleut même, ce fpectacle a une autre fingularité, & qui prouve la manie décidée du peuple de Rome pour les fêtes; les uns bravent les injures de l'air, les autres portent des parapluies & courent les rues, on ferme les caroffes, & chacun va comme s'il faifoit beau (a).

―――――――――――――

(a) Pour fe mettre bien au fait des plaifirs fecrets du carnaval & des intrigues galantes que le mafque couvre, il faut lire un Traité de morales, intitulé *Lo fpecchio del difinganno*, par un Abbé *Zucchino Stefani*, Directeur du Séminaire de Sezzé; il en dévoile tous les myfteres avec une hardieffe étonnante, & fait connoître tout le danger de ces fortes de fpectacles pour les mœurs. Il ne traite pas plus favorable-

Une forte de politesse de carnaval est de jetter des dragées & des confitures séches aux gens de sa connoissance ou à ceux que l'on veut gratifier de quelque attention. Mais comme ces dragées se perdoient en partie dans la boue ou dans la poussiere, on a imaginé d'en faire de très-petites de plâtre & d'amydon, qui sont plus lourdes & plus propres à l'usage auquel on les emploie. C'est une autre espece de jeu qui a son agrément, sur-tout quand dans les instans de repos, deux carrosses qui s'en veuillent, se rencontrent & peuvent former un engagement. Il y a une sorte d'adresse à lancer les dragées, & à gagner la victoire dans ces combats. Elle consiste à faire le service promptement, à couvrir son adversaire de dragées, & à n'en point recevoir.

*Courses de chevaux.*

25. Un peu avant le soleil couchant, on voit paroître le Barigel à cheval, suivi de ses Officiers subalternes & d'une troupe de Sbirres, qui vont au pas re-

---

ment les Cicisbés, les conversations, les villegiatures & tous les autres passe-tems de la noblesse de Rome. Cet ouvrage est d'une rigueur remarquable sur-tout en ce pays.

connoître s'il n'y a aucun embarras dans le Cours. Ils viennent ensuite en rendre compte au Gouverneur. Immédiatement après partent au galop quelques-uns des Officiers des Sbirres qui portent l'ordre au peuple & aux carrosses de se ranger ; après quoi le Barigel part de la place Saint Marc, & vient d'une rapidité étonnante jusqu'à la place du peuple, vis-à-vis la barriere, où sont les chevaux destinés à la course. Un coup de canon, tiré de la Place Saint Marc, & la trompette qui sonne à la porte du Peuple, donnent le signal aux chevaux qui partent en même-tems.

Ces courses terminent les huit jours du carnaval, & se font au soleil couchant. On fait courir alternativement les six premiers jours, jumens, barbes, & chevaux, & les deux derniers jours *la Mossa* ou chevaux, jumens & barbes ensemble. Ils sont rangés sur une même ligne, sous un bâtiment de planches, ouvert du côté du Cours, où les palfreniers les tiennent les yeux couverts, jusqu'au signal ; alors, ils les lâchent, & tous partent ensemble avec la rapidité de l'éclair. On n'y distingue rien ; on ne sçait s'ils courent ou s'ils volent. Ce que j'ai remarqué, c'est que les chevaux sentent le Barigel, & ne se tourmentent qu'à l'instant qu'il vient donner le signal, quoiqu'il reste à plus de cent cinquante pas de la barriere.

Les chevaux choisis & élevés exprès pour ces courses, sont légers & vigoureux; ils courent nuds & en liberté; outre cela ils sont aiguillonnés par des boules de plomb, armées de pointes, qui leur battent sur la croupe & les flans, & excités par les cris du peuple qui leur laisse, le long de la rue, surtout en approchant du but, à peine assez de place pour passer.

Ceux qui sont expérimentés à ces courses, ont une sorte d'avantage sur les autres, ils se ménagent en commençant; mais la moitié de la carriere parcourue, ils redoublent de vîtesse & sont presque assurés de gagner la victoire. Ils semblent agir avec connoissance de cause. Une petite jument du Prince *Chigi* gagna par cette allure quatre des huit prix; ses barbes en eurent deux; les chevaux des Princes *Corsini* & *Rospigliosi* eurent les deux autres.

Je fus témoin dans ces courses, d'un tour de force singulier, d'un cheval du Prince *Corsini*. A cent pas environ du but, il étoit précédé par deux chevaux du Prince *Rospigliosi*, qui alloient de front, il les franchit d'un saut, se jetta dans le but même & gagna le prix. En observant ces chevaux courir, il ne paroît pas qu'ils galoppent; ils vont d'un mouvement précipité qui leur semble imprimé par une force étrangere; on ne voit plus ni le corps, ni les jambes de celui qui va le premier, c'est un trait qui passe. Ceux qui suivent, font des efforts plus marqués. J'en ai vu tomber & n'avoir pas le tems de se relever que les autres n'eussent sauté par dessus.

Ordinairement ils courent à la file les uns des autres; mais quand l'impatience les saisit, ils font élargir les rangs, alors malheur à ceux qui ne sont pas assez habiles pour se retirer, ils renversent & assomment tout ce qui se trouve à leur passage.

Le prix de la course est une piece d'étoffe d'or, d'argent ou de velours d'environ trois aunes, que le Gouverneur accorde au cheval vainqueur, & que les Juifs établis à Rome se sont obligés très-anciennement de fournir pour se rédimer de l'obligation où ils étoient de courir eux-mêmes pour le plaisir du peuple. A l'ouverture du carnaval, le

Barigel qui précéde le cortege du Gouverneur fait porter ces huit pieces d'étoffe attachées chacune à une lance ornée d'un petit cartel où font peints un cheval, un barbe, une jument, ou tous enfemble, ce qui défigne le prix de chaque courfe. Le Gouverneur eft placé à une fenêtre du Palais de Saint Marc, vis-à-vis le cours, près du but, *le pallio* ou morceau d'étoffe eft expofé à côté de la fenêtre (*a*). Pour arrêter

———————————————————

(*a*) Les courfes de chevaux doivent leur origine au Pape Paul II, Pierre *Barbo* Vénitien en 1495; elles commencerent alors à fe faire par la rue qui aboutiffoit de la Place du Peuple, à celle de Saint Marc, & qui depuis a eu le nom de Cours. Ce Pape, dit Platine, délivré des grandes affaires qui l'avoient occupé, voulut rendre à la ville de Rome fes anciens plaifirs & fes jeux publics. Ces jeux furent huit étendarts qui fe gagnoient à la courfe. Chaque jour on voyoit courrir des vieillards, des enfans, des jeunes gens, & des juifs, ceux-ci coururent à part, & chargés de cailloux, afin qu'ils fuffent plus lents & plus lourds. Il fit courrir auffi des chevaux, des juments, des ânes & des bufles, avec une fi grande fatisfaction pour le public, que les fpectateurs pouvoient à peine fe foutenir à force de rire. La carriere ou le *ftadium* étoit l'Arc de Domitien à la Place St. Marc. Le Pontife prenoit fa bonne part au plai-

les chevaux à la fin de la carriere, on tend les toiles dans lesquelles les palfreniers les enveloppent, pour pouvoir leur enlever promptement la sangle, à laquelle tiennent les pointes qui les tourmentent si vivement.

Ces courses de chevaux sont vraiment belles & curieuses. L'espace qu'ils ont à parcourir est assez grand pour qu'ils y déploient leur force & leur vîtesse. L'espece de honte & de découragement que paroissent éprouver ceux qui arrivent les derniers, en entendant les huées du peuple, est à remarquer.

Les seuls Princes Romains ont le

---

sir dont il étoit le témoin, & il étoit, dit le même Auteur, assez magnifique pour faire distribuer un carlin à chacun des enfans qui avoit courrus, & étoient couverts de boue. *Hac & in pueros cœno oblitos post cursum magnificentia usus, ut singulis carlenum ( nummi argentei, id genus est, ) condonaret.* La vie de ce Pape est curieuse à lire dans Platine, qui avoit de bonnes raisons pour ne le pas aimer..... Ces courses se faisoient auparavant au pied du Mont *Testaccio* dans les Prés du Peuple Romain; & plus anciennement encore de la Place Farnèse, par la Strada Giulia, & le Pont Saint Ange jusqu'à la Place du Vatican.

droit d'envoyer des chevaux à ces courses, & se font un point d'honneur d'en avoir qui remportent les prix. Le Prince *Chigi*, quoique fort économe, fait une grande dépense pour avoir d'excellens chevaux ; il fit paroître pour la premiere fois en 1762, un magnifique cheval blanc que l'on disoit Turc; il devançoit tous les autres de beaucoup, lorsqu'il eut le malheur de tomber, il reparut une seconde fois, il étoit découragé & ne fit rien. Le peuple s'intéresse avec fureur à ces courses, il est entassé à lextrémité de la rue du cours, de façon à faire trembler, qu'une partie ne soit moulue par les chevaux. Ce sont des cris d'impatience ou de joie, & des huées qui se succedent, & qui donnent une idée du bruit que faisoit l'ancien peuple Romain, aux combats d'animaux & de gladiateurs, ou aux courses du cirque, mais ce qui rend la chose beaucoup plus intéressante pour ceux-ci ; ce sont les paris considérables qui se font pour les différens chevaux, ils les connoissent & les ont vû s'éprouver, & ils se décident en conséquence.

Les parieurs se placent ordinairement à l'extrémité du cours du côté de la Place Saint Marc. C'est là que l'intérêt leur fait risquer même la vie, pour assurer, s'ils le peuvent, la victoire au cheval pour lequel ils ont parié. Un des intéressés voyant passer un cheval qui alloit trop vite à son gré, en voulant l'effraier, fut tué sur le champ d'un coup de poitrail. Le lendemain un autre parieur voulut arrêter un des chevaux de course, il fut renversé, & ne vécut que deux heures après. J'ai été témoin de ces violences. Il y eut quelque chose de plus affreux, deux chevaux des Princes *Corsini* & *Rospigliosi* furent poignardés dans l'endroit où on les arrête, avec des couteaux empoisonnés; on ne peut pas pousser la fureur plus loin; cependant elle est exercée par le peuple le plus foible & le plus timide, mais le désespoir d'avoir perdu dans un instant tout ce qu'il avoit d'argent, le porte à des excès inconcevables.

Ce peuple intéressé n'aimoit pas le Prince Chigi, qui, lorsque ses chevaux avoient gagné le prix, ne lui faisoit que des distributions modiques de mauvais vin : mais le jour que le cheval du Prince *Camille Rospigliosi* eut été le vainqueur à la course, il étoit fou de joie, il sçavoit que le lendemain matin il y auroit à son Palais, une ample distribution de pain, de vin, de viandes ●●●●es & même d'argent. En vain il p●●posa une somme considérable à celui qui feroit connoître l'assassin de son chaval, il ne put en rien découvrir. Le Prince *Corsini* avoit promis cent écus Romains une fois payés, & une pension viagere de trente livres par mois à celui qui déclareroit le coupable qui avoit poignardé son cheval, il n'a pas mieux réussi ; ceux qui se sentent capables de pareilles horreurs, ne se décelent point les uns les autres, & s'assurent par ce moyen l'impunité.

Après les courses des chevaux finies, s'il reste encore du jour, les carrosses & les masques continuent de se promener dans le même ordre qu'ils ont commencé. Dès que la nuit paroît chacun se retire ; car il est défendu, sous peine de la prison, de porter le masque par les rues dans ce tems. On peut garder son habit, mais il faut être à visage découvert, parce que le jour fini, les masques ne sont plus sous la protection du Gouvernement.

On a vû quelquefois dans les jours de carnaval de magnifiques chars de triomphe se promener par le cours, &

augmenter la beauté du spectacle. Il y a quelques années que les pensionnaires de l'Académie de France exécuterent entr'eux une marche triomphale, de la maniere la plus pompeuse. Les desseins qui en restent à Rome m'ont paru très-beaux ; on verra encore à la Villa Borghese hors de la porte *Pinciana*, des tableaux où est représentée une fête de ce goût, qui fit le tour du Palais quirinal sous les yeux du Pape Paul V, avant que de se montrer au public. Je n'ai rien vû de ce genre qu'un grand char, décoré de festons, & chargé de Musiciens qui exécutoient des symphonies ; il étoit conduit par le Prince *Rospigliosi*. A la suite étoit un de ses carrosses qu'il avoit abandonné aux plaisirs de la populace qui s'y étoit rangée de façon à former une piramide fort élevée sur l'Impériale.

Les bals publics ou particuliers sont très-séverement défendus ; le St. Pere ne veut point que l'on danse. Ces sortes d'assemblées s'appelloient *festini*. Autrefois au sortir du cours, chacun alloit à son assemblée, & dansoit jusqu'au matin ; & on pouvoit compter qu'alors la moitié des habitans de Rome, dansoit. Il en résultoit les plus grand abus ;

ce peuple outré dans tout ce qui est divertissement & spectacle, passoit huit jours sans se reposer, tomboit malade; & ceux qui ne pouvoient pas être reçus dans les Hôpitaux, mourroient de misere & quelquefois de faim, ne s'étant pas même réservés de quoi se procurer du pain. Outre cet inconvénient, ces assemblées nocturnes donnoient lieu aux plus grands désordres, auxquels s'abandonnoient des gens de tout sexe & de tout état, sans respect pour eux-mêmes. Le peuple qui en a été témoin, raconte encore les bruiantes folies de personnages très-éminens; toutes ces raisons ont engagé le Pape regnant à défendre très-sévèrement les *festini*, & il n'y en a nulle part.

Le cours fini on va se reposer jusqu'à l'heure du spectacle. Ce sont ces jours qu'il fait beau voir les théâtres de Rome. Hommes & femmes y viennent avec leurs habits de cour, mais sans masque; les six rangs de loges sont exactement garnis. Le parterre où l'on est assis ne présente pas un coup d'œil moins agréable. Il est sur-tout mêlé d'une quantité d'enfans en habits singuliers; ces petites figures qui sont toujours gracieuses dans les tableaux, font ici une variété qui embellit le spectacle général.

Au reste le plaisir du carnaval est censé être si bien fait pour tout le monde, qu'il est plus singulier de ne pas se masquer, que de se masquer. On m'a assuré que les gens même auquel leur état interdit ces sortes de divertissemens, les Religieux achetent du Gouverneur la permission de se masquer, & que l'on tolere cet abus pour ne les pas exposer à être conduits aux prisons du St. Office par le Barigel, s'ils étoient reconnus, & qu'ils ne fussent pas nantis de la permission. Il est vrai que l'on porte leurs noms au Cardinal Vicaire qui ne les décele point à leurs Supérieurs, mais qui s'oppose constamment à ce qu'ils possédent jamais aucune charge.

26. Outre les spectacles publics, on représente des comédies dans beaucoup de maisons particulieres, dans les colléges, dans les communautés de femmes où les spectateurs ne manquent pas, sur-tout les vendredis, que les théâtres sont fermés. J'ai oui beaucoup parler des comédies que représentoient autrefois les jeunes Minimes François de la Trinité du Mont, que le Roi d'Angleterre Jacques III honoroit de sa pré-

*Spectacles particuliers.*

fence, fur-tout du Georges-Dandin, de Moliere, qui le divertiffoit merveilleufement.

Il arriva dans la maifon du Marquis d'Afté, l'aventure la plus tragique à ce fujet. Les gazettes en ont dit quelque chofe dans le tems. On étoit fur le point d'y repréfenter une comédie; partie des fpectateurs étoit déja raffemblée. Il y avoit compagnie mêlée, avec quelques Prélats & autres perfonnes de marque; lorfque le plancher de la falle enfonca, de maniere qu'il tourna en tombant, renverfa les fpectateurs, & fit enfoncer un fecond plancher. L'obfcurité de la nuit augmentoit le trouble & l'horreur; on ne fçavoit comment fecourir tant de malheureux, enfin on en vint à bout. On retira dix perfonnes mortes, plufieurs bleffées très-dangéreufement, dont dix ou douze moururent peu après, les autres ne furent point bleffées, ou guerirent; il n'y avoit gueres moins de foixante perfonnes. Un moment plus tard la cataftrophe eût été bien plus funefte; plufieurs Princes & Prélats Romains & des dames attendoient dans une chambre voifine que le fpectacle commençât, & étoient prêtes à entrer dans la fale. Cet événement affreux fit presque aucune sensation dans Rome, les plaisirs n'en furent pas moins vifs; on se contenta seulement de faire visiter les maisons & les théâtres pour s'assurer de leur solidité. Les planchers du Palais d'Asté ayant manqué, parce que les poutres n'étoient pas infixées assez avant dans les murs.

Une famille entiere, le pere, la mere & deux filles, dont une mariée, & son mari y périrent, de même qu'un Abbé Valenti, Avocat, connu par son mérite. Il mourut sans avoir été blessé; mais le désespoir le saisit si promptement qu'il étouffa, à ce que l'on croit, dans les accès de la rage; car une jeune femme qui se trouva à côté de lui, & qu'il mordit à la joue, périt de cette maladie environ quarante jours après, sans avoir aucune autre cause de mort. Mais que penser des gens dont je vais parler. La femme d'un Marchand & son mari se trouverent dans le même désastre, l'un à côté de l'autre. Cette femme ayant reconnu au tact que son mari étoit mort, & sçachant qu'il avoit un billet de deux mille francs dans sa poche, eut l'adresse de le prendre, de même que sa bourse, sa montre & tous les effets de quelque valeur, jusqu'aux boucles de ſes ſouliers. Ce fait eſt très-certain, elle-même s'en vantoit. Un autre coquin, avant que de mourir, avoit volé à une jeune femme, ſa bague, ſon collier, ſes boucles d'oreille, ſa tabatiere & ſa bourſe, que l'on trouva ſur lui lorſqu'on le retira mort. Le Marquis *Spinelli* qui ſe trouva dans cette horrible cahos, & qui en ſortit ſans être bleſſé, diſoit que ſi on eût tardé encore quelque tems à le ſecourir, il ſentoit que ſa force & ſur-tout ſa conſtance l'abandonnoit, & le déſeſpoir ſeul eût été la cauſe de ſa mort. Cependant il paſſe généralement pour homme ferme & de très-bonne tête. Le récit fidéle de cette aventure tragique, ſert à faire connoître le fonds du caractere de ce peuple, & ſur-tout ſon intérêt qui l'emporte ſur les ſentimens les plus forts de la nature, & triomphe même des horreurs d'une mort préſente.

*Promenades du Cours.*

27. Après ces ſpectacles brillans, celui qui à l'ordinaire mérite le plus de curioſité à Rome, eſt la promenade du cours les jours de dimanche & de fête, ſur-tout quand le tems eſt beau. On y voit toute la Ville de Rome raſſemblée, chacun s'y étale de la

façon qu'il croit la plus avantageuse pour s'attirer les regards du public. C'est là où les Princes Romains viennent montrer leurs beaux équipages dans leur nouveauté. Mais s'il n'y avoit que la multitude des carrosses qui se suivent à la file, le spectacle seroit monotone & peu amusant; c'est le peuple qui en fait tout le brillant, parce qu'il n'épargne rien pour s'y faire voir dans ses plus beaux habits. Les femmes de cette ordre sur-tout sont d'une vanité inconcevable: elles se refusent tout pour paroître à la promenade à pied, un jour de fête, avec une robe de louage qu'elles payent fort cher, précédées d'un valet aussi de louage, qui marche devant elles le chapeau bas, pour leur faire faire place. C'est une espece de triomphe dont elles se régalent seules, & dont le ridicule ne peut qu'amuser les spectateurs, car toutes ces femmes sont du plus bas étage, & connues de toute la ville. Mais comme elles se méconnoissent elles-mêmes sous la vieille robe dont elles se sont parées; elles se persuadent qu'elles attireront tous les regards, qu'on ne manquera pas de les admirer, sur-tout si elles ont quelques agrémens dans la figure, & si elles sont d'âge à conserver quelques prétentions. Elles tiennent à la promenade le plus long-tems qu'elles peuvent, & rentrent chez elle très-satisfaites, ne songeant plus qu'au moyen de se procurer le même plaisir le plutôt qu'il leur sera possible. Ce qu'il y a de plus rare encore, c'est que le mari tout en guenille, va de loin admirer sa chere moitié sous cette parure empruntée.

La femme du plus mince bourgeois craindroit de se montrer à pied au cours, à l'heure de la promenade, & de se voir confondue dans la populace. Ainsi celles qui ont des moyens un peu plus étendus, se mettent plusieurs ensemble pour louer un carrosse, pour l'heure de la promenade seulement ; elles y sont les premieres, & n'en sortent qu'à la nuit ; prolongeant le plaisir autant qu'elles peuvent.

Les hommes ne font pas tant de façon, ils vont à pied la plûpart, comme je l'ai déja, en habit eccléfiastique, ou celui qui est le plus convenable à leur état, & toujours le plus magnifique qu'il est possible ; car tel petit ouvrier, ou brocanteur d'effets de peu de valeur, qui d'ordinaire est couvert d'un vieux manteau qui cache les haillons les plus sales, paroît les
jours

jours de fête à la promenade avec le vieux habit de velours ou galonné, & l'épée & n'eft pas fâché qu'on le prenne pour un cavalier ; tout ce peuple eft mêlé d'une quantité de Moines de toutes couleurs, de Penfionnaires des Colléges & des Séminaires en uniformes différens, qui varient le tableau & rendent le coup d'œil plus piquant. Les fenêtres des maifons font remplies de jeunes perfonnes qui tâchent de fixer les regards des paffans. Ces différens objets réunis & variés, font de cette promenade un fpectacle, dont le moral eft tout auffi amufant que le phyfique, qui quelquefois y eft infuportable, furtout quand il fait chaud, ou qu'il y a beaucoup de pouffiere. Alors on y étouffe, on a peine à diftinguer les objets de quelque diftance ; inconvénient que l'on tâche de diminuer, en faifant arrofer la rue du cours, & celle qui conduit de la porte du peuple à *ponte molle*, car en été on pouffe la promenade à près d'un mille au-delà de la porte.

Cette promenade eft encore une affemblée où tous les gens de connoiffance fe retrouvent, & fe faluent au moins s'ils ne peuvent fe parler ; car il

*Tome V.* K

arrive souvent que les carrosses s'approchent assez, pour que l'on puisse prendre des arrangemens pour la soirée. J'avoue que cette promenade m'a toujours fait plaisir, quoique j'aie vû plusieurs de ces agréables étrangers, qui croyent qu'il est du bon ton de ne pas approuver les usages particuliers de chaque pays ; trouver cette promenade aussi ridicule qu'incommode, & n'y être pas moins assidus pour cela.

La promenade publique dans le mois de Juillet & d'Août, tems des plus grandes chaleurs, se fait dans la Place Navonne, que l'on remplit d'eau à un pied & demi de hauteur, dans laquelle les carrosses tournent. On a imaginé cet agrément pour ceux que les affaires retjennent à Rome dans cette saison, où la plus grande partie des Princes & Prélats Romains, & toute la bonne bourgeoisie sont à la campagne. Je n'ai qu'entendu parler de cette promenade que l'on ma assurée être beaucoup plus tumultueuse que la premiere. La place Navonne est assez longue pour que beaucoup de carrosses puissent s'y promener aisément.

*Promenade de nuit en été.*

28. Telles sont à peu près les fêtes

les plus pompeuses & les spectacles les plus brillans de la Rome moderne (a). Ces usages peuvent donner une idée de ses mœurs, & fournir les traits pour le tableau général. J'ai ouï parler d'autres plaisirs plus obscurs, mais dont on ne jouit que dans les chaleurs de l'été & pendant la nuit, ce sont les promenades ou plutôt les grandes & nombreuses assemblées qui se font sur le Mont Pincio, dans la Place d'Espagne, & sur le vaste escalier de la Trinité du Mont. Les concerts de voix & d'instrumens, les scenes que donnent ces Poëtes improviseurs dont j'ai déja parlé, la multitude de gens de tous états qui s'y rassemblent, rendent ce quartier très-bruyant. On y vend des rafraîchissemens de toutes sortes ; c'est là, dit-on, que la galanterie donne ses rendez-vous. La police ac-

―――――――――――――――――

(a) L'illumination extérieure de l'Eglise de Saint Pierre qui se fait la nuit du 28 au 29 de Juin ; la girandole d'artifice du Château St Ange ; la présentation de la Haquenée pour le Royaume de Naples ; mêlent à la solemnité de la fête, une partie de spectacle que l'on dit fort brillante ; on peut prendre une idée de l'illumination, sur le modele même de l'Eglise qui est dans les magasins du Vatican.

tuelle du gouvernement ne néglige rien pour diminuer autant qu'il eſt poſſible les ſcandales & le bruit, mais ſouvent ceux qui le cauſent ſont ſi élevés, que l'effet des Loix ne peut pas parvenir juſqu'à eux. On m'a parlé de l'uſage de porter pendant les nuits d'été, à ces promenades, des petits habits de toile & des chapeaux de paille abbatus qui ſont l'habillement ordinaire des payſans des Montagnes. Sous ce déguiſement que tout le monde peut adopter, ſous prétexte de ſa commodité & de gouter le frais, tous les états ſont confondus, & chacun y eſt dans un incognito qui l'autoriſe à faire tout ce que bon lui ſemble. La gazette de Rome ne publie pas moins exactement tout ce qui s'y eſt paſſé de plus ſecret, mais ſa licence ſatyrique ne porte aucun préjudice.

Quoique l'on diſe à Rome que les bonnes mœurs y ſont eſtimées, & qu'elles jouiſſent du reſpect public, on voit cependant que l'on n'a guéres plus de conſidération pour en avoir que pour n'en avoir pas. Les choſes vont leur train, c'eſt le rang où l'on ſe trouve, la protection que l'on a, l'adreſſe à bien conduire une intrigue, & très-ſouvent l'argent qui décident de la fortune & des places. Au reste c'est ce qui se fait par tout ailleurs.

J'ai ouï parler de tems, où des femmes du premier rang ont renouvellé avec éclat les scenes scandaleuses des Messalines & des Faustines. On les a vues au sortir des Eglises, dans les promenades publiques, devant tout le peuple, se reprocher publiquement & dans des termes que la populace même étoit étonnée d'entendre sortir de leur bouche, leurs désordres, se disputer la possession, non pas d'hommes de leur rang, mais de musiciens, de chanteurs, de portefaix. Leur animosité étoit si grande, qu'elles sembloit prendre plaisir à s'insulter réciproquement en public; elles avoient porté les choses au point, que ces scenes ne paroissoient plus nouvelles, quoique tout les jours elles fournissent des anecdotes pour enrichir leur histoire.

Les choses ne sont plus sur ce ton. Le tems a calmé ces fureurs. Il y a quelques désordres secrets dont on parle. Mais le scandale n'est pas public. Il semble que les mœurs veuillent prendre plus de décence. Le Saint Pere qui les a toujours eues très-pures, & le Cardinal neveu auquel on n'a aucun reproche

K iij

à faire à ce sujet, & qui vivent dans la plus grande régularité, donnent un ton que l'on est forcé de suivre au moins extérieurement, & c'est à peu près tout ce que l'on exige.

Plus de représentation que de réalité, plus de superficie que de profondeur paroître plus qu'être; voilà le vrai système des Romains. Ils ne s'en doutent pas eux-mêmes; qui oseroit se persuader d'une vérité si humiliante ? Mais combien en voit-on sans éducation, sans connoissances & sans talens, qui parce qu'ils sont nés dans un rang distingué se regardent comme des demi-dieux, à la vérité de ceux d'Epicure; qui ne s'embarrassoient de rien, & qui n'existoient que pour vivre dans l'oisiveté.

Ils sont toujours frappés de la magnifique idée de Virgile, qui attache l'empire de l'Univers à la destinée des Romains, ils se croient nés pour gouverner le monde. Ce simulachre de Capitole qui est aujourd'hui l'Hôtel de ville de Rome & rien de plus, leur fait encore illusion ; ils y retrouvent les statues des Scipions, des Marius, des Silla, Pompée, & Cesar, des Antonins qui sont d'un travail excellens, & qui doivent l'être pour représenter ces grands hommes, & conserver quelque étincelle de l'éclat dont ils ont brillé. Quand ils entrent dans les salles où sont conservés ces monumens précieux, ils croyent se trouver au Sénat, & ils en sortent pénétrés d'une noble fierté qui les élève au-dessus du reste des mortels : s'ils passent sous les Arcs de Tite & de Constantin, ils croient encore triompher. Il est vrai qu'ils jouissent seuls de ces idées, on ne leur en dispute point le partage.

Un jour que je regardois avec attention les restes du vestibule du Temple de la Concorde, où le Sénat s'assembloit assez souvent ; sous la colonnade, étoient quelques gueux qui demandoient l'aumône, ici tout en est plein : Je dis à quelques Romains avec qui je me promenois, voilà où le Sénat faisoit attendre les Rois pendant qu'il prononçoit sur leurs destinées : qu'en reste-t-il ; Où est l'orale de Virgile ? Et que doit-on penser du Sénat, si ces misérables tiennent aujourd'hui la place des Rois ? En pareil cas ils sont les premiers eux-mêmes à plaisanter, pourvu que l'on admire leurs antiques, & que l'on convienne des beautés réelles qui sont encore remarquables. En général ils s'y connoissent peu, mais le sentiment d'admiration qu'excitent ces restes de magnificence qu'ils regardent comme leur patrimoine, les flatte.

Les femmes sont plus sincéres à cet égard que les hommes. J'en ai vu se promener parmi tous ces beaux monumens, écouter avec intérêt ce que nous en disions, & déplorer très-sincérement l'usage où l'on est de négliger si fort l'éducation de leurs enfans. Elles ont raison, les Italiens ont presque tous de l'esprit & de la pénétration, mais ils sont habitués à une paresse si forte, qu'ils n'ont d'autre embarras que celui de passer leur tems à ne rien faire.

*Bourgeoisie de Rome.* 29. Entre la noblesse & le peuple il y a un ordre moyen qui en est tout à fait distingué, qui a ses usages, ses conversations, ses mœurs, c'est ce que l'on peut appeller la bonne bourgeoisie, qui tourne dans un cercle fort étendu. Elle est composée de tous les gens d'affaires & de finance, des négocians principaux, des banquiers, des plus distingués des Curiaux ou Avocats, des entrepreneurs ou fermiers des douanes & biens patrimoniaux de l'Eglise, de quelques Prélats qui sont sortis de cet ordre & qui s'y retrouvent encore avec plaisir, quoique leur état les place au premier rang, des Ecclésiastiques bénéficiers dans les grandes Eglises de Rome, & de beaucoup d'Italiens, d'Espagnols, &c. qui pourroient rester dans le premier rang s'ils le jugeoient à propos, mais qui préférent la vie tranquille & particuliere de la bourgeoisie. Cet ordre par-tout digne de considération, n'en mérite pas moins à Rome qu'ailleurs. Quoique sa fantaisie soit d'imiter la Noblesse dans le faste des équipages & des appartemens, que l'on y remarque le goût des tableaux, des marbres, & de mille autres inutilités de ce genre, que les femmes y ayent beaucoup de vanité : c'est cependant où il y a le plus de décence & de mœurs, d'intelligence & d'activité ; c'est là le centre du mouvement utile à Rome. On y voit des familles acquérir des grandes richesses, & se mettre en état de monter plus haut & d'arriver au premier rang, si le mérite d'accord avec la fortune éleve l'un des leurs à la pourpre romaine. L'aisance où vivent ces gens, leur fait acquérir tous les jours quelque partie de la magnificence des Palais, dont ils décorent leurs maisons particulieres. Souvent même ils mettent les grands dans leur dépendance, par le besoin qu'ils ont de leur argent ; les plus fins se soucient peu d'acquérir du crédit à pareil prix. Je les ai souvent entendus dire ce qu'ils en pensoient. Ce que J'ai vu & éprouvé, c'est que les sociétés de cet ordre ont beaucoup d'agrément, on y trouve plus de franchise & de vérité qu'ailleurs. C'est-là encore où se plaisent le plus les gens à talens distingués, qui y sont reçus avec les égards qu'ils méritent, sans avoir rien à essuyer des hauteurs & de la contrainte où ils sont avec les grands, plus en Italie qu'ailleurs, où la noblesse du premier ordre ne descend jamais de la sublimité de son rang, avec ses compatriotes quelque mérite qu'ils puissent avoir.

Si donc on peut reprocher quelque chose à cet ordre, c'est le goût d'imiter en tout la haute Noblesse & de faire en pure perte une dépense fastueuse qui ne lui attire aucune considération réelle : c'est moins la faute des hommes que des femmes, que cette petite vanité occupe beaucoup.

Toute cette bourgeoisie a le plus grand respect extérieur pour toute la haute noblesse & les grands de la Cour de Rome ; une visite d'un de ces grands est pour eux un événement fortuné & glorieux, qui ne s'oublie point, qui excite l'envie de leurs égaux, qui s'en vengent par quelques plaisanteries, en attendant avec impatience, qu'eux-mêmes en fournissent le sujet à ceux dont ils se moquent. Mais cela ne les empêche pas de vivre fort bien entr'eux.

30. Quant au peuple ou plutôt à la populace de Rome, c'est un corps de toutes sortes de membres disparates, fortuitement rassemblés, qui n'ont d'autre ressemblance entr'eux que l'engourdissement général où ils sont les uns & les autres. Car il n'y a point, ou très-peu, de familles anciennement établies à Rome. Presque tous les marchands & les artisans sont étrangers. Le reste est composé en partie de la nombreuse quantité de gens de livrée, de domestiques, que l'on peut dire appartenir au public, c'est à-dire, au premier qui veut les louer, de gens de la campagne qui viennent s'y établir, & y faire le métier de portefaix ou de journaliers. Quand le Pape n'est pas né Romain, chaque changement de Souverain y attire de nouvelles familles qui lui sont attachées, & qui viennent s'établir à la suite de sa Cour, il semble que cet-

*Peuple de Rome.*

te cause seule devroit beaucoup augmenter la population. Cependant depuis très-long-tems elle s'y soutient à peu près sur le même pied. Ce qui prouve que cette ville n'est entretenue que par les gens qui y ont affaire, & point du tout par une population qui lui soit propre.

Dès que quelque cause extraordinaire arrête le concours des étrangers, le nombre des habitans de Rome diminue sensiblement. Les démêlés de cette Cour avec le Portugal ont enlevé à la population de Rome six à huit mille personnes, & ont appauvri la ville de Rome de près d'un vingtiéme de son revenu ordinaire ; car ce n'est point Rome qui nourrit les étrangers qui y résident, & qui ne sont pas à la charité du public, ce sont ces étrangers qui s'y entretiennent à leurs dépens.

Je ne mets point au nombre de la populace de Rome, cette foule de pélerins & de mendians de toutes les nations de l'Europe, qui y abondent en tout tems, & qui y seroient encore plus nombreux, si leurs désordres ne forçoient la Police de les expulser de tems en tems. Les distributions journalieres qui se font dans cette grande ville, &

qui suffisent à les bien nourrir, y multiplieroient à l'excès cette race fainéante & inutile, si on n'y prenoit garde.

On parle beaucoup de la charité des Orientaux ; mais je ne crois pas qu'il y ait chez eux autant de beaux établissemens pour les malades, les vieillards, les infirmes, les incurables, l'éducation des enfans orphelins ou abandonnés des deux sexes, qu'il y en a dans toutes les villes principales d'Italie, & surtout à Rome où ils sont extrêmement multipliés. La dévotion fréquente des anciens pélerinages a porté la plûpart des Nations Catholiques, à y fonder des hôpitaux pour leurs malades & leurs pélerins.

<small>Hôpitaux.</small>

On ne peut rien voir de plus magnifique que le grand hôpital *di San Spirito in Saffia*, pour le distinguer des autres ; il a le titre d'*Archiospedale*. Il doit son établissement au Pape Innocent III en 1198, depuis ce tems, les Souverains Pontifes jusqu'à Benoît XIV, en ont eu un soin particulier ; ses édifices sont très-vastes, ses revenus immenses & servent à entretenir à l'ordinaire plus de deux mille malades & tous les enfans trouvés que l'on y présente. Il y a outre cela des hôpitaux pour les foux, les incurables, pour les différentes espéces de maladies, les fractures & les plaies, pour l'extraction de la pierre, & si la Cour de Rome pouvoit se persuader que l'inoculation est vraiment utile au bien de l'hmanité, qu'elle ne tend point à prévenir les tems marqués par la Providence sur le sort des hommes, je ne doute pas que bientôt on n'y établit un hôpital à cet usage, & séparé des autres ; car quoique le climat soit très-temperé à Rome & dans tout le reste de l'Italie, la petite vérole y fait beaucoup plus de ravage qu'en France.

Cet esprit de charité si généralement répandu, qu'on peut le regarder comme celui de la nation, ne conduit cependant pas les particuliers, sur-tout parmi le peuple. Ces gens ne semblent attachés les uns aux autres, que par les liens de l'intérêt, ou du plaisir ; ils ne s'aiment pas ; ils ne sçavent point se soulager réciproquement. On a vu des malheureux isolés, tomber malades subitement & mourir de misere, abandonnés & sans secours, sans que personne s'attendrit sur leur sort, & s'intéressa même à les faire transporter dans un hôpital, où ils auroient été reçus &

traités favorablement. Le voisin voit tomber son voisin, & ne croit pas devoir le relever.

J'ai ouï attribuer la cause de ces malheurs si fréquens au peu de soin des Curés des Paroisses, qui négligent la connoissance de leurs ouailles, & qui n'exercent pas à leur égard, sur-tout à celui des pauvres, cette police extérieure, dont la charité & la Religion même ont dicté les Loix. Il s'en faut beaucoup que cet ordre du ministere ecclésiastique soit aussi bien rempli en Italie qu'en France. On n'y trouve pas de ces hommes pleins de l'esprit & de la science de l'Evangile, qui par leur vigilance, leur zéle, & leur charité vraiment paternelle, font autant d'honneur à l'humanité qu'à la Religion. Ceux de nos villes sont connus ; mais combien y en a-t-il à la campagne, dont l'éminente vertu est ignorée hors des bornes de leurs Paroisses.

Ce peu d'union & de charité de la populace, a forcé en partie à multiplier les hôpitaux, & les autres établissemens de charité, où le peuple trouve tous les secours spirituels & temporels, dont il manqueroit s'il restoit chez lui.

En général tous les habitans de Rome & de l'Etat de l'Eglife, fur-tout de la Campagne & du Patrimoine, craignent le travail; il n'y a que la nécessité feule qui les oblige à employer leurs forces & à cultiver leurs terres ; ce font les habitans de l'Abruzze & des frontieres de la Tofcane, qui defcendent au printems dans la plaine, & y font quelques ouvrages qu'on leur paie fort cher. Si on voit quelques payfans des environs de la ville travailler avec courage, c'eft qu'ils s'ennuient de leur mifere, & qu'ils veulent amaffer promptement quelque fomme qui les mette en état de venir s'établir à Rome : Dès qu'ils le peuvent, ils n'y manquent pas, & commencent par y faire quelque petit commerce, comme de revendre de vieux effets, métier commun à Rome, que l'on appelle *Rigattieré*, au moyen duquel ils comptent pouvoir vivre & jouir tranquillement du plaifir d'habiter Rome. Dès qu'ils y ont été quelquetems, ils fe croient de dignes defcendans du peuple Romain, ils en prennent tout l'orgueil; ils ne vendent plus leur marchandifes que quand il leur plaît. Aux heures qu'ils deftinent à leurs repas, ils ne daignent pas même répondre à ceux qui heurtent à leurs boutiques, &

leurs difent de revenir à une autre heure ; il en eſt de même lorſqu'ils font la méridiana en été ; avec cet eſprit le commerce eſt bientôt ruiné. Leur eſpoir alors eſt d'avoir un habit de livrée qu'ils achetent ſouvent de ce qu'ils ont ſauvé du naufrage de leur petite fortune. Cette reſſource leur fournit à peine les moyens de vivre, mais ils ne font rien. Ils vieilliſſent, le maître meurt ; que feront ces prétendus Romains accoutumés à une noble oiſiveté ? Ils deviendront voleurs ou mendians plutôt que de ſe remettre à l'ouvrage. Auſſi les rues & les Egliſes ſont pleines de cette eſpece incommode. Les priſons regorgent de criminels & on ne ſçait à quoi employer dans les ports de l'état Eccléſiaſtique la quantité de gens condamnés aux galeres que l'on y conduit.

Il n'eſt preſque pas poſſible d'imaginer qu'un Etat compoſé de pareils ſujets, puiſſe ſubſiſter long-tems. Rome ancienne ſuccomba ſous le poids de ſa propre grandeur, que les diviſions inteſtines & les caprices inſenſés de ſes Empereurs la rendirent incapable de ſuporter. Si tous les Souverains Catholiques n'étoient pas intéreſſés à conſerver Rome moderne, si elle n'étoit pas encore l'honneur & la gloire de l'Italie, elle éprouveroit quelque grande révolution, où elle ne joueroit aucun rôle, ne pouvant plus ni se nourrir elle-même, ni se soutenir. Il est étonnant combien ce pays dépérit tous les jours. Chaque année la population de la Campagne de Rome diminue, & l'agriculture décroît à proportion.

Le faste des grandes maisons, les Moines, & les étrangers, donnent un air vivant à Rome, qui ne lui est point naturel, & qui s'anéantiroit, si la source des richesses étrangeres à Rome, qui y coulent venoit à se tarir. Il est donc du plus grand intérêt de tous les Romains, de faciliter le cours des différens ruisseaux qui forment le fleuve, qui l'entretient dans sa splendeur. Un autre intérêt bien plus important, ce seroit de tirer du pays même toutes les ressources qu'il est en état de fournir; ce devroit être le grand objet de la Chambre Apostolique, que les Papes ne peuvent pas trop encourager. Comment des Ministres qui doivent toujours avoir le bonheur de l'Etat en considération, ne sont-ils pas sensiblement touchés de la dépopulation du pays qu'ils gouvernent, & de l'état de langueur fous lequel il fuccombe.

Ils ont vu tant de familles de Weftphalie & des autres Provinces du Nord, qui fe font échappées de l'efclavage où elles vivoient, pour aller chercher au-delà des mers dans des regions inconnues, des terres qu'elles puffent cultiver librement & en jouiffant des droits de l'humanité. N'étoit-il pas du plus grand intérêt de l'état Eccléfiaftique, de leur offrir les mêmes afiles & les mêmes priviléges ; d'établir dans les environs de la Capitale, de nouvelles colonies aux quelles on diftribueroit tant de terres abandonnées & naturellement fertiles. Il faudroit faire quelques avances, mais ce que l'on tireroit du tréfor de Sixte V feroit bien vîte remplacé par le produit qui en réfulteroit.

La puiffance temporelle de l'Eglife trouveroit dans fes propres poffeffions de quoi fe foutenir avec honneur. Ce que l'ordre de relation actuellement établi entre Rome & les Etats Catholiques fournit d'extraordinaire, ne feroit plus deftiné qu'à entretenir la fplendeur d'une ville fi célèbre ; mais ce n'eft en quelque façon que ce revenu casuel qui soutient Rome. Tant de belles Provinces ne sont d'aucune utilité à la capitale : car si l'état a quelque revenu fixe, il le tire des douannes & des impôts, mis sur toutes les denrées de consommation. On a imaginé que c'étoit le moyen de les répartir également & proportionnement aux fortunes. Ainsi l'habitant de la campagne, qui vit de ses denrées, ne paye rien absolument, il n'est ni plus riche ni plus heureux, il n'en est que plus lâche & plus desœuvré, il a perdu l'habitude du travail, & le mal est invétéré au point que l'on n'y voit de ressource que dans une nouvelle race d'hommes, qui viendront mettre en valeur tant de riches Provinces & qui reconnoîtront la protection que l'état leur accordera, par un tribut reglé qui les enrichira eux-mêmes en les forçant à travailler ( *a* ).

_____

( *a* ) Il circule peu d'argent monnoyé à Rome, presque tout le commerce s'y fait en billets de la banque du Saint Esprit, & des Monts de Pieté, qui s'y prennent par-tout en paiement ; les étrangers eux-mêmes sont obligés de s'accoutumer à cette espece de négoce ; car un banquier apporte tout au plus la sixième partie de la somme qu'on lui demande, en especes sonnan-

31. Après tout ce que j'ai dit, on voit d'avance que l'industrie & le commerce sont très-peu de chose à Rome.

*Industrie.*
*Commerce.*
*Mœurs.*

tes; tout le reste est en billets. Ils sont remboursables à différentes échéances. Alors on les rapporte à la source dont ils sont partis, & on y reçoit en remboursement un nouveau billet, moins considérable que le premier, avec quelque argent pour en faire le montant : de sorte que le commerce intérieur de Rome ne subsiste que par un crédit de convention autorisé par le gouvernement, qui lui donne toute sa valeur. Le peuple est persuadé que le prix réel de tous ces billets, est dans le trésor des Monts de piété ou de la Chambre Apostolique, les gens les mieux instruits prétendent avoir de bonnes raisons pour en douter; cet agiot continuel rend le Ministere & ses Préposés maîtres de tout l'argent monnoyé.

Je crois qu'il y a peu d'argent à Rome; les monnoyes y ont été fort alterées dans ce siécle ; les sequins ont perdu quelque chose de leur valeur intrinseque dans toutes les refontes qui se sont faites. Ils ont même été si détériorés qu'actuellement on ne veut plus presque les recevoir hors des Etats de l'Eglise; une preuve de leur bas aloi, c'est qu'ils perdent beaucoup de leur poids dans le frais, ce qui n'arrive pas aisément aux monnoyes d'or, je ne dis rien des monnoyes d'argent, qui sont de peu d'importances, non plus que du billonage, qui ne s'exporte jamais hors du pays.

Il n'y a aucune manufacture que l'on puisse citer ; à peine y sçait on préparer la soie, la culture du chanvre qui croîtroit par-tout si on vouloit y en semer, est absolument négligée. Toutes les toiles se tirent de l'étranger, qui communément n'y en envoie que d'une qualité très-médiocre : celles qui y passent des Pays-bas, d'Irlande ou de France, ne peuvent qu'y être à un très-haut prix. La quantité de bêtes à laine que l'on y nourrit, ne fait aucun profit dans le pays même, il n'y a aucune bonne fabrique de draps, la grande industrie se réduit donc à quelques étoffes de soie d'une qualité médiorce qui se consomment dans le pays, & desquelles on ne fait aucune exportation. Malgré la quantité prodigieuse de carrosses qui roulent à Rome, il n'y a pas long-tems que l'on y en construit. On les faisoit venir de Milan, d'où on en tire encore. Il s'y est établi depuis vingt ans environ un carrossier qui a amassé une fortune considérable, en fabriquant de très-vilaines voitures, elles sont lourdes, chargées de bois, & ordinairement mal suspendues : cette partie de luxe, ou si l'on veut d'aisance, d'un usage si général dans toute l'Italie, est bien loin de l'élégance, & de la perfection où on l'a portée en France. J'ai oui dire que le commerce de Rome le plus utile & le plus lucratif, étoit celui de la cire, dont il se fait une consommation prodigieuse dans les églises de Rome. Il faut avoir vu la magnificence de leurs illuminations pour s'en faire une idée. Les Eglises riches se font un point d'honneur d'y mettre à l'envie les unes des autres, toute la splendeur à laquelle elles peuvent fournir, & l'on sçait que par-tout les illuminations sont la partie la plus dispendieuse des fêtes.

Un autre commerce qui est plus utile à la Ville de Rome, & qui fournit des ressources à tous ceux qui veuillent s'en mêler, c'est celui des tableaux, des statues, des médailles, des antiques de toute espece; il ne se fait qu'avec les étrangers. Mais il amene beaucoup d'argent comptant à Rome, sans y diminuer la quantité de ces monumens précieux qui embellissent cette Ville, & y attireront toujours ceux qui auront le goût des beaux arts, & le désir de voir ce qu'ils ont produit de plus parfait dans tous les genres. Les statues principales, les tableaux les plus célébres n'en fortiront jamais que par des révolutions que l'on ne peut prévoir. Elles appartiennent au public ou à des maifons qui fe deshonoreroient en quelque forte en vendant ces richeffes célébres dans tout l'univers, où elles fervent à les faire connoître autant que la grandeur de leur nom & de leur rang. Les productions fameufes des Artiftes de l'Antiquité feroient d'un prix immenfe. La plûpart de celles de Michel-Ange, de l'Algardi, de Jean de Bologne & du Bernin, feroient peut-être encore plus cheres. Il eft très-rare à préfent de trouver des tableaux du Guide, du Guerchin, ou des Carraches, quoique ces maîtres ayent beaucoup travaillé, & qu'il foit forti de leurs écoles une multitude de tableaux qui paffent pour être de leurs mains. On n'en a de véritables qu'autant que les propriétaires trouvent le moyen de les vendre fécrétement, en faifant fubftituer des copies aux originaux, précautions qu'ils prennent pour voiler l'efpece de honte qu'il y a de fe défaire de ces morceaux précieux ; ces marchés fecrets font ceux qui font les moins difpendieux.

Les tableaux des peintres modernes,
tels

tels que *Carlo Maratta*, *Ciroferri*, *Giuseppe Chiari*, *le Passari*, sont d'un prix excessif; les Peintres vivans, & qui ont quelque réputation, ne donnent pas leurs ouvrages à meilleur marché. Et si la Peinture se rétablissoit à Rome avec quelque splendeur, les Artistes s'y enrichiroient plus que nulle part ailleurs, parce que le goût des tableaux y est généralement répandu, & que les étrangers iroient les y chercher, sans qu'ils se donnassent eux-mêmes la peine de faire transporter leurs ouvrages hors de chez eux pour en avoir le débit.

Malgré cela il y a d'heureux hazards dans ce genre, sur-tout quand on a quelques connoissances, & que l'on ne se laisse pas éblouir par les éloges verbeux que les revendeurs font de leurs marchandises, ni étonner par le prix exhorbitant qu'ils en demandent. Avec eux il faut tout de suite réduire les choses à peu près à leur valeur, & au prix que l'on veut y mettre, & sur-tout se conformer aux circonstances. Dans les tems de carnaval, de Pâques, & des spectacles publics, ils sont pressés de vendre & ce n'est qu'auprès des étrangers qu'ils peuvent trouver de l'argent.

Alors on eſt harcelé par la quantité des marchands, & des effets qu'ils propoſent à vendre, tableaux, médailles, pierres gravées, marbres, moſaïques, deſſeins, eſtampes, on trouve de tout, il ne faut que ſçavoir choiſir & ménager ſon argent.

En autre tems, ils ne ſont pas ſi aiſés en affaire, parce qu'ils ſçavent ſe priver & attendre que la néceſſité les force abſolument à vendre; j'ai vû à la place Navonne un Marchand de ce genre qui avoit fait une fortune conſidérable; quelques morceaux antiques, rares & bien conſervés qu'il diſoit tirer de bonne ſource, lui avoient donné la vogue, & lui avoient procuré la vente de quantité de pieces contrefaites & de peu de valeur, ce qui cependant l'avoit fort enrichi. J'ai vû & examiné ſes deux cabinets où il y avoit peu d'effets remarquables.

Les eſtampes ne ſont pas cheres à Rome, celles à l'eau forte ſont les plus précieuſes. Le Piraneſe a donné un beau recueil des vûes de Rome, il n'a pas ſi bien réuſſi dans quelques compoſitions d'hiſtoire & dans les portraits qu'il a entrepris. Il pouvoit cependant paſſer pour le meilleur Graveur de Rome, cet art s'y perfectionne tous les jours.

La sculpture se borne à copier l'antique & à quelques ornemens de décoration; il y a peu d'Artistes à Rome qui puisse se faire un nom dans ce genre, & nos François depuis long-tems sont en possession de les surpasser; ainsi cette branche des beaux Arts est de peu d'utilité à la Ville de Rome pour l'enrichir. Les étrangers sont plus curieux d'acquérir quelques bas-reliefs antiques ou des statues restaurées, que des ouvrages modernes. La Librairie est un commerce fort négligé & peu utile. Les Italiens qui l'exercent, l'entendent mal, ils ne connoissent même pas le prix de leurs Livres, & ne vendent que par fantaisie; tel livre qu'ils ont vendu un jour trois ou quatre sequins, n'est payé lendemain, qu'un ou deux. Souvent on trouve les Livres les plus rares à très-grand marché. Il faut cependant en excepter les sieurs Bouchard & Gravier, Libraires François, établis au cours; mais qui font plus de commerce avec les Etrangers qu'avec les Romains.

Toutes les denrées de consommation ordinaire sont abondantes à Rome, d'excellente qualité & à un prix très-médiocre, plus pour les Etrangers que pour le Peuple : car l'habitant de Rome qui n'a aucune provision chez lui, est obligé de tout acheter du détailleur, ce qui lui devient fort onéreux à cause de la variation des prix. Et comme il vit au jour la journée, & qu'il a la facilité de trouver tout de suite ce qui lui convient, il dépense souvent plus qu'il ne devroit.

Ces détailleurs sont établis dans tous les quartiers de la Ville, où ils vendent à toute heure les comestibles, cuits & préparés. Le vin est ce qu'il y a de plus médiocre, & cependant ce qui abonde le plus ; car tout ce qu'on appelle vignes ou maisons de campagne dans les environs de Rome, est effectivement planté de vignes pour la plus grande partie. Les fruits n'y manquent pas, il y a des grandes plantations, d'oranges, de citrons, & même de cedrats, qui les rendent très-communs ; les grands jardins de l'intérieur de la Ville, en fournissent presque assez pour sa consommation ; les oranges y sont d'une qualité inférieure à celles de Naples & de la côte de Gênes. Le jardinage en tout tems y abonde, y est de bonne qualité, & d'une grande ressource pour la nourriture du peuple.

Ce peuple à l'ordinaire vit très-frugalement, & d'une maniere à ne pouvoir pas fournir à un grand travail; il aime toutes les boissons chaudes & les préfere au vin & à l'eau-de-vie, qu'il trouve trop violente & trop active. Avant que de commencer son ouvrage il va dans un caffé & prend une tasse de cette boisson, ou plutôt de quelqu'autre graine brûlée qui fait une décoction noire & amere; communément pour épargner son argent, ou parce qu'il n'a pas de quoi faire mieux, il la boit sans sucre, mangeant une croute de pain qu'il tire de sa poche; le régal n'est pas grand, mais il a un certain appareil qui satisfait la vanité du plus misérable habitant de Rome.

Dans les commencemens de mon séjour dans cette Ville, j'étois fort étonné d'entendre des femmes du plus bas étage, se demander réciproquement le matin si elles avoient bû leur chocolat. Un tel luxe ne me paroissoit pas s'accorder avec toutes les apparences de la misere; mais ce n'est entr'elles qu'un propos de convention qu'une voisine tient à sa voisine, pour se donner un air de magnificence dans l'esprit d'un étranger qu'elle voit passer, & à qui elle est bien aise de donner l'idée d'un bien-être dont elle ne jouit pas. Il en est de même de la fantaisie qu'ont les jeunes femmes & filles de cet état de se montrer à leurs fenêtres, les cheveux en papillottes, sans doute pour se présenter sous un air important, & faire croire, si elles le peuvent, qu'elles sont priées à quelque fête ou à quelque assemblée de conséquence : mais tout se borne à montrer les papillottes aux passans. J'en ai observé plusieurs dans les quartiers où je passois le plus souvent toujours à leurs fenêtres, la tête chargée de papillottes, dans le deshabillé le plus négligé & probablament sans chemises ; car la toile étant fort chere à Rome, on ménage beaucoup le linge, & il n'est pas toujours d'usage d'en porter. C'est une chose dégoûtante de voir même des gens de distinction, vêtus magnifiquement, avec du linge très-sale. Dans le peuple la plûpart des hommes ne portent que des bouts de manche, aussi malgré la douceur du climat, les Romains sont toujours exactement boutonnés.

Toutes les femmes du peuple sont

glorieuses, volontaires & fainéantes, ce qui est occasionné, & par la folle jalousie de leurs maris qu'elles se plaisent à tenir en inquiétude, quoiqu'elles en souffrent les premieres, & par la facilité qu'elles ont de trouver des dots pour se marier. A toutes les fêtes solemnelles on fait des distributions de dots aux pauvres filles, soit pour se marier selon leur goût, soit pour prendre le voile & l'habit de religion ; celles qui sont destinées à l'Etat Religieux, sont voilées & couronnées de fleurs ; les autres sont habillées à l'ordinaire. La plûpart de ces filles ont été élevées dans les conservatoires, où elles sont plus accoutumées à la fainéantise qu'au travail, disposition qu'elles conservent & qui est entretenu même par leurs maris, dans les commencemens du mariage, où la dot se consomme noblement, & sans que l'on songe à en faire aucun profit. Ces gens comptent pour leurs enfans sur les ressources qu'ils ont trouvées eux-mêmes. Ainsi ces établissemens de charité si admirables en apparence, ont leur inconvénient en ce qu'ils perpétuent la fainéantise.

Il y a plaisir à entendre parler les femmes entr'elles, leur langage est assez pur, elles ont une forte de politesse & de plaisanterie qui leur est particuliere & toujours d'usage. Quantité de maris de cet ordre sont très-jaloux, & il arrive quelquefois des scenes sanglantes qui n'ont aucune conséquence, sur-tout si le mari peut prouver qu'il a averti la femme & le galant de finir un commerce qui lui déplaisoit, ou qu'il a puni les coupables trouvés en flagrant délit. Les familles anciennement établies à Rome, sont, dit-on, plus sujettes à cette manie que les autres.

<small>Courtisanes point souffertes à Rome. Assassinats fréquens.</small>

Les courtisannes ne sont point souffertes à Rome, bien loin d'y être autorisées, comme on l'a écrit. Dès que le Gouvernement s'apperçoit que quelque fille tient une conduite scandaleuse, il la fait chasser de la ville, ou enfermer dans une maison de force. Cette loi s'observe avec exactitude. J'ai été témoin de la permission que le Barigel vint demander à un Ministre étranger, pour enlever dans son voisinage & sa franchise, quelques filles qui s'y étoient rassemblées dans l'espérance d'y vivre plus librement. Ainsi on obvie autant qu'on le peut à ce que le désordre soit général; on empêche qu'il n'y ait des lieux publics de prostitution, au moyen desquels l'esprit de libertinage fait des progrès plus rapides par la facilité que l'on trouve à s'y livrer (*a*).

Ce n'est pas que les mœurs soient plus pures à Rome que dans les autres Villes de l'Italie. A en croire les gens qui se disent au fait de la chronique secrette & scandaleuse, il y a tant d'intrigues particulieres & connues, la gazette journalliere publie tant d'aventures, que toutes les précautions que l'on prend ne tendent qu'à diminuer la publicité du scandale.

En général ce peuple est vif & impétueux dans ses passions, les obstacles ou la jalousie le rendent furieux; il ne songe plus qu'à les surmonter en les anéantissant. On voit des gens du plus

―――――――――――――――――――――

(*a*) D'après cet exposé conforme en tout à la vérité, on doit juger combien sont peu fidéles les prétendues observations de quelques Ecrivains très-modernes; qui n'ont pas rougi de dire que les filles qui veuillent s'abandonner au public, vont faire une sorte de profession devant le Cardinal Vicaire, en disant qu'elles veulent *Far' lavorare il terreno*. Cette plaisanterie que Milton même n'auroit pas adoptée, n'est sûrement connue à Rome que du plus bas peuple, si toutes fois elle en est connue.

bas étage se poignarder mutuellement avec la résolution la plus déterminée. Ils ne sçavent pas se battre autrement. Ils semblent qu'ils craignent plus les gourmades que le stilet. Dans ces sortes d'occasions chaudes, ils commencent par se couvrir réciproquement des injures les plus piquantes. Ils sont à ce sujet d'une éloquence singuliere. Il semble alors que tous les traits de leur visage se démontent à chaque instant, & que chaque injure excite en eux, une passion nouvelle, tant les changemens y sont subits. Quand le sang est à un certain degré de fermentation, alors le plus irrité porte la main au stilet, qui ordinairement est un couteau long & pointu sans ressort, avec une espece de garde. Comme pendant le dialogue qui précéde la catastrophe, ils sont nés à nés, & s'observent avec attention, aucun de leurs mouvemens réciproques ne leur échappe, & ils ont le stilet à la main en même-tems. Celui qui frappe le premier est ordinairement le vainqueur, & s'il n'est pas blessé, il se retire tranquillement le nés dans son manteau, avec autant de flegme que s'il sortoit du plus grand recueillement. Les spectateurs portent le blessé à un Hôpital, &

tout est fini, à moins que par aventure, il ne se trouve point d'Église dans le voisinage, & que les Sbirres ne soient là pour mettre la main sur le collet du coupable. Ces sortes de scènes sanglantes sont très-communes à Rome, il en arriva au moins vingt depuis le mois de Décembre 1761, jusqu'au mois de Mai 1762. En passant à la place de la Rotonde, je vis deux paysans qui se querelloient réciproquement, & dans l'instant même il y en eut un d'assassiné, sans que cet événement causât une rumeur extraordinaire dans la nombreuse populace qui y étoit. Plus j'ai examiné ce peuple, & plus je me suis persuadé qu'on devoit rapporter la cause de sa cruauté à sa foiblesse, & à sa poltronnerie. Dans le tems de la *Malaria*, au mois de Juillet & d'Août, le Gouvernement ne fait presque aucune attention au coups de stilet, on les regarde comme un effet forcé de la fermentation où est alors le sang.

Ce qu'il y a de plus affreux, c'est que les femmes même en viennent entr'elles à ces excès d'horreur. Le Jeudi Saint de 1762, deux femmes avoient eu une vive querelle, & s'étoient reprochées publiquement des aventures secretes & piquantes. Celle que les injures avoient sans doute plus vivement offensée, alla la veille de Pâques dire à son adversaire que dans un si saint tems il falloit se reconcilier & ne point conserver de rancune. L'autre qui étoit de bonne-foi y consentit, & accéda à la proposition qui lui fut faite d'aller boire un verre de vin en signe de reconciliation. Elle avoit un petit enfant sur les bras. Pendant qu'elle buvoit, celle qui l'avoit invitée lui enfonça un couteau dans la gorge & le tua sur le champ. Il y a peu d'exemples d'une vengeance aussi horrible, & exécutée de sang froid. Cette aventure fit grand bruit dans Rome ; la coupable qui tout de suite s'étoit réfugiée dans une Eglise, en fut enlevée & conduite en prison.

Avec cette humeur barbare & sanguinaire, on croiroit que ce peuple ne craint pas la mort, mais s'il sçait voir tranquillement tomber son voisin sous le poignard, qu'il lui enfonce dans le sein, s'il ose s'empoisonner, se précipiter même dans un accès de fureur : il sçait rarement se déterminer à voir avec quelque résignation, la mort qui s'approche à pas lents. Sur tout s'il n'est pas accablé, ou tellement affoibli par la maladie, qu'il n'ait presque plus de sentiment.

Le 11 Février 1762, jour auquel commença à Rome la solemnité du carnaval, le peuple eut pour premier spectacle, l'exécution d'un homme de la Marche d'Ancone : condamné à être pendu pour avoir assassiné une fille dont il avoit abusé. Il ne pouvoit pas se déterminer à mourir, & pour retarder le moment de son supplice, il ne vouloit donner aucune marque de répentir; car dès qu'on lui eut annoncé sa sentence de mort, il entra dans une fureur extrême, & sa frayeur devint ensuite si vive qu'il s'évanouissoit d'instans à autres; enfin fatigué par ses propres convulsions, & peut-être résigné, il se confessa & fut pendu, après avoir été plus de douze heures dans un état terrible d'agitation.

Il est très-commun de voir des criminels mourir dans des sentimens de fureur & d'impénitence portés à l'excès; & c'est sans doute ce qui a rendu aux Romains, même à ceux du premier rang, la mort violente d'un homme & ses mouvemens, lorsqu'on la lui annonce, un objet digne de leur curiosité. L'usage est d'instruire les criminels de leur arrêt de mort, à minuit du jour qu'ils doivent être exécutés. Alors la prison est pleine de gens de tout état qui y passent la nuit, sans autre intérêt que celui d'examiner le condamné, d'être témoins de sa fureur, de sa résistance, de son désespoir. Plus ses mouvemens sont forts & violents, plus ils sont satisfaits, & ils ne le quittent qu'après qu'il a été supplicié. En général ce peuple aime les spectacles de sang où le sien ne court aucun risque. On en peut juger par la sorte de passions qu'ont les femmes même du premier rang, d'aller dans leurs promenades nocturnes de l'Eté, chez les Bouchers voir tuer les bœufs, dont elles se plaisent ensuite à examiner les entrailles palpitantes.

Ce malheureux dont je viens de parler, pris sur le fait, ne put nier son crime, & jamais il ne put en donner d'autre raison que la fantaisie de se débarrasser des instances de la fille, qui lui demandoit quelque argent, sans même avoir eu recours à la justice pour l'y contraindre.

Il est difficile de concevoir quelque chose à la violence de la passion des peuples d'Italie. Ils ont une espece de méchanceté qui leur est propre, elle n'a point de degrés ni de tems pour éclater. Ils semblent passer du sein de la tranquillité même à des excès de fureur qui les rendent capables des actions les plus déterminées & les plus noires. Il est vrai que cette fureur ne se montre jamais avec plus de fracas que quand ils sont persuadés qu'ils seront les plus forts, & que rien ne les empêchera de satisfaire leur vengeance.

Car malgré tout ce que je viens de dire, il n'y a point de Ville au monde où les étrangers vivent aussi tranquillement & avec plus de sûreté qu'à Rome. Le peuple a pour eux une sorte de respect fondé sur l'idée de leur force, & la crainte d'en ressentir les effets. D'ailleurs le gouvernement intéressé à maintenir la police tranquille de la Ville, les poursuivrois plus vivement pour une injure faite à un étranger, qu'à un Romain.

Quoiqu'on aille beaucoup pendant la nuit, que les rues ne soient point éclairées, il y a toujours de l'ordre & de la tranquillité, on entre aux spectacles, & on en sort sans aucun fracas. Il m'est arrivé quelquefois, allant à pied pendant la nuit, d'appercevoir dans des coins obscurs quatre ou cinq hommes, quelquefois plus, le nez couvert du manteau, les uns à côté des autres, collés droits contre le mur, comme des Soldats que l'on forme. Cette rencontre m'étonna d'abord; mais en ayant trouvé d'autres & dans la même position, enfin je sçus que c'étoient des gens de la lie du peuple, des artisans qui se rassembloient dans leur voisinage pour faire entr'eux une espece de conversation à voix très-basse, observer ceux qui passoient, rester ensemble dans une inaction qui avoit pour eux de l'agrément. Ces gens pouvoient bien être encore des espions du Gouvernement.

Un Italien qui rumine aux moyens de vivre sans rien faire, ou qui tâche de passer le plus de tems qu'il lui est possible dans l'inaction, ne ressemble-t-il pas un peu à un sauvage blotti contre sa cabane ou au pied d'un arbre qui n'est occupé qu'à digérer la viande qu'il a dévorée à moitié cuite? au moins n'est-il pas un sujet aussi curieux d'observation ?

*Transteverins.* Les Transteverins habitans du Bourg ou partie de Rome située au-delà du Tibre, appellée autrefois Cité Leonine, du nom du Pape St Leon qui fit entourrer de murailles le Mont Janicule

& tout le côté du Vatican, font beaucoup plus vigoureux & plus entreprenans que les Romains d'en de-çà du Tibre. Je ne sçais sur quoi fondés, ils prétendent descendre des anciens Romains, ce qu'il y a de certain, c'est que ce peuple est difficile à gouverner. Souvent il s'est révolté contre les Souverains Pontifes qui ont été obligés de traiter avec lui, & de lui accorder des priviléges ; aujourd'hui encore ils se prétendent si bien libres, que, quand il arrive qu'un Transteverin a quelque démêlé avec la Justice, il faut que les Sbirres usent de grandes précautions pour exécuter les commissions dont ils sont chargés contr'eux. Hommes & femmes de ce quartier sont forts & résolus, & au plus petit mouvement ils se révolteroient s'ils avoient un Chef. On les a vû faire des ligues avec les habitans des campagnes voisines, & se rendent formidables au Gouvernement. Ils continuent d'être la terreur des Sbirres qui n'osent pas paroître devant eux, parce qu'ils les regardent comme leurs ennemis déclarés, sur lesquels ils exercent leur vengeance dès qu'ils en trouvent l'occasion ; souvent ils en tuent ; les femmes se contentent de les jetter dans le Tibre. Cómme ces défordres ne se commettent que par des gens attroupés, le ministere est toujours embarrassé pour les réprimer & punir les coupables, d'autant plus que les Sbirres ayant été long-tems sans avoir aucune marque extérieure qui pût les faire reconnoître; les Transteverins se tiroient d'affaire en jurant qu'ils avoient été insultés & attaqués par des gens inconnus, & qu'ils s'étoient légitimement défendus (*a*). C'est sans doute ce qui a

---

(*a*) Rome a sa Milice bourgeoise divisée en autant de Compagnies qu'il y a de Quartiers & qui ne marchent que dans les occasions les plus solemnelles, & fort rarement. Les Compagnies transteverines se regardent comme fort supérieures aux autres, qu'elles traitent de canailles rassemblées dans le rebut du reste de l'Europe. En quoi elles n'ont point absolument tort; la plus grande partie de ces Transteverins sont Jardiniers, Laboureurs, Vignerons, & s'estiment comme les descendans des premieres Tribus de Rome, de ces Tribus rustiques, qui dans les beaux tems de la République avoient tant de considération, que les plus illustres des Romains tenoient à honneur de s'y faire aggréger. C'est le témoignage que leur rend Varron, l. 2. De re rusticâ. *Virimagni majores nostri, non sine causâ præponebant rusticos Romanos urbanis,*

ROME. PREMIERE PART. 259

tout nouvellement engagé le Gouvernement à donner un uniforme aux Sbirres. Ceux à pied ont l'abit bleu céleste avec les paremens & la veste rouge ; les Sbirres à cheval ont également l'habit bleu, avec les paremens & la veste jaune. Ils parurent dans cet uniforme à l'ouverture du carnaval de 1764. On prétend que les Officiers des troupes réglées se sont opposés à ce que les Sbirres conservassent cet uniforme qu'ils ont été obligés de quitter.

34. Si le Moral de Rome présente un spectacle si peu satisfaisant ; que le culte extérieur y a de magnificence & de solemnité ! On n'a rien épargné pour donner aux temples consacrés au service du vrai Dieu, & aux actes de Religion, toute la pompe & la richesse dont ils étoient susceptibles ; c'est là où les Ar-

*Culte religieux extérieur à Rome. Monts de Piété. Messe selon le rite Syriaque. Reliques.*

---

*ut ruri enim qui in villá vivunt, ignaviores quam qui in agro versantur, in aliquo opere faciendo, sic qui in opido sedent, quam qui rura colerent desidiores putabant.....* Pline n'en parle pas avec moins d'égards. l. 18, c. 3. *distinctio honosque civitatis non aliunde erat, Rusticæ Tribus laudatissimæ erant. Urbanæ vero in quas transferri, ignominiæ esset, desidiæ probro.*

tiftes les plus célebres ont fait des efforts de génie pour produire des chefs d'œuvre immortels. Les Italiens & fur-tout les Romains ont commencé par faire hommage à la religion des premiers effets du rétabliffement de Arts. Ils ont décoré les Temples, avant que de penfer à fe procurer les avantages particuliers de fatisfaction & d'aifance qu'ils en pouvoient tirer. Ce même goût dure encore, on bâtit des Eglifes magnifiques, on les décore avec fomptuofité; les maifons les plus opulentes, croient au moins fanctifier l'ufage de leurs richeffes, en en confacrant une partie à la pompe extérieure de la religion, à l'entretien des hôpitaux & à l'éducation des enfans orphelins ou abandonnés; tous ces établiffemens font très-beaux, & on ne peut que les louer.

J'ai parlé ailleurs des caufes du relâchement de la morale & de la corruption des mœurs qui en réfulte. Elle eft d'autant plus étonnante qu'on prend des foins continuels pour l'éducation de la jeuneffe, & pour lui infpirer de bonne heure des fentimens de religion qui devroient fructifier utilement. Tous les jours de dimanche & de fêtes pendant l'année, les enfans de chaque Paroisse s'assemblent & viennent aux instructions qui se font exprès pour eux. Les parens sont intéressés à ce qu'ils y soient exacts, & qu'ils en profitent de façon à s'y distinguer. Ceux qui y tiennent le premier rang, ont pour récompense de leur assiduité & de leurs talens, les garçons des métiers, les filles des dots pour se marier ou pour être Religieuses. Chaque Paroisse a les mêmes avantages. Il semble que des enfans élevé avec tant de soin, devroient former des hommes religieux & vigilans, & des meres de familles, chastes & laborieuses. Cependant on peut dire hardiment que ce n'est pas le plus grand nombre. Outre cela il y a des missions qui durent toute l'année, tantôt dans un quartier, tantôt dans un autre, & qui se terminent toujours par des actes solemnels de religion.

Pendant le Carême & l'Avent, à toutes les heures du jour, il y a des Prédicateurs en chaire pour annoncer les vérités les plus utiles de la morale, & en enseigner la pratique; on ne néglige rien de ce qui peut instruire le peuple & le rendre vraiment chrétien; mais on n'y réussit pas mieux qu'à la conversion des Juifs, que l'on force en vain depuis une longue fuite de fiecles à fe trouver toutes les femaines aux Sermons de controverfes qui fe font pour les éclairer : il y en a très-peu qui fe déterminent à recevoir le baptême, encore fouvent eft-ce le fentiment de leur mifere actuelle, & l'efpérance d'un état plus heureux qui les y engage.

Il eft vrai que ces inftructions publiques font peu fréquentées à l'ordinaire. J'ai affifté à *Sancta Maria in Vallicella* dite la *chiefa nuova*, tenue par des Clercs réguliers Philippins, à une inftruction qui fe faifoit tous les jours de Carême, depuis trois heures après midi, jufqu'à fix, dans laquelle fix Prédicateurs fe fuccédent de demi-heure en-demi heure. Quoique l'Eglife qui eft fort grande fût toute garnie de bancs, il y avoit très-peu d'auditeurs ; au refte ces Religieux prêchent à la toife, ils difent tout ce qui fe préfente à leur imagination, fur le fujet qu'ils fe font propofés de traiter. Dès que la demi-heure eft finie, on fonne une clochette, le nouveau Prédicateur entre d'un côté, pendant que celui qui l'a précédé fort d'un autre. Les chaires font en forme de longues tribunes dans lefquelles l'orateur peut fe promener & fe livrer librement à tous les mouvemens de son zele.

A la fin du Carême il y a de grands exercices spirituels, qui se font pour les Dames Romaines, & qui durent trois heures chaque après-dîner. Le lieu de l'assemblée est dans l'Oratoire du P. *Garavita* fameux Directeur Jésuite. Elles y entrent & en sortent avec l'air le plus modeste & le plus contrit. Il est cependant vrai qu'il est de la politesse & même d'usage, que ceux qui leur sont attachés, se trouvent au Cours dans leurs carrosses pour les saluer quand elles sortent ; elles-mêmes ont l'attention de passer dans l'endroit où elles sçavent qu'on les attend. On peut juger de la solidité de cette dévotion, par ce qui suit les actes les plus sérieux.

Cet Oratoire du P. Garavita tient au Collége Romain. Le St Sacrement y étoit exposé en évidence pendant les derniers jours du carnaval, sa décoration mérite que j'en parle. C'étoit une grande perspective illuminée par derriere, qui représentoit en figures de grandeur naturelles, le festin des nôces de Cana, avec les Serviteurs, l'Architriclin. & les urnes, les Musiciens sur le côté, même le chien & le chat ; car toute cette machine étoit fort imitée du grand tableau de Paul Veronése. Au-dessus de l'Architecture du fonds, dans une gloire éclatante étoit placé le St Sacrement. Il regnoit dans le reste de l'Oratoire une obscurité majestueuse, dans laquelle on pouvoit à peine distinguer les objets à six pas. Cette décoration, quoique bien entendue, me parut théâtrale & déplacée, dans une dévotion aussi respectable; mais c'est le goût du Pays, toujours du spectacle qui attire le monde & qui fasse la réputation de celui qui le donne.

Il a une sorte de dévotion qui dure toute l'année, & qui m'a toujours paru très-édifiante, c'est l'exposition solemnelle du St Sacrement dans toutes les principales Eglises de Rome, chacunes à leur tour, pendant le cours de l'année, que l'on appelle la solemnité des quarante heures. Cette cérémonie étant dispendieuse, eu égard à la quantité du luminaire qui s'y consomme, les Eglises les plus riches ont cette exposition deux fois dans l'année. A Sainte Agnès de la Place Navonne, à St Ignace, & au *Gesù Nuovo*, Eglise de la Maison Professe des Jésuites, on ne pouvoit rien ajouter à la richesse de la parure, & à la splendeur de l'illumination.

tion. Dans la derniere de ces Eglises le St Sacrement étoit exposé à une très-grande hauteur, & il y avoit douze cens cierges ardens sur l'Autel, tous dans des chandeliers d'argent, ou des torcheres de même métal, & d'un très-beau travail.

Une très-belle fête encore, c'est celle qui termine l'année dans toutes les villes d'Italie, & qui se fait chez les Jésuites le trente-un Décembre, le St Sacrement est exposé en évidence toute la journée, & le soir on chante le *Te Deum* en action de grace des bienfaits reçus pendant le cours de l'année. Cette cérémonie se fait à Rome dans l'Eglise de la Maison Professe. Les Cardinaux y viennent en corps au sortir de la Chapelle Pontificale du Quirinal tout s'y passe avec une majesté & un ordre admirable; l'Eglise quoique très-grande est magnifiquement illuminée dans toute sa longueur. Six Jésuites la torche à la main, vont recevoir chaque Cardinal à la descente de carrosse, & le conduisent à la place qui lui est destinée ; tous les Cardinaux y viennent en grand habit rouge accompagnés de leur maison. La cérémonie est terminée par la bénédiction du St Sacrement que donne l'un d'eux.

*Tome V.*               M

Il est d'usage d'entretenir dans ces Eglises pendant une partie du matin & de l'après-dîner, une très-grande musique, dont la curiosité & l'affluence du peuple fait un spectacle profane, car il ne s'occupe que de la musique, & salue à peine en entrant l'Autel principal où le St Sacrement est exposé, & la foule y est si grande qu'il est presque impossible que la décence s'y conserve.

En général, par-tout le culte extérieur est d'une magnificence frappante, & qui devroit élever l'ame à son auguste Auteur, si on étoit moins sensible au spectacle qu'à l'esprit même du culte.

Par-tout on verra encore que l'usage des Sacremens est très-fréquent. Les Penitenciers à St Pierre, à Ste Marie Majeure, & à St. Jean de Latran, ne quittent pas leurs Tribunaux. Les Réguliers des différens Ordres se livrent au besoin des peuples avec un zéle admirable. Tout ce spectacle ne peut être que très-édifiant, mais il ne se fait remarquer qu'à l'Eglise, & dans le tems même des actions le plus saintes, le fruit en paroît entiérement réservé, & borné pour ce tems. On peut voir ce que j'en ai déja dit dans les Observations générales du discours préliminaire.

Il y a des établissemens de piété ou cérémonies annuelles faites exprès pour contenir le peuple dans des sentimens de religion, les jours même où il est le plus sujet à se livrer à des excès de dissipation & de débauche; la grande dévotion du Jeudi Saint est de visiter les sept Eglises stationales de Rome, qui sont St Pierre, Ste Marie Majeure, St Jean de Latran, St Paul hors des Murs, Ste Croix de Jérusalem, St Laurent hors des Murs, & St Sébastien ; comme elles sont fort éloignées les unes des autres, il faut ou s'y prendre de bonne heure, ou employer presque toute la journée à faire des Stations, qui sont de plus de quinze milles de chemin que l'on doit faire à pied. Ceux qui les entreprennent promettent aussi de ne pas se masquer pendant le carnaval. En conséquence pour rassembler tous ces dévots stationnaires & donner au peuple un spectacle édifiant, & qui lui fut de quelque utilité, St Philippe de Néry qui avoit établi les Stations, fonda en même-tems un dîner pour cinq mille personnes, que j'ai vu servir de la maniere suivante.

On avoit choisi pour cela les Jardins, de la *Villa Mathei* : on donne dans chacune des Eglises aux stationnaires, un billet qui prouve qu'ils s'y sont présentés; ils remettent ces billets à la porte de l'endroit où ils doivent dîner avant que d'y entrer. Ils s'y rendirent tous à peu près à la même heure, environ midi.

Tous les espaces vuides du Jardin Mathei, étoient remplis d'une multitude de cannes plantées en terre, chacune traversée d'une bande de papier de différente couleur qui servoit à marquer les divisions & l'ordre du service. En entrant chacun lave ses mains à une grande fontaine qui est à la porte principale. De là ils vont se placer trois ensemble autour des cannes dont j'ai parlé. Car on imagine bien que pour pareil repas il n'y a ni table ni sieges. Ils sont tous servis également & des mêmes choses. Le service se fait à chaque canne, dans une corbeille partagée en trois cases, au milieu est une grande bouteille qui tient plus de deux pintes & demie de Paris, & un gobelet de verre. Dans chaque case un pain, deux fortes tranches de cervelat, un œuf dur, deux pommes & environ un quarteron de fromage; une cruche d'eau entre chaques quatre services les rend complets. C'est ainsi que j'ai vu donner à dîner à quatre mille six cens personnes de tout âge & de tout état, Prélats, Nobles, Prêtres, Artisans, Pelerins, Mendians jeunes & vieux, surtout beaucoup de Soldats du Pape ; les Généraux des Ordres mendians doivent s'y trouver & y dîner, ils sont servis avec quelque distinction, de même que les Prélats. Autrefois les Cardinaux ne dédaignoient pas de s'y trouver ; je n'y en ai vu aucun.

Ce que j'ai admiré dans cette cérémonie singuliere, c'est l'ordre & la tranquillité qui y regne malgré la multitude des convives. Elle est faite pour prouver qu'aux yeux de Dieu, & dans l'ordre de la Religion tous les hommes sont égaux. Ce sont les Prêtres de l'Oratoire & autres personnes attachées à leur Congrégation, qui font le service. Il me parut que chacun mangeoit sa portion de bon appetit. Il faut un beau jour pour que tout aille à souhait, & le Jeudi gras de 1762, l'air étoit serain, le ciel si pur & si brillant qu'il sembloit que le soleil se plût à éclairer cette assemblée tranquille & honnête.

Tout ce spectacle extérieur de culte joint aux œuvres de miséricorde & aux magnifiques établissemens de charité de toute espece, ne peut que donner la plus grande idée de la fainteté & de la divinité de la Religion qui infpire toutes ces chofes, & qui les fait conftamment exécuter avec le plus grand zéle, par des hommes dont les œuvres ne répondent pas à leur foi ; mais pour la vérité de la Religion, il importe que le bien fe faffe, que les préceptes l'emportent à cet égard fur l'intérêt même des paffions, & que fon flambeau brille toujours même entre les mains de ceux qui ferment les yeux à fa lumiere.

On doit rapporter à la même caufe l'établiffement des Monts de Piété. L'ufure qu'exerçoient les Juifs à Rome comme ailleurs, fur ceux qui étoient obligés d'avoir recours à eux, excita le zéle de quelques perfonnages pieux, qui obtinrent du Pape Paul III, la permiffion d'établir une fociété de perfonnes aifées, qui s'engageoient à faire les fonds néceffaires pour prêter fur gages aux pauvres, une certaine fomme, fans autre intérêt qu'une rétribution, pour le payement des commis néceffaire à la geftion du bureau. St Charles Borromée forma lui-même les ftatuts que l'on y obferve encore.

On y prête donc fur gage aux pauvres jufqu'à la concurrence de trente écus romains, qui font un peu plus de cent cinquante livre de notre monnoie. On exige que le gage vaille toujours plus que la somme pour laquelle il tient, cette précaution est nécessaire pour la sûreté du Mont de piété. Mais s'il vaut beaucoup au-de là, on paye à l'emprunteur deux pour cent par an, au-delà de la somme qu'il a empruntée. On ne doit pas y laisser les gages au-delà de dix-huit mois : passé ce terme, on le fait vendre à l'encan : le bureau retire ce qu'il a avancé & les petits frais qui lui sont dûs, & rend le reste aux propriétaires ou à leurs ayans cause. On ne prête qu'aux gens connus de la Ville.

Ce bureau est gouverné par le Trésorier de la Chambre Apostolique, & une société de Nobles Romains. Ces sortes d'établissemens sont d'une grande utilité pour tous les petits marchands détailleurs qu'ils mettent en état de soutenir leur commerce dans les pertes qu'ils peuvent faire par accident. On m'a assuré que les effets ne s'y perdoient jamais, & y étoient conservés avec soin dans de grands magasins qui occupent une partie du bâtiment ou Palais où se tient le Mont de piété, au quartier *de la Regola* dans le voisinage du Tibre. Il faut voir la

Chapelle de ce palais revêtue de beaux marbres, & décorée de statues & de bas-reliefs dont le plus beau est celui qui représente Tobie recevant son argent de Gabelus. Il est de Legros sculpteur françois.

C'est ici le lieu de parler d'un service solemnel que j'ai vû faire par des Religieux Syriaques Maronites, qui ont un College à Rome & une Eglise de Saint Jean Baptiste, dans le quartier de *Trevi*, au-dessous de *Monte Cavallo*. Ce service fut tout-à-fait dans le rit syriaque; ce qui n'arrive que trois fois l'année, les jours des Rameaux, de St Jean-Baptiste, & de St Maron Abbé, Instituteur de cet ordre Religieux.

Le Prêtre couvert d'une chappe, entre à l'Autel, accompagné d'un Prêtre assistant, du Diacre & du Soudiacre revêtus de tuniques à manches serrées, qui descendent jusqu'aux talons, & sont rattachées d'une ceinture. Après avoir ôté la chappe au Célébrant, on lui donne à laver, ensuite il commence à chanter des prieres qu'il continue en s'habillant des ornemens à l'usage de l'Eglise Romaine dans la célébration de la Messe. Il met le vin & l'eau dans le calice, fait beaucoup d'encensemens & de bénédictions, &

descend au bas de l'Autel, où il m'a paru qu'il faisoit sa confession. Comme tout ce qui se chante & se récite est en syriaque ou chaldaïque; je n'ai rien compris qu'aux *Amen* & aux *Alleluia* qui sont très-fréquents ; le livre reste toujours du côté de l'Evangile. Le Célébrant & l'Assistant ne cessent d'y lire & d'y chanter. Les encensemens, & les bénédictions se répetent souvent. Le Prêtre chante l'Evangile dont le livre est posé sur un pupitre, tourné du côté du peuple. Après quoi le chant du chœur & des Prêtres recommence. Le cœur est formé par quelques jeunes Clercs Maronites, qui ont à leur tête un maître de chant qui les dirige. Ils ont tous sur l'épaule gauche un espece d'étole

Enfin vient le moment de la Consécration, dont les paroles se chantent avec un accompagnement d'instrumens antiques d'airain, que font raisonner les jeunes Clers Maronites, & qu'ils conduisent avec précision ; car on sent qu'il y a dans leur chant une mesure marquée. Ces instrumens sont de petits boucliers que l'on frappe en mesure l'un contre l'autre, & qui rendent un son fort aigu, des cimbales ou especes de tambour de basque garnis de grelots, emmanchés ou attachés à une pique, surmontée d'un petit étendard taillé en flammes, & que l'on fait raisonner en frappant de la main sur le manche même. Le *Timpanum* qui ressemble à une coupe de métal, ou si l'on veut au timbre d'une grosse pendule, sur lequel on frappe en mesure avec un petit marteau, & dont on tire différens sons, suivant l'endroit ou la force avec laquelle on frappe.

Cette musique singuliere, & que la cérémonie à laquelle elle sert rend majestueuse, se répéte à l'adoration qui se fait long-tems après la Consécration, & à la Communion qui se fait à deux fois, le Prêtre ne prenant que la moitié des especes à chaque fois, avec un intervalle de prieres & de chants assez considérable. La bénédiction des Palmes se fit après & fut suivie d'une procession, pendant laquelle la musique fut continuelle.

La maniere de se servir de ces instrumens, & leur forme, fait aisément reconnoître leur origine dans la plus haute antiquité ; mais en vieillissant ils se sont bien annoblis.

Ce Collège de Maronites a été fondé

en 1584 par Grégoire XIII, qui y attacha des revenus suffisans pour élever quinze jeunes Syriens qui vont faire leurs études au Collège Romain. Pendant ce tems ils sont promus aux Ordres sacrés, quelques-uns même sont élevés à l'Episcopat, & retournent ensuite au Mont Liban, où est leur établissement principal en Syrie, & où ils conservent le dépôt de la foi dans sa pureté, parmi les Schismatiques & les hérétiques Nestoriens & Jacobites dont ils sont environnés.

Je dois dire quelque chose du culte solemnel des Reliques, & de l'authenticité de celles que l'on tire des catacombes, ou cimétieres des Martyrs. Quiconque a vu ces monumens respectables dont je parlerai plus en détail à l'article des édifices principaux de Rome, ne doutera pas de leur ancienneté. Les tombeaux des premiers Chrétiens ne ressemblent en rien à ceux de l'antiquité profane : ainsi il n'est pas possible de les confondre. Plusieurs de ces tombeaux revêtus d'inscriptions & des dates, ne laissent aucun lieu de douter de la vérité des reliques précieuses qu'ils renferment. On y trouve les marques caractéristiques du martyre des fidéles ; souvent même les inſtrumens de leurs ſupplices : des éponges teintes de leur ſang & des fioles dans leſquelles les premiers Chrétiens le ramaſſoient : ils ne vouloient rien perdre des précieux reſtes de ces héros de la Religion. Ce ſont là les marques auxquelles on reconnoît les reliques des Martyrs. Les corps qui n'ont ni inſcriptions, ni marques de martyre, reſtent dans l'endroit même où ils avoient été d'abord placés & on n'y touche plus. Je parle de ce que j'ai obſervé avec attention.

Il faut ajouter encore que l'on ne diſtribue ces reliques qu'avec les plus grandes précautions, & à ceux ſeulement qui ſont cenſés devoir en faire un bon uſage. Ce ſont les Prélats les plus reſpectables de la Cour de Rome, qui ſont chargés de cette diſtribution. Les témoignages les plus ſolemnels aſſurent qu'elles ont été tirées des dépôts ſacrés où on les conſerve. Que l'on voie avec quelles attentions & quel reſpect on en aſſure l'authenticité : cette quantité de ſignatures & de ſceaux mis exprès pour empêcher qu'on ne les multiplient, & qu'on n'en ſubſtitue de fauſſes aux véritables. Toutes ces ſages précautions devroient en impoſer à l'incrédulité même, & donner au moins aux reliques la même autorité qu'ont tous les autres monumens de l'antiquité qu'ils ne révoquent point en doute. D'autant plus que l'intérêt seul de la religion engage la Cour de Rome à seconder la dévotion des Catholiques qui demandent ces reliques; car tout se fait gratuitement dans ces occasions, il n'y a absolument aucun droit à payer, quelques légers qu'on les imagine & sous quelque prétexte que ce puisse être; le scrupule, dans ces derniers tems, a été porté jusqu'à prononcer la peine d'excommunication contre ceux qui exigeroient ou recevroient la moindre retribution.

Les parcelles du Bois de la vraie Croix, moins multipliées que les reliques, le sont cependant encore assez pour donner des soupçons à ceux qui ne jugent des choses que superficiellement, & qui s'imaginent que cet Arbre Sacré n'a pas pu fournir à tant de reliquaires; mais qu'ils examinent le peu que l'on en accorde à la dévotion des Fidéles, & ils verront qu'il pourroit y en avoir beaucoup plus sans que l'on pût douter de leur vérité. D'ailleurs on a la plus grande peine à en obtenir à présent à Rome, il faut de la protection & du crédit pour en avoir.

Je sçais qu'il s'eſt fait des fraudes dans ce genre, mais elles ne ſont jamais venues de la part de ceux qui ont le ſoin de ces dépôts, & ces reliques ſuppoſées ne ſont pas revêtues de leurs authentiques.

Au reſte ce n'eſt pas à nos jours que les hérétiques ont commencé à attaquer la vérité des reliques & la légitimité de leur culte. Vigilantius hérétique né dans la Gaule Narbonnoiſe, au pied des Pirennées, oſa s'élever dans le quátriéme ſiécle contre cet uſage pieux. On peut voir dans le petit Traité que St Jerôme écrivit contre lui, avec quelle force il rend témoignage à la foi de l'Egliſe ſur ce ſujet. Elle n'a pas changé depuis ce tems. La croiance a toujours été la même ; ainſi les armes qui ont terraſſé Vigilantius, ont la même force pour vaincre ceux qui marchent ſur ſes traces.

Tous ces différens objets raſſemblés, la générofité avec laquelle le peuple le plus intéreſſé de l'Europe, & le plus pareſſeux, donne juſqu'à ſon néceſſaire pour entretenir le culte religieux dans la splendeur qu'il doit avoir, me paroissent une nouvelle preuve de la vérité de la religion à laquelle il est difficile de se refuser.

On peut reprocher à la plûpart de ces gens que leur cœur est loin du Dieu qu'ils adorent, & qu'ils sont esclaves de toutes leurs passions. Ce sont ces défauts qui rendent leur zele pour la pompe de la Religion, une preuve plus frappante de sa force sur les cœurs même les plus corrompus.

Les illuminations les plus brillantes, sont celles qui annoncent les Fêtes annuelles, chacun se fait une affaire importante de les solemniser. J'ai vu des quartiers considérables de Rome, illuminés avec autant de magnificence que de gôut, & tout cet appareil brillant étoit pour annoncer la Fête annuelle de la Paroisse où il se faisoit. Les différens particuliers se chargent de ce soin, avec tant d'intelligence, que toute l'illumination paroît arrangée par une même main.

Ce spectacle ne peut que rappeller à Dieu & à la Religion, des cœurs vraiment chrétiens; il paroîtra peut-être trop extérieur & superficiel; mais qu'on n'oublie pas qu'il est l'effet de la dévotion d'un peuple qui donne tout au dehors, & qu'il faut bien se garder de rompre ou d'affoiblir les liens qui le tiennent attaché à la Religion : Car ce respect extérieur, l'empressément avec lequel on s'y livre, ce qu'il en coûte même pour se satisfaire dans ce genre, sont autant de moyens qui restreignent les passions dans des bornes plus étroites, qui conservent à la Religion & aux vertus qu'elle inspire, une autorité qui n'a pas toujours son effet, mais qui subsiste, & que l'on ne peut méconnoître : ce qui est toujours un bien réel (*a*).

*Etat des Sciences & des Arts, Collège de Sapience & de la Propagande. Académie des Arcades.*

35. Les sciences à Rome ont depuis plusieurs siecles des établissemens fixes, où elles ont été cultivées avec différens succès. Les Souverains Pontifes n'ont rien négligé de ce qui pouvoit contribuer à leurs progrès. L'étude de la Re-

---

(*a*) On a tort, disoit François I, Roi de France, de penser que les cérémonies ne contribuent point à la piété; quand je vois le Pape en habits pontificaux, je ne puis m'empêcher d'être frappé de cet éclat extérieur, qui concilie à la Religion; je ne sçais quelle grandeur particuliere qui échappe à notre foiblesse. Si mon ame n'étoit pas tout-à-fait convaincue, les sens me conduiroient à la conviction.

ligion a fait l'objet principal de leurs foins. Pour former des fujets dignes de porter au loin les flambeaux qu'ils auroient allumés à ces fources pures de lumiere, & qui puffent conferver dans le centre même de la catholicité le précieux dépôt de la foi ; ils établirent cette quantité de Colléges tenus par des Profeffeurs choifis, qui jamais ne fe font écartés des vérités qu'ils devoient enfeigner.

Long-tems la crainte de la nouveauté qui avoit donné lieu à des erreurs fi pernicieufes, a été caufe que l'on s'y tenoit à d'anciennes méthodes, que l'on peut dire n'avoir été bonnes qu'autant de tems que l'on a rien connu de plus parfait & de plus lumineux : Mais on s'eft enfin aguerri contre cette crainte frivole ; la raifon éclairée par la foi a pris le deffus : on ofe fe fervir des dépouilles des Egyptiens pour orner le temple du vrai Dieu. Leibnitz & Newton font refpectés au College de la Sapience, fans avoir rien fait perdre à St Thomas de fon autorité & de fon crédit dans les écoles.

Outre la Théologie, l'étude du Droit y eft en honneur, la Médecine & toutes fes parties, la Philofophie, les Belleslettres, & les Langues Orientales fur-tout y font enseignées avec d'autant plus de succès, que les Professeurs en sont choisis parmi les naturels même des pays où on les parle. Les différens Colléges de Syriens, de Grecs, de Maronites & d'autres Orientaux établis à Rome, fournissent des sujets, dont les plus distingués renoncent volontiers à leur patrie, pour s'attacher à la Cour de Rome, & parvenir aux dignités, qui sont presque toujours la récompense de leur mérite.

Le premier Collége de Rome, celui que l'on doit regarder comme le centre de l'Université, est le Collége *de la Sapience*, qui a pris son nom de la dévise qui fut gravée très-anciennement sur le frontispice de la Maison qui lui fut assignée. *Initium sapientiæ timor Domini.*

Le bâtiment magnifique occupé aujourd'hui par ce Collége, commencé sur les desseins de Michel-Ange, par les ordres du Pape Leon X; continué par Sixte V & Urbain VIII, & fini par Alexandre VII, peut passer pour un des ornemens distingués d'une Ville si fameuse par la beauté de ses édifices publics.

Quoiqu'on puisse faire remonter son

origine aux premiers tems, où les Papes furent assez puissans pour faire de leur autorité des embellissemens utiles à l'étude de la Religion & des Loix. Cependant cette Université ne date que de l'an 1244, auquel le Pape Innocent IV rétablit à Rome, l'étude du Droit canonique & civil. Boniface VIII, en 1295, fonda des chaires publiques pour cette étude. En 1310, le Pape Clément V, y établit des Professeurs des langues hébraique, grecque, arabe & syriaque. Eugene IV affecta les gages de ces professeurs sur le profit de la douane : ce qui fut confirmé par le Pape Clément VII, & a été maintenu jusqu'à préfent avec beaucoup de soin.

Cette Université a huit Professeurs en Théologie, dont trois pour la Scholaftique, un pour l'Ecriture Sainte, deux pour la Dogmatique ou positive, un pour la Morale, & un pour l'Histoire Ecclésiastique. Six Professeurs pour le Droit civil & canonique, dont un en particulier pour la Pratique criminelle. Huit Professeurs de Medecine, dont deux pour la Botanique, un pour l'Anatomie, & un autre pour la chymie. Cinq Professeurs de Philosophie, dont deux pour les Mathematiques, un pour la Logique, un pour la Physique expérimentale, & un pour la Morale. Un Professeur de Belles-lettres ; & quatre Professeurs des Langues Hébraique, Grecque, Syriaque, & Arabe.

Le Collége de la Sapience est sous la protection des trois Cardinaux Chefs d'Ordre & sous l'administration des Avocats consistoriaux, dont un a le titre de Recteur. C'est dans la Salle principale que se confere le Bonnet doctoral à ceux qui ont fini le cours de leurs études. Les Avocats consistoriaux l'accordent aux Docteurs en Droit civil & canonique, & les Professeurs des autres Facultés à ceux qui ont assisté à leurs leçons.

Je ne dirai rien des études de Théologie & de Droit, ce n'est pas en voyageant qu'on peut prendre des idées sûres de l'état des hautes sciences dans une ville telle que Rome. Elles sont comme on le peut croire très-ortodoxes, & conformes en tout aux droits & prétentions de la Cour de Rome. La Philosophie y est entièrement débarrassée des épines de la scholastique, la méthode que l'on suit actuellement est nette & lumineuse. La Physique s'appuye sur les grands principes de Newton & des autres astres de ce rang.

La Morale & la Métaphysique sont débarrassées de toutes les distinctions & les fausses subtilités des Peripateticiens ; la Logique n'y est plus que l'art de raisonner ou de mettre de l'ordre dans ses pensées. On peut en juger par l'excellent ouvrage latin que le P. Jacquier, Minime François résident à Rome, qui occupoit en 1762 la chaire de Lecteur en Phisique expérimentale au Collége de la Sapience, & celle de Professeur de l'Ecriture Sainte au Collége de la Propagande, a fait imprimer à Rome en 1761 & 1762. Cet habile homme jouissoit d'une grande réputation à Rome, & la méritoit autant par son génie, que par les agrémens que l'on trouvoit dans sa société. Je l'ai beaucoup fréquenté pendant mon séjour à Rome, & j'ai toujours admiré la sagacité de son esprit, & l'ordre qu'il mettoit dans ses idées, quelques étendues & variées qu'elles fussent. Le P. Lesueur, aussi Minime François, Professeur de Mathématique à la Sapience, & de Théologie morale à la Propagande, ne mérite pas moins d'éloges. Ces deux illustres François, l'un de Vitry, l'autre de Rhétel font honneur à leur nation, & sont au premier rang parmi les Sçavans les plus distingués de Rome.

J'ai connu encore deux autres Professeurs de la Sapience, le P. Pozzi, Abbé régulier de l'Ordre des Olivetains, Professeur de Mathématique; il est difficile d'avoir plus d'esprit, de vivacité & d'agrémens qu'en a cet homme, qui est du commerce le plus aimable; & l'Abbé Staï, Professeur d'éloquence & d'histoire Romaine, excellent Poëte latin, aujourd'hui en Prélature, & Sécretaire des lettres latines.

Ces hommes d'un mérite distingué, sont très-capables de donner aux étrangers une grande idée de l'attention avec laquelle on choisit les Professeurs de ce premier Collége de Rome, où les études doivent être excellentes, s'ils trouvent des sujets qui répondent aux soins qu'ils prennent pour les instruire.

On ne parle pas aussi avantageusement de la Faculté de Médecine, que de celle de Théologie, de Droit & des Arts; j'ai eu occasion de voir quelques Médecins praticiens répandus dans Rome, dont la méthode m'a paru obscure & embarassée. Ces gens vont toujours tâtonnant, peu sûrs de l'anatomie dont ils n'ont qu'une médiocre connoiſſance, & ſont fort portés à l'empiriſme, & aux remedes violens que fournit la chymie. Quant à la Chirurgie, il s'en faut de beaucoup qu'elle ſoit au point où elle a été portée en France & en Angleterre; auſſi n'eſt-elle en aucune conſidération à Rome, quoique tous les jours on en ſente l'utilité & la néceſſité. Il y a pluſieurs autres Colléges aggregés à celui de la Sapience, dont les éleves vont y recevoir le Bonnet de Docteur.

Le Collége de la Propagande fondé en 1622, par le Pape Grégoire XV; augmenté & doté par Urbain VIII en 1627; outre la Congrégation des Cardinaux qui y eſt établie & y tient ſes ſéances, pour toutes les affaires qui ont rapport à la propagation de la Foi, à pluſieurs Profeſſeurs qui y font des leçons publiques de Théologie, de Philoſophie, de Belles-lettres, & de Langues Orientales pour l'inſtruction des jeunes Eccléſiaſtiques que l'on deſtine aux Miſſions étrangeres, & que l'on y éleve en aſſez grand nombre. Les Indes, & l'Abiſſinie, la Syrie, l'Armenie & la Grece y fourniſſent pluſieurs ſujets, que les Evêques Catholiques répandus dans les pays infidéles, y envoyent pour y être inſtruits, & venir ensuite les seconder. Cette institution est d'autant plus belle, qu'elle forme des sujets tirés des pays même où ils doivent retourner & porter les lumieres de la Foi. On parle très-avantageusement des Professeurs en Langues Orientales de ce College, qui sont presque tous d'Asie.

Les Colléges principaux pour l'éducation de la jeunesse, sont le College Romain tenu par les Jésuites, & qui est fréquenté par un très-grand nombre d'écoliers ; le collége Clémentin sous la direction des Clercs Réguliers Somasques ; & celui de Nazareth sous celle des Peres des Ecoles pies. Ces deux derniers ont été spécialement fondés pour l'éducation de la jeune Noblesse, & sont ceux de Rome qui ont le plus de réputation. On verra au College Clémentin plusieurs monumens de la reconnoissance du Pape Benoît XIV, qui y avoit été élevé.

Je ne sçais pas quelle est la méthode d'Instruction que l'on y suit ; mais au sortir de ces Colléges, peu de jeunes Nobles qui y ont été élevés, conservent pour les sciences le goût & l'inclination qu'on a probablement tâché de leur inspirer, à moins qu'ils n'entrent
dans

dans l'état ecclésiastique ; alors ils poussent plus loin leurs études ; ils se rappellent & font fructifier les principes qu'ils ont reçus dans leur premiere jeunesse, & souvent ils font de très-grands progrès. On peut en juger par la réputation brillante dont jouissoient dans toute l'Europe sçavante les Cardinaux Quirini, Passionei, Tambourini, & Orsi ; & plus anciennement les Norris, les Casanatté, & tant d'autres dont le mérite a illustré la Pourpre Romaine. Le Sacré College & la Prélature ne manquent pas de sujets qui marchent sur les traces de ces grands hommes, & que l'on peut mettre au même rang.

L'étude de l'Histoire de l'Antiquité, des Belles-Lettres, de la Poësie Latine & Italienne est florissante à Rome. On trouve dans les conversations de très-habiles gens dans ces matieres ; ils sçavent beaucoup de faits, mais on s'apperçoit aussi qu'ils manquent de critique, qu'ils adoptent les faits les moins assurés avec autant de confiance que les mieux constatés ; qu'ils aiment le merveilleux. C'est le goût du pays, il y a toujours dominé ; c'est peut-être le plus solide appui de la prééminence que les Italiens affectent sur les autres nations de l'Europe.

Il y a si long-tems qu'ils en sont en possession, qu'il y auroit de la mauvaise humeur à vouloir la troubler. La vraie critique s'établira difficilement, sur-tout à Rome. Il faut trop y respecter les anciens usages & certaines idées que l'on doit admettre telles qu'elles y ont été reçues originairement. Le Muratori même, quelque vaste que fût son érudition, quoiqu'il tînt peu à la Cour de Rome, étoit si bien accoutumé à ce joug, que l'on voit dans la plûpart de ses ouvrages qu'il n'a pas osé le secouer.

L'inquisition est d'une exactitude severe sur ce point, & les Auteurs Italiens souffrent avec peine que leurs ouvrages soient mis à l'index. La Chronologie de Baronius est la seule qui soit d'un usage public & autorisé ; on étudie peu la Géographie, quoique les Mathématiques soient cultivées avec succès à Rome, & qu'il y ait d'excellens Géométres.

L'éloquence est peut-être de toutes les parties des Beaux Arts, celle qui y a fait le moins de progrès. Ce n'est pas que le génie des Italiens soit au-dessous de celui des autres nations. Mais cela dépend en partie de la tournure de leur esprit, & de la façon dont ils voient les choses, en partie même de la langue. Habitués aux intrigues secrettes de leur politique, ils se soucient moins d'exprimer leurs pensées avec force & noblesse, que de les déguiser, de façon qu'on n'en connoisse rien que ce qu'ils jugent à propos d'en montrer ; les tems sont passés où l'éloquence d'un orateur décidoit du sort des plus grandes affaires ; j'ai lû quelques discours prononcés par des Cardinaux célèbres dans les consistoires, il y a du feu & de la subtilité dans les raisonnemens, mais peu de majesté. On voit qu'à l'ordinaire on saisit les idées avec plus de finesse que de force, que l'on s'attache plus à la superficie qu'au fonds même des choses : on ne cherche point à s'exprimer avec précision (a).

---

(a) Il faut voir ce sujet un recueil imprimé à Venise, je crois en 1761, qui comprend les discours prononcés en Consistoire, au sujet de la proposition qui fut faite de béatifier le Cardinal Bellarmin ; & lire sur-tout celui du Cardinal Passionei. On y trouvera une grande connoissance du sujet, de la finesse, de l'esprit,

Les vrais Italiens, ceux qui ne se sont point formés hors de ce délicieux pays, & qui se mêlent d'écrire, cherchent à être volumineux pour être clairs; ils craindroient que trop de précision ne les rendît obscurs. Ils tournent & présentent la même idée sous toutes ses faces, ils ne se sont pas encore apperçus que cette abondance vicieuse n'étoit qu'une vaine enflure. Le peu de solidité de leur poësie leur gâte le goût, ils en portent les concetti, les petites graces d'élocution dans leurs compositions sérieuses, dans leurs pieces d'éloquence, où le pathétique & le sublime ne se rencontrent presque jamais. Quelques Ecrivains ont senti ce défaut, & ont cherché à l'éviter. Alors la force qui regne dans leurs écrits, tient plus à leur caractere particulier qu'à l'usage même de s'exprimer. Cela vient, comme je l'ai déja dit, du peu de progrès que cette nation a

---

mais des longueurs inutiles, & peu de traits d'un véritable orateur. Ce recueil est d'autant plus curieux qu'il sert à donner une idée juste de la maniere dont on procéde à la Béatification, & dont on discute les actions des Serviteurs de Dieu, que l'on veut honorer d'un culte public.

fait dans l'art de la critique, & de la gêne où sont les esprits; beaucoup de personnes parlent bien & avec grace, & très-peu sont éloquentes. Il est même rare d'entendre des Orateurs dans les chaires chrétiennes; on n'y trouve d'ordinaire que des discoureurs prolixes, dont quelques-uns disent les choses hardiment & telles qu'elles sont, souvent avec dureté, n'épargnant même pas les personnalités : d'autres sont plus plaisans que sérieux, tous en général font ce qu'ils peuvent pour captiver l'attention de leurs auditeurs (*a*).

───────────────────────

(*a*) Pendant le Carême & l'Avent, les Cardinaux résidans à Rome sont obligés de se trouver à un Consistoire ou Congrégation secrette, dans laquelle le Prédicateur en titre du sacré Collége leur fait des sermons de morale, ou leur rappelle leurs obligations, & souvent leur dit les vérités de la maniere la plus dure. C'étoit en 1762 un Capucin chargé depuis plusieurs années de cet emploi, & qui connoissoit très-bien son auditoire, à en juger par les traits qu'en rapportoient les Cardinaux eux-mêmes dans les conversations particulieres, & qui en plaisantoient. La récompense ordinaire de ce Prédicateur, est un Evêché en Italie; aussi les Cardinaux disoient-ils, qu'il s'ennuyoit de son état de Capucin, qu'il avoit de l'humeur, &

Mais le talent général, le goût dominant, c'est celui de la poësie. En ce genre les Italiens ont plus d'un chef-d'œuvre moderne à opposer à l'antiquité, surtout dans le genre épique ; on connoît leurs poëmes les plus celebres ; peu après le rétablissement des lettres, ils donnerent quelques bonnes pieces de théâtre ; la plus connue de ce siecle est la Merope du Marquis Scipion *Maffei*. L'Abbé *Métastasie* s'est fait une réputation brillante par ses *Opera Tragedies*. *Le Goldoni* dans la nombreuse collection de ses pieces, en a quelques-unes qui passeront à la postérité ; il doit beaucoup à Moliere & aux autres bons Auteurs François qu'il a souvent imités. J'ai lû quelques autres pieces de théâtres, mais si froides, si peu variées, que le charme même de la nouveauté ne les rendoient pas supportables... Ils ont eu d'excellens traducteurs, le Virgile d'*Annibal Caro* & le Lucrece de *Marchetti* passent parmi eux pour des traductions qui ont des beautés originales.

---

que fâché de l'être si long-tems, il prétendoit les réduire au même ordinaire & aux mêmes obligations.

La poësie Latine y est encore en honneur, & conserve son droit d'aînesse sur la poësie Italienne.

Celle-ci plaisante & vive, donne au public à chaque instant des productions nouvelles, sur tous les événemens qui frappent le Versificateur. Et combien y en a-t'il! Combien de Chansons, de petits Poëmes, de Sonnets, de Satyres & d'Odes paroissent tous les jours! La Langue Italienne offre des facilités aux Poëtes, qu'ils ne trouveroient dans aucune autre. Ils ne sont jamais plus piquans & plus ingénieux que dans la Satyre qui d'ordinaire y est fort libre, & y jouit d'une sorte d'impunité qui lui permet d'attaquer indistinctement les personnages les plus illustres comme les plus obscurs.

Les Odes des Poëtes ordinaires, ne sont qu'une imitation empoullée du style pindarique, & une foule d'idées prétendues sublimes, souvent mal assemblées, & qui n'ont aucun rapport au sujet que l'on traite, ou à celui que l'on veut louer. Aussi la plûpart de ces Poëmes sont reçûs très-froidement de ceux auxquels ils sont adressés; mais la même plume qui les a loués la veille, & qui n'a pas été recompensée, satyrise le lendemain, le même objet qu'elle avoit chanté.

Ces piéces ont quelque utilité pour les étrangers qui peuvent les lire dans la langue dans laquelle elles ont été écrites, en ce qu'elles mettent au fait de toutes les intrigues de la Ville & de la Cour de Rome. Car malgré la charge (*la caricatura*) fous laquelle les objets font repréfentés, on retrouve les traits principaux qui les font reconnoître. C'eft fur-tout dans le tems des conclaves, & immédiatement après, que ces pieces font plus curieufes, quand ceux qui ont été témoins de ce qui s'y eft paffé, fe mêlent d'en rendre compte.

En général le peuple Romain eft porté à la fatyre & à la plaifanterie, & perd un tems confidérable à fatisfaire fon goût à ce fujet. Je me rappelle d'avoir vû parmi plufieurs effets à vendre d'un Peintre de Rome, dont le nom étoit, je crois, le Cavalier *Ghezzi*, un recueil fingulier de portraits deffinés à la plume, tous en caricature, de Cardinaux, Ambaffadeurs, Princes, Princeffes, Prélats, & autres perfonnages vivans à Rome de fon tems, ils y étoient repréfentés de la maniere la plus ridicule, & cependant reconnoissables. Les noms étoient au bas de chacun ; il y en avoit une suite de plus de quatre cens en deux volumes.

L'Académie ou assemblée des Arcades a beaucoup plus de réputation dans les pays étrangers qu'à Rome même ; les membres qui la composent ne se donnent point le titre d'Académiciens, & affectent de ne se servir que des termes conformes à la qualité qu'ils prennent de bergers ou pasteurs d'Arcadie. Dans leurs délibérations, lettres d'aggrégation ou certificats, il ne se qualifient que par ces termes.. *La piena Adunanza della nostra letteraria republica.*

Cependant cet établissement mérite aussi bien le nom d'Académie qu'aucune autre assemblée de ce genre, qui soit en Italie, puisque son but est d'entretenir une noble émulation parmi les Poëtes & ceux qui cultivent les autres parties des Belles-Lettres. Le lieu destiné à ses assemblées est sur le Mont Janicule, dans un jardin qui a la forme d'un théâtre grec, dont les décorations & les scenes sont marquées par des palissades de lauriers. Les sieges sont de gazon, & le fond de la perspective représente en grand la flute à sept trous attribuée au Dieu *Pan*. C'est dans ce théâtre ou jardin que se tiennent les grandes assemblées des Arcades, qui se passent à reciter les vers Italiens, que les membres ont composé. Le tems des séances n'est point fixé.

Il n'y a gueres moins de deux mille personnes de tout état, de tout sexe, & de tout rang, agrégées à l'académie ou assemblée des Arcades; on voit sur son catalogue les noms des Rois, des Souverains Pontifes, des Princes, des Cardinaux, & de tous les gens de lettres de l'Europe. Il suffit que l'on soit connu par quelque ouvrage, ou que l'on ait un nom & un rang à décorer le catalogue, pour y être admis & recevoir des Lettres d'Aggrégation. Un Berger Arcade en crédit à Rome, peut y faire admettre même des étrangers, pourvû qu'il les présente & réponde de leurs talens. On a prétendu que le Custode de l'Arcadie, qui est le Chef de l'Assemblée, & qui en a le sceau, faisoit un commerce utile de ces Lettres d'Aggrégation; je n'ai rien vû qui puisse me le faire croire. On me proposa étant à Rome de m'y faire aggréger, & je reçus quelques tems après la Lettre d'Aggrégation, sans avoir fait aucune sollicitation, ni rien déboursé pour l'obtenir.

Cette Lettre adressée par le Custode Général au Récipiendaire, dit que N. Berger ayant fait rapport à l'Assemblée du goût que l'on a pour les Belles Lettres & les Arts, & de l'estime particuliere que l'on fait de l'Institut Pastoral de l'Arcadie. La pleine Assemblée de la République Littéraire ayant égard aux vertus rares, aux bonnes mœurs, &c. déclare Berger Arcade, avec le nom de N. tiré au sort, & le droit & l'honneur de venir réciter vers ou pieces de sa composition dans le *Bosco Parrhasio*. Il est dit ensuite qu'après un an on pourra demander une campagne à habiter: mais on déroge tout de suite à cette loi des Arcades en faveur des étrangers (*a*) en leur assignant dès l'instant même les campagnes dont ils doivent porter le

---

(*a*) La clause dérogatoire est conçue en ces termes: *Il saggio Collegio d'Arcadia derogando à qualunque decreto: ha nel medesimo Giorno assegnato al sudetto gentilissimo è valorosissimo Statilio lé campagne Orestée dallé quali Statilio Orestéo per l'avveniré dovra in Arcadia denominarsi.*

nom à la suite de celui d'Arcade. Ces Lettres sont signées du Custode Général dont le sceau est la flûte à sept trous avec ces mots *Gli Arcadi* dans une couronne formée de deux branches d'olivier & de pin. Au bas est le sceau particulier du Custode, qui a pour empreinte un chien couché au pied d'une houlette passée dans une couronne de fleurs avec cette légende autour *mirco Roseatico Custode Generale d'Arcadia*, qui est le nom du Custode actuel. Il paroît donc que les terres que l'on assigne pour habiter & mettre en valeur dans les campagnes heureuses & tranquilles de l'Arcadie, sont le prix que l'on doit mériter par une année d'épreuve.

Indépendamment du siége principal que les Arcades tiennent dans le *Bosco Parrhasio*, ils ont des Colonies répandues dans toutes les autres Villes de l'Etat Ecclésiastique, qui dépendent du Collége séant à Rome, & qui sans doute ont des occupations aussi brillantes. De tems en tems on en imprime le catalogue, avec l'état actuel de l'Arcadie, quelques-unes des pieces qui ont été récitées, & qui ont fait sensation; car si on vouloit faire un recueil de tout ce que produisent les Arcades, la collection seroit immense.

Les Bibliotheques publiques qui contribuent si efficacement à la propagation des sciences, & à former des sçavans, sont à Rome en assez grand nombre pour contenter tous ceux qui peuvent en avoir besoin. Les principales sont celles du Vatican, de la Minerve, de la Sapience, & de la Propagande. Les Princes Corsini ont rendu la leur publique, depuis quelque tems, celle du Collége Romain est très-nombreuse & paroît bien composée ; les principales Maisons Religieuses en ont de considérables, parmi lesquelles celles des Minimes de la Trinité du Mont tient un rang distingué, & par-tout on en permet aisément l'entrée. Ainsi on ne manque pas de ressouces de ce côté.

J'ai ouï beaucoup parler à Rome d'une Bibliotheque considérable & très-curieuse, que le Cardinal *Passionei* avoit formée à grands frais ; elle étoit au Palais de la Consulte que ce Cardinal avoit habité en qualité de Secretaire des Brefs ; j'ai tenté plusieurs fois de la voir ; mais il ne m'a pas été possible de satisfaire ma curiosité ; je crois que la Chambre Apostolique en a fait l'acquisition pour la réunir à celle du Vatican. On assure le que Général des Augustins a acheté cette bibliothéque, 30000 écus Romain.

Il est inutile de répéter ici ce que j'ai dit ailleurs de la Peinture, de la Sculpture & de l'Architecture; ces Arts existent à Rome, mais non dans la splendeur où ils s'y sont conservés jusqu'à la fin du dernier siecle. On y trouve quelques Artistes dignes d'éloges; mais il n'y a aucun de ces grands génies rivaux de la nature, dont la succession paroît interrompue.

L'Académie de ces Arts connue sous le nom d'Académie de St Luc, tient ses séances dans une maison qui lui a été donnée par Pierre de Cortone, située à côté de l'Eglise de Sainte Martine dans le *Campo Vaccino*, au bas du Capitole. Tous les Artistes qui y sont reçus, doivent y placer un ouvrage de leur façon, qui y reste & qui appartient à l'Académie, les Peintres un tableau, les Sculpteurs une statue ou un bas relief, & les Architectes quelque plan élevé d'édifice remarquable. Les Artistes s'assemblent pour les réceptions solemnelles dans une des salles du Palais des Conservateurs au Capitole.

On conserve dans cette Académie le Crâne de *Raphael d'Urbin* auquel tous les Artistes rendent un respect marqué ; mais cette relique fera renaître difficilement les grandes idées qu'elle a couvertes, & qui ont été conçues à son ombre.

Le Roi de France entretient à Rome douze jeune Eleves pour la Peinture, la Sculpture & l'Architecture, logés & nourris dans le Palais de l'Académie de France à Rome. Ils y restent trois ou quatre ans, sous la direction d'un Professeur de l'Académie de Peinture de Paris, nommé par le Roi ; c'est sous ses yeux qu'ils doivent s'exercer à l'étude des monumens précieux, antiques & modernes qui décorent cette Ville, & dessiner tous les jours, sur le nud pendant deux heures. Les places des Eleves sont la recompense des talens & de l'assiduité qu'ils ont fait paroître pendant leurs premieres années d'étude à Paris. Celle de Directeur est actuellement occupée par M. Natoire, ancien Professeur de l'Academie de Peinture, très-connu par ses talens distingués, & Chevalier de l'Ordre de St Michel.

La Musique a dans la Ville de Rome tant de Sujets qui en font leur occupation principale, que dans un si grand nombre, il y en a toujours quelques-uns dont les talens ont un éclat supérieur. Cependant tous les théâtres étoient occupés en 1762 par les productions des Maîtres de Chapelle étrangers ; & on ne leur avoit donné la préférence sur les Romains, que parce qu'ils la méritoient. J'y ai cependant entendu quelques oratorio ou concerts spirituels, très-bons & bien exécutés, de belles symphonies, & des voix éclatantes. A toutes les fêtes d'Eglises principales, & de Communautés Religieuses, on est sûr d'y trouver de la bonne musique, exécutée avec beaucoup de précision, sur-tout dans les maisons des femmes. J'ai connu une Supérieure, qui a beaucoup de talens & d'esprit joignoit une grande connoissance de la musique, laquelle en faisant chanter quelques-unes de ses Religieuses dont la voix étoit forte, dans des cornets ou entonnoirs de bois ou de fer blanc, formoit des basses-tailles & des tenores artificiels, dont l'effet faisoit vraiment illusion à ceux qui n'étoit pas dans le secret de l'exécution. Elle trouvoit dans sa maison assez de sujets pour former un concert complet d'instrumens & de voix, qu'elle dirigeoit elle-même étant à l'orgue ou au clavessin. Cette fille d'un mérite rare étoit Venitienne, & Supérieure d'une maison d'Ursulines de l'institut de France, établie dans ce siecle à Rome, & dotée par Dona Camilla Orsini, Princesse Borghese, & par Laura d'Este, Duchesse de Modene. C'est dans cette maison que l'on éleve les filles de la premiere distinction de Rome.

36. La Ville de Rome est située au 30ᵉ degrés 20 minutes de longitude, & au 40ᵉ dégrés 54 minutes de latitude sur un terrein fort inégal, naturellement fertile, couvert en partie de l'impétuosité des vents par sa position entre des petites montagnes ou collines qui l'en garantissent, la température y est fort douce. L'hiver de 1761 à 1762 que j'y ai passé, & qui paroissoit très-rigoureux à ses habitans, n'interrompit jamais le cours de la végétation. Il y eut dans le mois de Décembre quelques jours de gêlée pendant lesquelles on vit des glaçons aux fontaines exposées aux vents froids, & de la glace dans les bassins des jardins d'environ deux lignes d'épaisseur; mais à midi elle étoit fondue, & le soleil temperoit promptement la rigueur du froid. On pouvoit se prome-

*Climat de Rome & sa température. Cause de la population de la Campagne, maniere de la repeupler.*

ner : les jardiniers travailloient, & j'ai vû que l'ortolage nouvellement transplanté, souffroit peu de ces gêlées. Le terroir qui est sulphureux & très-absorbant, ne reçoit jamais l'impression de la gêlée à une grande profondeur, & ne se refroidit point. C'est ce qui fait que dans toute la campagne de Rome les pâturages fournissent même en hiver assez d'herbes pour nourrir le bétail du pays, & celui des contrées montueuses de l'Abruffe, de la Sabine, & de la Toscane qui y descend dans cette saison ; pendant tout le reste de l'hiver il y eut des jours assez chauds, & le soleil s'y faisoit sentir de façon à incommoder à la promenade, sur-tout quand *le Siroco* souffloit. La neige qui tombe quelquefois en abondance, tient peu sur la terre, & se fond à mesure qu'elle tombe. Les brouillards que les vents du midi amenent de la mer & des terres basses qui la bordent, sont quelquefois très-épais & même ont une odeur âcre ; mais ils ne sont pas fréquens, & ne durent dans leur force que quelques heures, ils se dissipent ordinairement à midi ; je ne me suis pas apperçu qu'ils causassent aucune incommodité, ou qu'ils rendissent la respiration plus difficile ; ils portent seulement par-tout une très-grande humidité, dont il est difficile de se garantir. Les journées les plus désagréables sont celles où les pluies tombent en abondance; elles sont fréquentes, en hiver, de même que les orages accompagnés de tonnerre & de grêle, qui y sont plus communs dans cette saison où ils sont peu nuisibles, qu'à la fin du printems & en été.

La beauté du climat & la douceur de sa température, font que les choses communes que l'on a coutume de planter dans les jardins, & qui y croissent presque sans aucun soin, y sont toujours abondantes & réussissent heureusement. Mais on n'y sçait pas ce que c'est que de se procurer quelque chose de précoce, soit en légumes ou hortolages, soit en fruits, tant il y a peu d'industrie & d'émulation dans ce pays.

Les Romains ont les plus beaux jardins & les plus heureusement situés, de l'eau par-tout & en abondance; mais excepté leurs plantations d'orangers & d'autres arbres de cette espece qu'ils soignent, & une grande quantité d'ortolages communs, ils n'imaginent pas de se rien procurer d'extraordinaire, & cela vient plus encore de leur nonchalance, que de l'habitude où ils sont de se contenter de peu : il n'y avoit point de pois verds à Rome à la fin d'Avril, & ils étoient communs à Naples dès les premiers jours de Mars. C'est cette négligence qui est la premiere cause de la dépopulation & de la stérilité de la Campagne de Rome.

C'est la remarque que firent des Hollandois que l'on avoit fait venir pour tenter le desséchement des Marais Pontains, qui après avoir examiné attentivement l'ouvrage qu'on leur proposoit, & en avoir vu les difficultés ; répondirent qu'il n'étoit pas nécessaire de chercher de nouvelles terres à cultiver, tandis qu'il y en avoit tant dans les environs de Rome, dans la Campagne, & même dans le Patrimoine qui étoient vagues & abandonnées.

Ce n'est pas que je pense que le desséchement de ces Marais, dont il paroît que l'on suit le projet avec une activité nouvelle, depuis quelques années, ne soit d'aucune conséquence pour la salubrité de l'air, & que l'on ne fasse très-sagement d'y travailler ; mais quand on aura réussi à dessécher plusieurs mille arpens de terre, en feront-ils mieux cultivées pour cela ? Où prendra-t-on des bras pour les briser & les mettre en valeur ? On cherche peut-être à augmenter la quantité des pâturages, mais toute la Campagne de Rome en est garnie.

Cependant c'est dans ce même pays qu'habiterent Janus & Evandre, Princes plus connus par leur intelligence dans l'agriculture que par leurs exploits guerriers. C'est-là que Romulus forma en si peu de tems une ville composée des seuls bannis des villes voisines qui n'existent plus, & dont il falloit que la population fut bien nombreuse, pour avoir tant de sujets inutiles ou à rejetter de leur sein. Etablissement qui s'accrût si vîte, que sous Numa, second Roi de Rome, la ville comptoit déja plus de quarante mille habitans, qui n'avoient point de commerce étranger, qui n'imaginoient pas que l'on put affronter les hazards de la mer pour aller chercher au loin sa subsistance, mais qui la trouvoient abondamment dans le pays même qu'ils habitoient ; & qui en tirerent dans la suite toutes les ressources nécessaires pour en former promptement l'empire le plus étendu & le plus puissant, qui ait jamais existé. C'est dans les travaux de l'agriculture que se formerent tant de grands Généraux, tant d'Hommes illustres dont les belles actions & les vertus héroïques, nous sont encore aujourd'hui proposée pour modéle. C'est l'abandon de cette même agriculture qui a été la cause de la décadence, & enfin de la ruine de cet empire, & ensuite du pays où il avoit son principal établissement.

Les inondations des barbares, Goths, Huns, Lombards & Vandales; les courses des Sarrazins, qui mettoient tout à feu & à sang, détruisant les habitations, coupant les arbres, massacrant ou faisant esclaves les habitans, porterent la désolation dans ce riche pays. Cependant s'il y eût eu une forme de gouvernement fixe; si l'autorité des Empereurs, ou même des Rois d'Italie y eût été assez bien établie pour se faire respecter, & laisser entrevoir aux habitans qu'ils trouveroient dans leur Souverain de la protection & de la sûreté, il n'est pas douteux que la beauté du pays & sa fertilité, ne les eussent engagés à y rester, à rétablir leurs anciennes habitations. Dès-lors il ne se fut pas dépeuplé.

Mais environ le neuvieme siecle, la désolation continuant de la part des barbares, les anciens habitans perdirent courage, & se retirerent. On commença peu après à s'appercevoir de la mauvaise qualité de l'air, les eaux devinrent stagnantes, parce qu'on ne prit aucunes précaution pour les faire écouler. Les bois ou plutôt les broussailles qui croissent & s'étendent très-promptement dans les terreins fertiles, couvrirent une partie du pays, ainsi qu'il est aisé de le voir surtout entre Rome & Ostie en approchant de la mer, où l'on s'apperçoit qu'il se forme encore de nouvelles accrues, qui à la vérité seront plus utiles, parce que depuis moins d'un siecle, on a élevé dans toute cette partie de fort beaux taillis, en arrachant les épines & ne laissant croître que les bois de bonne qualité.

Les troubles qui succéderent aux ravages des barbares, les différentes factions qui se formerent dans Rome même & aux environs, la grande & longue querelle des Papes avec les Empereurs au sujet des investitures, les schismes qui en furent la suite, le long séjour des Papes à Avignon, tout sembla se réunir, pour fixer ce pays dans l'état de désolation où il étoit insensiblement tombé. Mais on ne s'apperçoit pas que le retour des Papes à Rome ait beaucoup amélioré l'état des choses, il semble qu'ils ayent regardé ce mal comme irrémediable.

On ne pensoit pas ainsi ailleurs, car quand on proposa aux Peres du Concile général de Constance, d'établir quelques annates extraordinaires, en faveur de l'Eglise de Rome, pour l'entrenir dans l'état de splendeur où elle devoit être; ils répondirent qu'elle n'avoit qu'à mettre en valeur les terres de la Campagne de Rome, qui lui fourniroient abondamment de quoi se soutenir si elles étoient cultivées.

Il ne paroît pas que cette réponse si sensée, quoique ferme ait été suivie d'aucun effet bien marqué; au contraire la dépopulation a augmenté; on voit répandus dans la campagne plusieurs bâtimens de cultivateurs, qui probablement étoit alors habités, & qui actuellement sont en ruine.

Les villes d'Ostie & de Porto qui avoient encore quelque existence, ne sont plus que des retraites de criminels ou de gens sans aveu qui y sont à couvert des poursuites de la Justice, qui
les

les abandonne aux influences du mauvais air, auxquelles on prétend qu'ils ne peuvent pas résister long-tems. D'ailleurs le gouvernement en tire quelques avantages, en ce que ces malheureux sont forcés de travailler aux salines établies dans ce pays pour gagner leur subsistance, car ils ne s'avisent pas de cultiver les terres qui les environnent.

Il est vrai que l'on dit que l'air y est d'une qualité si pernicieuse, qu'il ne paroît pas possible de s'y accoutumer & d'y vivre. Pendant les chaleurs de l'été, il y est d'une pesanteur & d'une épaisseur sensible. J'ai ouï raconter au Curé d'Ostie qui y résidoit depuis trois ou quatre ans, qu'en été, il n'osoit pas se coucher ni rester long-tems dans la même place, que quant il lui arrivoit de dormir deux ou trois heures de suite, alors il se sentoit pressé de toutes parts d'un poids considérable, qui le jettoit dans l'engourdissement, rendoit la respiration pénible, & seroit suivi d'accidens plus considérables si l'on ne changeoit point de place, & si l'on ne faisoit pas pendant quelque tems des mouvemens forcés, pour rendre aux humeurs leur fluidité, & aux membres leur souplesse ordinaire; ce qui me paroît prouver démonstrativement qu'une des causes principales de l'intemperie de l'air vient de ce qu'il n'est pas assez brisé, parce que le pays est dépeuplé. Car l'air est tout aussi mauvais à Ostie & dans les environs, qu'aux Marais Pontins, à en juger par le tein & l'état habituel du peu d'habitans que l'on y rencontre.

Il faudroit donc cultiver le pays & le peupler: c'est la grande difficulté, & qui ne peut être vaincue qu'autant que le gouvernement y tiendra la main avec fermeté, & changera l'état actuel des choses; non en faisant des Ordonnances séveres qui ne seroient point exécutées; mais en encourageant les cultivateurs; en donnant l'exemple qu'il sera de son intérêt que l'on suive; en gagnant les grands propriétaires qui les seconderont; en s'emparant même de toutes les terres vagues & abandonnées, & en les cédant à ceux qui les mettront en valeur réelle. Pour cela il faut du tems & de la patience, & sur-tout commencer avec intention de continuer.

J'ai vu que l'on étoit fort attaché à Rome, au profit que rendoient les prairies & les autres pâturages, profit assez sûr, & qui ne coûte aucune espece de frais pour se le procurer. La multitude d'équipages & de chevaux qui font à Rome, confomment une grande quantité de foins qui fe vendent bien; & pour cela on multiplie les prairies. Les terres vagues nourriffent de grands troupeaux de bétail qui font néceffaires à la confommation de la ville, & à laquelle on croit que l'on ne pourroit pas fournir fans cela.

Mais il eft d'expérience que dans des terreins auffi fertiles, les terres cultivées produifent après les récoltes, beaucoup plus d'herbes & de meilleure qualité que les pâturages ordinaires, & qu'ainfi pendant l'hyver, les troupeaux y trouveroient une nourriture plus abondante. Enfuite le nombre des cultivateurs s'augmenteroit, le bétail s'y multiplieroit à proportion, & en peu de tems feroit au point de fournir à la confommation de Rome, tout ce qui lui feroit néceffaire, fans avoir befoin d'en tirer des Provinces étrangeres. Ainfi quant à cette partie, l'avantage doubleroit, en ce que le même bétail qui ferviroit à cultiver les terres, engraiffé enfuite du produit inutile de ces mêmes terres, tourneroit en entier au profit des cultivateurs. Outre cela ils s'habitueroient aifément à préparer des fromages d'auffi bonne qualité que la plûpart de ceux qui se tirent de la Lombardie, & dont la consommation est très-grande à Rome. Ainsi l'agriculture rétablie, & les terres mises en valeur, la Campagne de Rome produiroit des grains en abondance, du bétail de toute espece, & des fromages. Les grains y sont de la premiere qualité parmi ceux de l'Appennin, ce qui pourroit en faciliter l'exportation (*a*). Mais ce n'est pas encore ce qu'il faut entreprendre, il faut d'abord nourrir le pays.

---

(*a*) Il n'y a pas long-temps encore que ces campagnes fournissoient assez de grains non-seulement pour nourrir l'état, mais pour en fournir aux étrangers. Mais la chambre s'étant en quelque sorte approprié tout le commerce des grains & du bétail à titre de privilege exclusif; sous prétexte qu'elle feroit tout le profit de ce commerce qui deviendroit très-utile au Souverain; le particulier qui s'est vu réduit à la condition d'un colon esclave, & qui ne pouvoit plus espérer aucun bénéfice de ses travaux, s'est dégoûté & a cessé de cultiver & de nourrir. Je sçais très-certainement, que cette administration à laquelle la cour est actuellement fort attachée, a été cause en partie de la grande disette que Rome a éprouvée en 1764, & que si le commerce des bleds eut été libre, on en auroit trouvé dans le pays plus que l'on n'en a tiré.

Enfuite combien de côteaux couverts de forts impénétrables, de broussailles & d'épines, s'ils étoient défrichés, seroient d'une fertilité étonnante. Les oliviers & les vignes y réussiroient à merveilles; ces campagnes en ont jadis été couvertes, car ce n'est pas aux étrangers que Varron & Columelle (a) adressoient les préceptes qu'ils donnoient sur la maniere d'élever ces arbres & de les conserver. On n'en voit plus aucun en pleine campagne, on y trouve point de mûriers blancs, arbre qui croît si aisément partout, dans les terreins bas & aquatiques, & c'est le défaut de ces plantations qui rend le peuple de Rome & de la Campagne si misérable; parce qu'il est de nécessité à tirer de l'étranger, & à grands frais, les denrées de premiere consommation, telles que les

―――――――――――――

(a) V. Columel. l. 5. c. 9. *De seminariis olivarum faciendis.* Il a écrit & parlé pour tous les tems & tous les lieux, tant ses instructions sont nettes, précises & aisées à mettre en pratique. Cet admirable ouvrage sur l'économie rustique, de même que ceux de Varron & de M. Caton, sont trop négligés, & cependant seroient même à présent de la plus grande utilité, si on vouloit les consulter.

bleds, les vins, les huiles, le bétail, & les fromages ; tandis qu'il pourroit en avoir à revendre.

La culture du chanvre & du lin n'y eſt pas moins négligée ; il ſemble à préſent que ces graines ne produiroient rien, tant on ſe ſoucie peu d'en ſemer. Cependant que l'on conſulte encore le même Columelle, qui a ſi bien connu le pays, & les différentes qualités de ſes terroirs; il apprend où il convient de ſemer le chanvre, comment il faut préparer la terre; il entre dans les plus petits détails. Qu'il ſeroit utile pour toute la Campagne que l'on y ſuivît encore ſes inſtructions! Quiconque connoît Rome, ſçait combien la toile même la plus commune y eſt chere, tandis qu'elle pourroit y être à auſſi bon prix que dans aucune autre ville du monde.

Ces prés même, & ces pâturages auxquels les Romains ſont ſi fort attachés, ne leurs rendent pas à beaucoup près tout ce qu'ils pourroient en tirer. La plûpart ſont mouſſeux & ne produiſent que peu d'herbes, parce qu'ils auroient beſoin d'être rompus & renouvellés, le terrein en deviendroit plus vigoureux & plus fertile : mais on croiroit changer le pré de nature. D'ailleurs cette façon exigeroit d'abord quelque dépense que l'on retireroit dans l'année même, & que l'on ne veut pas faire, tant d'habitude de laisser les choses dans l'état où elles sont, est fortement enracinée. Il faut convenir encore que les grands proptétaires & ceux qui gerent leurs affaires, n'entendent absolument rien à l'économie rustique ; ils croiroient même se deshonorer, en s'occupant des détails dont les plus illustres des anciens Romains ont fait une étude sérieuse. Que ne se font-ils gloire de les imiter, en travaillant à rendre heureux & riche le pays qu'ils habitent, au lieu de contribuer à sa ruine en en tirant la substance, sans lui procurer aucune réparation.

Le soin des abeilles n'y est pas moins négligé que le reste, & la consommation de la cire est plus grande à Rome que dans aucune autre Ville du monde. Cependant où réussiroient-elles mieux, même dans l'état actuel des choses ? La campagne quelque abandonnée qu'elle soit, est couverte dès le mois de Mars, de plantes odoriférantes & de fleurs de toute espece, & par-tout il y a des sources d'eau vive. Dans le Milanois & dans la Toscane, chaque cultivateur ou propriétaire de campagne est obligé d'entretenir un certain nombre de rûches ; ils font libres d'en avoir au-delà de la quantité fixée, parce qu'on peut les multiplier fans aucun inconvénient au moins qui foit connu ; & quelle est l'Eglife de Rome, où la Maifon Religieufe qui dans la régie de fes biens à la campagne, ait penfé à ce foin économique, dont cependant elles devroient fentir tous les jours la néceffité ? Il en est de même de tous les autres objets d'économie ruftique, qui par-tout font négligés au point d'être abfolument inconnus, non-feulement dans les environs de Rome, mais dans la plus grande partie de la campagne, & du patrimoine de St Pierre.

Mais d'où tirer des cultivateurs, l'efpece manque ? Je fens que c'est la difficulté, qui retardera encore long-tems le bonheur de ce pays, fi l'on continue de s'en tenir à la fpéculation, & que l'on ne mette pas en pratique, les projets que l'on forme pour fon amélioration. On peut fuivre l'exemple qu'ont donné tant d'autres nations. La Veftphalie régorge de malheureux habitans qui n'ofent pas même penfer qu'ils font hommes, tant leur efclavage est dur,

& commence à leur paroître insupportable. Il faut les inviter à venir s'établir dans le pays du monde le plus fertile ; leur assurer la liberté, ce droit précieux de l'humanité ; leur donner quelque propriété, & ces gens naturellement laborieux & souples, feront de fidels cultivateurs attachés à leurs Maîtres, dans lesquels ils trouveront une protection constante, & dont ils feront traités en hommes. Ils contribueront à la population, ils éleveront une race d'hommes forts & actifs, qu'ils formeront en partie des enfans même du pays qu'on leur donnera à nourrir.

Car à quoi servent à l'état tous ces enfans trouvés & abandonnés que l'on éleve dans les Hôpitaux ? Que deviennent-ils ? En quoi contribuent-ils à la population ? Rien cependant n'est plus beau, plus honnête, plus dans l'ordre de la religion, que de veiller à la conservation de ces petites créatures infortunées ; c'est de-là d'où il faut tirer un nouveau peuple des cultivateurs. Dès que ces enfans peuvent se soutenir, qu'on les envoie à la campagne où ils prendront de bonne heure une éducation robuste, ou la bêche & le hoyau feront les jouets de leur enfance, où ils s'accoutumeront à connoître & à conduire le bétail, à suivre leurs instituteurs dans leurs travaux rustiques, à les imiter, à vouloir même les seconder. L'émulation & la gloire sont de tous les âges & de tous les états.

Le seul Hôpital du St Esprit pourroit envoyer tous les ans au moins trois cens enfans de deux sexes à la campagne ; il commenceroit d'abord par en peupler les nombreuses possessions qui lui appartiennent. Que l'on continue pendant vingt ans à suivre cette méthode, qu'une moitié de ces enfans vivent & viennent à l'âge d'être mariés, & on établit quinze cens familles de cultivateurs nés dans le pays même. Que le Gouvernement tienne la main à ce qu'on leur accorde de préférence, cette nombreuse quantité de dots qui se distribuent dans la Ville, & qui au lieu d'entretenir une vanité ridicule, la paresse & les vices qui l'accompagnent, seront employées à acquerir du bétail, les instrumens du labourage & quelques meubles nécessaires. Alors on verroit la campagne de Rome renaître de ses propres ruines, se peupler & devenir florissante.

Peut-être y auroit-il moins de Religieux des deux sexes ; mais qu'importe à l'honneur de la religion, aux intérêts de la vertu & de l'humanité qu'il y en ait un si grand nombre. Est-il nécessaire que le Couvent *d'Araceli* soit peuplé de quatre cens Cordeliers ? Le quart ne suffiroit-il pas pour remplir les charges de cette maison, & occuper les ruines du Temple de Jupiter Capitolin ? Il en est de même de tous les Ordres mendians qui sont extrêmement multipliés, & vraiment à la charge du peuple. Avant qu'ils n'existassent, la chaire de St Pierre étoit solidement établie, & les états de l'Eglise étoient plus fertiles & plus peuplés.

Il paroît que la plus grande dépense seroit de bâtir des habitations pour ces nouveaux cultivateurs, des écuries, des granges, & tout ce qui est nécessaire au ménage de la campagne. Mais on trouve par-tout dans la campagne de Rome des matériaux épars, qui coûteroient peu à rassembler, & qui sont des preuves de sa grande population dans des tems plus reculés. On y voit même des demeures toutes construites, quantité de tours abandonnées, de voûtes encore solides, de monumens absolument dégradés, serviroient à ces usages; d'ailleurs les bâtimens destinés aux limples cultivateurs, font peu difpendieux dans un climat auffi doux. Ceux que leur économie & leur application au travail mettroient en état de devenir propriétaires, pourroient dans la fuite fe donner plus d'aifances.

Quant à la maniere de commencer cette population, elle doit fe faire de proche en proche; c'eft-à dire joignant les métairies & habitations plus voifines de Rome, en s'étendant enfuite dans toute la campagne & jufqu'à la mer. On s'aguerrira infenfiblement contre la crainte du mauvais air, ou peut-être il y a autant d'idéal que de réel, & un terrein ne paroîtra pas plus dangereux à habiter qu'un autre. Les champs qui avoifinent le Tibre au nord de la Ville, entre le Vatican & Pontémolle, qui font tous habités & cultivés, ne rendent peut-être pas des exhalaifons plus favorables que les terres abandonnées, qui font à fept ou huit mille de-là au couchant & au nord, fur-tout après les inondations de ce fleuve que l'on fçait être très-fréquentes. Croit-on encore que toute la partie qui eft entre les portes *Pinciana & Pia & le Teveroné* qui eft baffe & aquatique, qui cependant eft peuplée d'une multitude de vignes habitées par les propriétaires Romains, une partie de l'année, soit beaucoup plus saine, que les hauteurs que l'on trouve entre Rome & Ostie, à cinq ou six mille de la Ville.

D'ailleurs dans la construction de ces nouvelles habitations, on prendroit garde de disposer les fenêtres de façon que les vents pussent rafraîchir & changer l'air librement, on ménageroit des ouvertures sur-tout du côté du nord; on les entourreroit d'arbres, qui, suivant Columelle & Varron, garantissent des mauvais vents, entretiennent une fraîcheur salutaire, & contribuent beaucoup à la salubrité de l'air. On multiplieroit les arbres fruitiers. L'orme & le peuplier si utiles pour les constructions, s'éleveroient dans les terreins bas, & embelliroient la perspective; enfin on renouvelleroit ce pays, en lui rendant sa premiere existance (a)

―――――――――――――――

(a) J'ai vu à la *Villa Madama* qui appartient à la succession Farnese, sur le *Monte Mario*, dans les bosquets qui l'environnent, des lauriers francs de quatre-vingt à cent pieds de hauteur, dont un exactement mesuré avoit trois pieds de diamètre; que l'on juge par la grosseur de cet arbre, avec quelle force la végé-

On s'étonnera qu'un étranger s'intéresse si vivement au bonheur & à la richesse d'un pays où rien ne l'attache : mais je crois qu'il suffit de l'avoir vû dans l'état où il est, pour être touché d'une sorte de compassion, sur la nonchalance de ceux qui l'habitent. Dans les fréquentes courses & promenades que j'ai faites aux environs de Rome, j'ai été occupé de ces idées ; combien j'ai vû

————————

tation se fait dans tous ces terreins. Si dans ces campagnes abandonnées on multiplioit les peupliers d'Italie, qui suivant les nouvelles observations sur cet arbre imprimées en 1764 ; croissent si promptement, qu'en trois ans, une bouture de douze pouces de longeur sur un pouce de circonférence produit un arbre de dix-huit pieds de hauteur ; qui une fois arrivé à ce point s'éleve en douze ans à la plus grande hauteur, sur un diamètre de vingt-sept pouces. Quelle ressource ne trouveroit-on pas dans cet arbre seul pour toutes les constructions de la campagne, le chauffage, les charbons ? Où croîtroit-il plus heureusement & plus vîte que dans toutes les terres abandonnées & incultes dont j'ai parlé qu'il embelliroit merveilleusement. Ceux qui ont vu les belles allées des Parcs de la Venerie & de Stupinigi en Piémont, les environs de Milan, les bords de la Brenta, peuvent juger de la beauté de cet arbre quand il est à un certain point de hauteur.

de situations délicieuses, dans les plus beaux points de vûe, arrosées de fontaines abondantes, où les plus belles plantes croissent volontairement, qui ne demandoient que de l'intelligence & du courage, pour y former des habitations charmantes ; combien j'ai souhaité d'y travailler moi-même, malgré les exagérations des Romains sur les qualités dangereuses de l'air que l'on y respire. J'avoue que leurs craintes ne me touchoient pas, & que j'ai toujours crû qu'avec quelques précautions, il seroit aisé de s'en garantir, & sur-tout d'y trouver de ces retraites tranquilles, dans lesquelles on pourroit jouir de l'accomplissement des vœux que la Philosophie & la raison faisoit former à Horace.

*Hoc erat in votis modus agri non ita magnus,*
*Hortus ubi & tecto vicinus, jugis aquæ fons,*
*Et paulum sylvæ super his.......*

Sat. VI.

## Saint Pierre de Rome. Palais du Vatican. Basiliques & autres Eglises. Tableaux, Statues, antiques & modernes.

*Eglise de St Pierre.* 37. LES détails que je viens de donner sur Rome moderne, pourront paroître intéressans à ceux qui veulent se former une idée vraie du gouvernement de cette Cour Ecclésiastique, toujours célébre dans le monde catholique, & des mœurs actuelles de la Ville. C'est cependant ce qu'on y va le moins examiner. On se contente de quelques idées que l'on en a prises dans des relations souvent idéales ; on y arrive avec des préjugés que l'on y conserve, & que l'on en rapporte, tant ces objets paroissent peu intéressans. Il semble que l'on ne doive aller à Rome que pour en considérer le spectacle extérieur & les beautés physique. Elles y sont à un degré de perfection que l'on ne trouve point ailleurs ; ainsi il n'est pas étonnant qu'elles emportent toute l'attention des voyageurs.

Je n'entrerai point dans un détail exact, de tout ce que les Arts depuis leur rétabliſſement y ont produit de merveilleux, je parlerai de ce qui m'a le plus frappé, de ce que j'ai examiné avec le plus de ſoin, pour continuer à mettre dans ces mémoires l'exactitude à laquelle je me ſuis aſſujetti juſqu'à préſent.

Rien au monde ne peut être comparé à l'Egliſe de St Pierre de Rome, pour l'étendue & la beauté des proportions, la richeſſe & l'élégance des ornemens, le ſoin & la propreté avec laquelle elle eſt entretenue ; il faut la voir pluſieurs fois avant que d'en connoître les beautés, & l'examiner dans un grand détail, pour juger de la grandeur du deſſein, de la hardieſſe de l'entrepriſe, & de la perfection avec laquelle elle a été ſuivie.

Cet édifice fut commencé en 1506, ſous le Pontificat de Jules II qui en poſa la premiere pierre le 18 Avril. Bramante en étoit l'Architecte, & ſon deſſein étoit de faire une Egliſe en Croix Latine. Le veſtibule ou portique devoit être porté par trente-ſix colonnes, dans le goût de celui du Pantheon, & à peu près dans les mêmes dimensions. Le Bramante, en six ans de travail, éleva les quatre pilliers sur lesquels la coupole devoit être appuyée jusqu'à leur entablement circulaire, & partie de la branche orientale de la Croix.

Le Bramante étant mort en 1514, Leon X successeur de Jules II, confia la continuation de cet édifice à Jules de *Sangallo*, *à* Fra *Giocondo* de Veronne, & à *Raphael d'Urbin.* Ces trois Artistes vécurent peu, aucun d'eux n'existoit à la fin de 1520, & ils n'eurent que le tems de fortifier & de revêtir les quatre pilliers que le Bramante avoit élévés. Antoine Sangallo frere de Jules & Baltazar Peruzzi, furent chargés de suivre cette construction sur le même plan, que le Peruzzi réforma en plusieurs parties, le restreignant à la forme d'une Croix Grecque. Il ajouta quatre petites coupoles à la grande, qui sont à chaque canton de la Croix, il ne fit rien exécuter de ce plan, il continua seulement la branche orientale de la croisée.

Adrien VI qui succéda à Leon X sans goût pour les Beaux Arts, laissa le Temple comme il l'avoit trouvé; il regna peu. Les malheurs de la guerre & le sac de Rome, sous le Pontificat de Clement VII, suspendirent & arrêterent les progrès de l'édifice ; & Antoine *Sangallo* qui en étoit resté le seul Architecte sous Paul III, ne fit que le modèle en bois que l'on voit encore dans une des salles du Vatican. Il mourut en 1546.

Le Pape fit alors venir à Rome *Michel-Ange Buonarotti* auquel il laissa la conduite de tout l'Edifice. Cet habile homme, sans faire un plan nouveau, réforma le premier qui lui paroissoit gigantesque, & préféra la Croix Grecque de *Peruzzi*, à la Croix Latine de *Bramante*, restreignit la grandeur des branches, renforça les piliers de la coupole, couronna les quatre arcades d'un entablement circulaire, fit élever les branches du côté du nord & du midi, & avança tellement l'ouvrage, qu'en 1557 les grandes voûtes & le tambour de la coupole étoient finis, & tout le reste de la construction revêtu de pierre vives, car le massif n'est que de briques.

Michel-Ange mourut en 1566, ne laissant plus rien d'essentiel à construire, que la grande coupole ; il avoit eu pour second Jacques *Barozzio* dit *Vignola*, qui lui succéda, & auquel on donna pour adjoint *Pirro Ligorio* bon Artiste, mais présomptueux, qui voulut faire plusieurs changemens au plan de Michel-Ange, & qui fut renvoyé pour cela par le Pape Pie V.

Vignola ne s'occupa qu'à revêtir l'extérieur du Temple de pierres travertines dans la forme que l'on voit encore aujourd'hui. Il laissa les desseins des quatre petits dômes, & mourut en 1573. L'édifice languit sous le Pontificat de Grégoire XIII, qui commença cependant à décorer l'intérieur. Mais Sixte V, étant monté sur le throne de l'Eglise en 1585, son premier soin fut d'imaginer comment il pourroit faire terminer ce magnifique édifice. Il nomma Dominique *Fontana* pour adjoint, à Jacques *de la Porte* qui avoit travaillé sous les yeux de Vignola dont il étoit l'Eleve, & leur ordonna de construire cette formidable coupole qui sembloit avoir été l'écueil du génie de tous ceux qui les avoient précédé. L'esprit hardi & entreprenant du Pontife, anima les Artistes d'une noble audace; ils formerent leur plan, & cette mémorable voûte fut commencée le 15 Juillet 1588. Six cens ouvriers excités par un Souverain abſolu y travaillerent jour & nuit, & l'ouvrage alla ſi vîte, que la derniere pierre benite par le Pape après une Meſſe ſolemnelle, y fut placée le 14 Mai 1590, au bruit de l'Artillerie du Château St Ange. Au mois de Novembre ſuivant, le couronnement fut achevé, & le dôme mis au point où il eſt encore.

Le Pape Paul V ayant été élu en 1605, nomma Charles Maderne, Architecte de l'Egliſe de St Pierre, & ſongea à porter ce magnifique édifice à ſon degré de perfection. Ce Souverain Pontife qui a beaucoup contribué à l'embelliſſement de la nouvelle Rome, voulut avoir la gloire de mettre la derniere main à un monument qui devoit ſurpaſſer tout ce qui avoit exiſté de plus beau dans ce genre.

*Michel-Ange* pour faire un édifice vaſte & dégagé de toutes parts, rempli de l'idée des beautés antiques ſur leſquelles il avoit formé ſon goût, avoit négligé certaines pieces d'un uſage habituel & néceſſaire dans les temples du chriſtianiſme. Il n'avoit déſigné dans l'intérieur aucun endroit pour le chœur des Chanoines, la Sacriftie, &c. ( on ne peut pas trop dire où le *Bramante* les auroit placés ) il n'en avoit pas plus ménagé dans l'intérieur ; il vouloit que fa bafilique fût ifolée, & que de tous les côtés fes contours fuffent réguliers, toujours en fuivant le goût des plus belles conftructions antiques. Mais enfin il falloit que ce Temple fût de maniere, non-feulement à être le plus bel édifice que l'on eût encore imaginé, mais encore à pouvoir y faire le fervice divin.

Pour cela il fallut réformer quelque chofe au plan, & on en revient aux premieres idées de *Bramante*. On allongea la branche orientale de la Croix Grecque de trois arcs. Il fallut démolir l'ancien portique, & en conftruire un nouveau ; ce qui fut exécuté fur les deffeins de Charles *Maderne*, dans l'état où on le voit aujourd'hui.

Dans le deffein de *Michel-Ange* on devoit avoir la vue de tout le dehors du Temple, & des extrémités circulaires des deux branches de la grande croifée ; mais dans le nouveau plan le portique ayant été fort allongé de même que la branche orientale de la Croix, pour y placer les deux campaniles qui couronnent cette partie ; le corps de l'édifice & tous ses contours furent masqués par ces constructions nouvelles.

Elles furent achevées en 1614., & élevées à la hauteur où elles sont à présent à quelques ornemens près qui y ont été ajoutés.

Le frontispice eu égard à la grandeur du Temple, paroît un peu bas, la raison en est qu'il est presque quarré. *Le Maderne* lui donna cette forme pour ne rien masquer des campaniles & de la grande coupole. C'est à quoi n'ont pas fait attention ceux qui disent qu'il n'est pas d'une proportion assez majestueuse pour le reste de l'édifice.

Il est composé d'un grand ordre surmonté d'un attique terminé par une gallerie sur laquelle sont placées les statues du Sauveur, & des Apôtres d'environ douze pieds de proportion. Celles de St Pierre & de St Paul sont au bas de l'escalier du perron qui précède le vestibule. Les ornemens de sculpture des meilleurs Artistes du tems, y sont disposés avec goût.

Ce grand ouvrage fut achevé dans l'espace de six ans, ainsi que l'apprend l'inscription qui est sur la frise entre l'architrave & l'attique.

*In honorem Principis Apostolorum : Paulus V, Burghesius romanus, Pont. Maxim. Anno, M D C XII, Pontificatûs VII.*

La magnifique colonade qui entoure la place de St. Pierre, & qui forme de chaque côté un grand demi-cercle, seroit peut-être au-dessus de tout ce que l'antiquité a jamais eu de beau dans ce genre si elle étoit exécutée en marbre, quoique la pierre que l'on y a employée soit d'un beau choix. Elle forme une grande gallerie couverte qui tourne autour de la place, & qui est soutenue par quatre rangs de grosses colonnes, avec des corps avancés & des frontons aux deux extrémités, & au milieu de chaque demi-cercle. Tout l'ouvrage est couronné par une balustrade sur laquelle sont placées cent trente-six statues des Saints Martyrs & Fondateurs d'Ordre, & d'espace en espace les trophées d'armes des Souverains Pontifes qui ont fait travailler à l'Eglise St Pierre. Le Pape Alexandre

Alexandre VII posa le 25 Août 1661, la premiere pierre de cette belle construction qui fut exécutée fort promptement sur les desseins & sous les yeux du Cavalier Bernin.

38. Le Pape Sixte V avoit fait ériger le grand obélisque qui est au milieu de la place (*a*). C'est le seul que l'on ait

Obélisques.

---

(*a*) Ces Obélisques sont un des ornemens les plus precieux de Rome, & les restes les plus remarquables de son ancienne magnificence. Ces masses énormes faites d'un seul bloc de pierre ont été travaillées dans la haute Égypte. On voit à *Tebé* & à *Siené* les carrieres d'où elles ont été tirées. On appelle cette pierre ou marbre, granite rouge d'Egypte. Elle est extrêmement dure & pesante, d'un grain très-fin, & prend bien le poli, mais avec peine. Il y a un autre espece de granite aussi dur que le porphyre : qui prend un poli aussi éclatant, & dont les parties ont la même configuration. Le porphyre est rouge foncé marqueté de taches blanches : ce granite est bleu foncé marqueté de petites taches blanches à-peu-près égales. On l'appelle granite oriental, & il est mis au rang des marbres les plus précieux. Il est plus rare que le porphyre ; les plus grands morceaux que j'en aie vu sont les deux tombeaux qui sont dans la Chapelle des Medicis à Florence. On ignore où en étoient les carrieres.

Les Obélisques qui sont à Rome, sont de

*Tome V.* P

retrouvé entier ; dans l'emplacement où est aujourd'hui la Sacriftie de St Pierre, qui étoit autrefois occupé par le cirque

---

granite rouge d'Egypte. Il y a quelques colonnes de ce même marbre précieux ; mais la grande quantité de colonnes que l'on appelle de granite, font d'un marbre d'Egypte fort dur, rouge mêlé de petites taches noires, parmi lesquelles font des criftallifations prefqu'auffi dures que le diamant. Ce granite reffemble beaucoup à celui de l'ifle d'Elbe, mais les couleurs en font plus éclatantes & le grain plus fin.

Ces Obélifques n'ont point été taillés dans le tems des Romains, ni même fous le regne des Rois d'Egypte venus de l'Afie ; Il eft probable qu'ils font de la plus haute antiquité, du tems des premiers Rois Pafteurs de l'Egypte, plus de mille ans avant que les Affyriens n'y pénétraffent. Car dans le tems des Rois Afiatiques on avoit perdu l'idée de cette ancienne magnificence ; les Romains étonnés de la beauté de ces monumens, les firent tranfporter à Rome, & en décorerent les Places publiques, les Cirques & autres lieux où ils fe plaifoient à étaler leur fomptuofité.

Voici ce que Pline en dit : l. 36. c. 8. *Trabes ex lapide Syenite fecere reges quodam certamine, obelifcos vocantes folis numini facratos. Radiorum ejus argumentum in effigie eft, & ita fignificatur nomine Egyptio. Primus omnium inftituit Mytres, fculpturæ vero, effigies que quas videmus, Ægyptiæ funt litteræ.*

de Neron. Il eſt plus gros que les autres & paroît d'une proportion plus majeſtueuſe. Il eſt ſurmonté d'une Croix de

———————————

Le nom de *Mitrés* que Pline donne à celui qui imagina les obéliſques, n'eſt autre choſe que le Soleil même : ce qui prouve la grande antiquité de ces monumens.

Pour bien juger de la peſanteur énorme des grands obéliſques, il faut ſe rappeller que Pline dit qu'on n'avoit point encore vu de vaiſſeau auſſi grand que celui qui apporta l'obéliſque que Caligula fit venir d'Alexandrie à Rome, qui eſt actuellement élevé à la Place St Pierre, & voir enſuite celui qui a été tiré, ſous le Pontificat de Benoît XIV, de l'endroit où il étoit enterré ſous quelques maiſons derriere l'Egliſe de St. Laurent *in Lucina* ; il a environ ſoixante-ſix pieds de longueur, & eſt chargé à toutes ſes faces de caractères hyérogliſiques, rompu en pluſieurs morceaux, & fort mutilé ; il fut tranſporté à Rome par ordre d'Auguſte, & placé dans le Champ de Mars, où il ſervoit de méridien. On voit dans la cour où il eſt, le ſocle & le piédeſtal, l'un de granite & l'autre de marbre grec, ſur leſquels il étoit poſé. Juſqu'à préſent on n'a pas eu l'idée de le relever. Il me paroît qu'il ſeroit convenablement dans la place du Quirinal, devant le Palais du Pape.

Tous ces obéliſques conſacrés au culte du Soleil dont ils repréſentoient les rayons, ſont chargés de caractères hyérogliſiques, deſquels on a donné diverſes explications, qui toutes

bronze doré, appuyée sur les trois montagnes, symboles des armes de ce Souverain Pontife. Cette masse énorme est

s'accordent à prouver que c'étoient des monumens publics destinés à enseigner au peuple, par le ministère des Prêtres, ce qu'il étoit à propos qu'il sçut des mystères du culte religieux, & encore à l'instruire sur le tems auquel il devoit commencer les différens travaux annuels.

Des voyageurs modernes qui ont pénétré jusques dans la haute Egypte, disent que l'on y voit encore plusieurs obélisques, quelques-uns sont élevés, d'autres sont à terre & brisés. On en voit qui sont d'une grandeur considérable, dans les carrieres de la Thébaïde, mais qui ne sont pas encore détachés du lit où on a commencé à les tailler, & il paroît que ce travail a été abandonné depuis une longue suite de siécles.

L'ancienne Rome a été décorée d'un plus grand nombre d'obélisques qu'il n'y en reste : on trouve en différens quartiers de la ville des morceaux de granite rouge d'Egypte, qui ressemblent beaucoup à des parties d'obélisques brisés par les barbares.

Ce granite a été connu des anciens sous le nom de *Lapis Egyptius*, *Thebaïcus*, *Sienites*. Sous ces différens noms je crois qu'ils comprenoient non-seulement le granite rouge qui a servi à faire les Obélisques, mais encore toutes les pierres de même qualité que l'on tiroit d'Egypte,

soutenue en apparence par quatre lions de bronze qui sont à sa base ; mais elle est plantée sur cinq barres de fer d'une gros-

---

comme il s'est trouvé des gens qui ont aimé à douter de tout, ils ont avancé que ce marbre étoit factice ; ils ne l'avoient certainement ni vû ni examiné ; il est de la plus grande dureté, très-lourd, & prend le plus beau poli qu'il conserve long-tems. Le poids énorme de ces masses, & des colonnes de la Rotonde & de St. Paul, avoit donné lieu à cette idée destituée de tout fondement. J'en ai remarqué plusieurs morceaux à Rome qui servent de bornes, & qui résistent plus long-tems aux frottemens des voitures & autres corps lourds, que toute autre espece de marbre. En général les marbres antiques d'Eygpte, tels que les granites, le porphyre, le basalte ou marbre noir sont d'une dureté qui approche de celle du fer.

Les Obélisques qui restent à Rome sont les quatre grands ; de la place St Pierre, qui étoit autrefois surmonté d'une boule de cuivre doré, que l'on croyoit enfermer les cendres de Neron, mais le Fontana qui ouvrit cette boule n'y trouva que très-peu de terre. De St Jean de Latran, de la porte du Peuple & de Ste Marie Majeure.

Les petits sont ceux de la Place Navonne, de la Minerve, de la Rotonde, de la Villa Medicis, & de la Villa Mathei.

Il en reste d'autres qui ne sont point élevés &

seur prodigieuse, qui tiennent plombées dans le massif du piedestal, formé de très-grosses pierres liées ensemble par des barres de fer, & qui a vingt-un pieds de profondeur, sur plus de trente de largeur de toutes faces.

Cet obélisque dont le fust a plus de soixante & douze pieds de hauteur, fut élevé en cinq heures de tems, le 10 Septembre 1588, & mis en place à l'aide d'une machine très-ingénieusement inventée par l'Achitecte Dominique *Fontana*. Huit cens hommes & cent soixante chevaux qui la faisoient marcher, éleverent en cinquante-deux reprises d'un mouvement égal cette masse d'un poids énorme, & la poserent perpendiculairement sur les barres de fer qui la tiennent dans son point d'appui. On peut voir le modèle de cette machine dans la gallerie du Collége Romain ; & la

―――――――――――

qui sont ceux du Palais Barberin, de la Place St Jean de Latran ; le grand qui est derriere St Laurent *in Lucina* dont j'ai parlé, & un semblable à celui de Ste Marie Majeure que l'on sçait être sous terre à côté de l'Eglise de St Roch, vis-à-vis le Port de Ripetta, reste des quarante-huit Obélisques dont la Ville de Rome étoit autrefois décorée suivant Aurelius Victor.

maniere dont elle fut mise en mouvement avec la position des hommes & des chevaux, parmi les peintures de la seconde gallerie ajoutée à la Bibliotheque du Vatican.

Paul V fit construire la fontaine qui est à droite, & Innocent X celle qui est à gauche de la place ; toutes les deux à égale distance de l'obélisque, sont revêtues des plus beaux marbres, & les bassins du haut sont de granite antique d'Egypte. Mais ce qu'il y a de plus rare, c'est la quantité d'eau que jettent continuellement ces deux fontaines, & à une telle hauteur qu'elles forment une gerbe épaisse & blanche qui paroît se dissiper en retombant.

Le vestibule est décoré avec une magnificence qui répond au superbe édifice qu'il annonce. L'*Algardi* & le *Bernin* ont fait les principaux ornemens de sculpture ; on y remarquera sur-tout le bas relief qui est au-dessus de la porte du milieu qui représente la tradition des clefs à St Pierre, vis-à-vis est une ancienne mosaïque du *Giotto*, qui peut servir à donner une idée de l'Art des Peintres de son tems, elle a pour sujet la barque agitée des vents, & St. Pierre marchant sur les eaux & venant à J. C.

aux deux côtés de la barque on voit les vents contraires qui fous la figure des diables, foufflent la tempête ; le veftibule eft encore enrichi de plufieurs belles colonnes de marbre antique, d'ordre Ionique, le plafond eft en ftucs dorés à compartimens.

Dans les deux galleries couvertes qui font à chaque côté du veftibule, font les ftatues équeftres de Conftantin & de Charlemangne, toutes deux de taille héroïque, placées dans de grandes niches en renfoncement fous des pavillons & des draperies, jettés avec beaucoup d'art & de goût. Conftantin eft repréfenté dans l'inftant où le figne, fous lequel il devoit vaincre, lui apparût ; l'étonnement eft peint fur fon vifage, il veut retenir fon cheval qui fe dreffe, ce grouppe du Cavalier *Bernin* a un air fvelte & de mouvement, qui fixe plus l'attention que la ftatue de Charlemagne qui eft oppofée ; ce Prince a la couronne de laurier fur la tête comme les Empereurs Romains.

La décoration de ce veftibule eft fi riche & fi majeftueufe que l'on prétend qu'un Suiffe qui étoit venu exprès de fon pays pour voir l'Eglife de St Pierre de Rome ; après l'avoir bien examiné, fut si étonné de sa beauté, qu'il s'en retourna sans entrer dans l'Eglise, & ne voulut jamais entendre qu'il n'en avoit vû que le vestibule.

L'Eglise de St. Pierre a dans œuvre six cens pieds de longueur, quatre cens quarante pieds de largeur à la croisée. La nef principale a quatre-vingt-six pieds de largeur, & cent quarante-quatre pieds de hauteur; le diametre intérieur de la coupole est de cent quarante pieds, & la hauteur totale de l'édifice du plan ou sol de l'Eglise, jusqu'à l'extrêmité de la Croix qui est au-dessus de la boule est de quatre cens quarante-trois pieds. *Dedans de l'Eglise St Pierre. Mosaïques de Rome.*

Pour bien juger de la magnificence de cette construction, il faut la visiter par dehors, monter sur les terrasses, pénétrer dans l'épaisseur des murs & des piliers qui soutiennent la coupole, enfin en faire la visite avec un artiste qui en connoisse la distribution & en fasse observer les beautés, ( comme je l'ai faite avec l'Architecte même de l'Eglise ) alors cette fabrique paroît immense dans ses détails; je l'ai parcourue plusieurs fois, & jamais je ne me suis lassé de l'admirer. Tout y est entretenu avec un soin & une propreté admirable; le comble des voûtes est recouvert par une charpente legere, les terrasses sont revêtues de lames de plomb, & toutes les eaux se rassemblent dans des bassins, auxquels répondent des cors qui les portent jusqu'en bas. Cette lanterne qui couronne la coupole, & qui de la Place a l'air si legere, est une seconde coupole, entourrée d'une colonnade détachée du mur de construction, autour de laquelle on se promene à son aise & en sûreté. La boule de bronze doré qui est au-dessus & qui soutient la Croix, a huit ou dix pieds de diametre. Nous y montâmes sept ou huit personnes ensemble, & nous nous y rangeâmes fort à notre aise. Le vrai tems pour faire cette visite, qui est longue & fatiguante, est un beau jour d'hiver à Rome. Dans le printems l'ardeur du soleil n'y seroit pas suportable; au mois de décembre, je sentois très-vivement les rayons du soleil qui frappoient la boule. On prétend qu'en été on y évanouiroit tout de suite.

L'Eglise de Saint Pierre, que l'on peut regarder comme la merveille du monde, que l'on ne se lasse jamais de voir, parce que l'on y trouve toujours de nouvelles beautés à remarquer; sur laquelle on a déja écrit tant de volumes, & que l'on n'a pas encore assez louée, n'étonne pas au premier abord ; tout y eſt ſi bien proportionné, ſi parfaitement à ſa place, que ſa grandeur n'a rien de frappant, ſes ornemens n'éblouiſſent pas, ſa richeſſe paroît naturelle ; le premier ſentiment qu'elle inſpire eſt celui du reſpect & de l'admiration. On ſe ſent pénétré de la Majeſté même du Dieu au culte duquel elle a été conſacrée. C'eſt ſon Temple, c'eſt le lieu dans lequel on doit l'adorer. J'en parle d'après ce que j'éprouvai en y entrant pour la premiere fois ; Je n'y remarquai rien, pour avoir trop de choſes à voir, & pour vouloir tout examiner en même-tems. Ce n'eſt donc qu'après de fréquentes viſites, & en conſidérant tout par détail, que l'on peut ſe former une idée de ce magnifique édifice, que les deſcriptions mêmes ne peuvent pas donner.

Pour éviter les redites, je ne parlerai que de ce qu'il y a de plus frappant. Les marbres les plus précieux, le bronze & l'or forment ſa décoration & y éclatent de toute part. Le pavé répond à la beauté des revêtiſſemens, & les plafonds des voûtes, travaillés en ſtucs par compartimens, & dorés, couronnent avantageuſement l'intérieur de ce magnifique édifice.

Trois inſcriptions placées au-dedans

de l'Eglise, au-dessus des portes principales, dans des cartels très-ornés, apprennent : la I<sup>e</sup>. que Paul V acheva en entier cette Eglise commencée par Jules II. On peut remarquer à ce sujet que la premiere pierre fut posée en 1505, cent ans avant l'exaltation de Paul V, qui dans l'espace de six ans, fit plus qu'aucun de ses prédécesseurs. La II. que le Pape Urbain VIII consacra l'Eglise après avoir élevé le pavillon qui est au-dessus de l'autel, ou confession de St. Pierre, & ajouté plusieurs autres ornemens. La III. qu'Innocent X fit le revêtissement des bas côtés qu'il orna de colonnes de marbres choisis, & fit poser le magnifique pavé à grands desseins de marbres de rapport. Cette partie surtout est du meilleur goût de décoration aussi riche que solide.

La nef principale & les croisées sont décorées de plusieurs grandes statues des Saints Fondateurs d'Ordre, placées dans de grandes niches & de plusieurs médaillons en marbre des premiers Papes. Les tableaux des autels qui étoient de la main des meilleurs Maîtres, & que l'humidité commençoit à altérer, ont été remplacés par des copies exécutées en mosaïque, de même grandeur & de même proportion, dans le même goût de deſſein, & le même ton de couleurs que les originaux. Par ce moyen on leur a aſſuré une durée inaltérable.

La Moſaïque invention précieuſe, connues des anciens ſous le nom d'*Opus Muſivum Vermiculatum*, & perpétuée à Rome depuis les beaux tems de la république, juſqu'à nos jours, a été portée depuis ſoixante ou quatre-vingt ans, à un point de perfection qu'il ne paroît pas poſſible de pouſſer plus loin. Il n'y en a qu'une ſeule Fabrique établie à côté de l'Egliſe de St. Pierre, & qui lui appartient. On y a le ſecret de compoſer des émaux ſi variés & ſi propres à imiter toutes les nuances les plus délicates de la Peinture, que l'on reconnoît dans ces copies, les fineſſes & le goût particulier à chaque Maître. Ces émaux, tels que je les ai vûs à la Fabrique du Vatican, doivent leurs qualités à la chimie. Ils m'ont paru compoſés de matiere vitrifiée, & de couleurs tirées des métaux & des mineraux, fondues enſemble à un feu très-vif; car chaque morceau des différentes couleurs eſt épais ſouvent de plus d'un pouce, & paroît avoir été diviſé en parties, au ſortir du creuſet & après avoir été refroidi.

Cette vitrification est plus douce & moins cassante que celle des fausses pierres coloriées qui se font avec l'émail & le verre unis ensemble ; elle n'est point transparente comme ces pierres avec lesquelles on ne pourroit pas imiter le coloris de la nature ; & je crois que le secret de la composition de ces émaux est de les avoir rendus de belle couleur, sans être transparens & assez bien unis ensemble pour être divisés en telle partie que l'on veut avec le tranchant d'un marteau, sans qu'ils se brisent irrégulierement. Cette matiere est très-solide, j'en ai vû une boëte assez bien travaillée, qui portoit une garniture d'or qui lui étoit solidement unie.

Les tableaux de Mosaïque, outre leur éclat & leur fraîcheur inaltérable, ont une solidité que l'on ne peut pas imaginer, à moins qu'on ne les ait vûs composer ; les grands tableaux, comme celui de la transfiguration par *Raphael*, la Ste Petronille du *Guerchin*, la communion de St Jerôme du *Dominiquin*, ont pour fonds de grandes bandes de pierres appellées de *Piperino*, qui en ont toute la largeur, c'est-à-dire, quinze à seize pieds, sur un peu plus de quatre pieds de hauteur ; de sorte que pour ces tableaux qui ont environ vingt-six pieds de hauteur, il faut six bandes de pierre qui ont chacune dix-huit pouces d'épaisseurs. On applique sur cette pierre grossiérement taillée, un mastic épais, qui s'y unit exactement en se durcissant, & dans lequel on fait entrer à petits coups de marteau les différens morceaux d'émail.

On ne travaille jamais d'après les originaux même, mais on fait une copie la plus exacte qu'il est possible du tableau que l'on veut imiter, afin d'avoir sous les yeux le coloris dans toute sa fraîcheur. Ces copies ne se reçoivent pas indifféremment, elles sont comparées avec les originaux & jugées par les Artistes & les Ouvriers en Mosaïque. Souvent les meilleurs Peintres y échouent, & voyent leurs ouvrages rebutés, que par dépit ils abandonnent alors à très-grand marché.

Le Peintre ou plûtôt le Compositeur en Mosaïque a donc devant lui les quartiers de pierre de Piperino sur lesquels il doit arranger ses émaux, vis-à-vis le tableau à imiter, il est placé entre l'un & l'autre, & toujours à la hauteur de la partie qu'il copie; il faut que le jour éclaire également les deux côtés, afin qu'il ne donne ni ombres, ni nuances fausses. Il a devant lui un cassetin, partagé en différentes cases, garnies des diverses couleurs qui lui sont nécessaires. L'habitude de mettre en œuvre, & la connoissance qu'il a du dessein & de la Peinture, fait qu'il ne se trompe pas sur l'étendue du morceau qu'il doit employer, & qu'il place à l'aide d'un petit marteau fait comme celui d'un Couvreur, tranchant d'un côté pour tailler l'émail, & plat de l'autre pour l'enfoncer dans le mastic. Il change de cassetins pour les différens sujets qu'il a à traiter, soit draperies, soit figures, soit païsages, où il y a un ton de couleur dominant.

Quand le tableau est fini, il paroît d'abord si brut, il y a tant d'inégalités, qu'à peine y distingue-t-on quelque chose. Alors on démonte les diverses bandes de pierre qui en forment le fonds ; on les porte dans un autre attelier où on les couche horizontalement sur de grandes pieces de bois ; c'est-là qu'on leur donne la derniere main, quand on sçait que le mastic a acquis assez de solidité pour souffrir l'opération nécessaire pour polir le tableau. Ce qui se fait avec des pierres de grais plattes, & du grain le plus fin que l'on peut trouver, attachées à une machine de bois que l'on fait paſſer d'un mouvement égal & doux ſur toutes les parties de l'émail qu'elles uniſſent & poliſſent en rongeant celles qui excédent la ſurface. Quand le grais court également par-tout, ce qui ſe ſent au tact, alors on lave la partie qui a été polie avec une éponge, & on voit ſi le grais n'a rien enlevé, ſi l'émail a par-tout réſiſté au frottement, & on répare tout de ſuite les parties qui ont été emportées; cette opération finie, il n'y a plus qu'à placer le tableau dans l'endroit qui lui eſt deſtiné, & aſſurer les bandes de pierre entre elles avec des crampons de fer ; j'ai vû travailler en même-tems au tableau de la transfiguration de Raphael, & à celui de la réſurrection de Tabithe.

Cette maniere de peindre ou d'imiter la peinture, n'eſt vraiment faite que pour les grands ſujets, & ne rendroit pas ſi heureuſement les fineſſes & les graces du pinceau de l'Albane, quand aux délicateſſes des compoſitions Flamandes des Breughel, & autres Peintres de ce genre, on ne pourroit pas l'y employer. Mais elle eſt excellente pour les portraits ou autres grandes figures. J'y ai vû faire un portrait du Roi de Pologne, Duc de Loraine, que l'on rendoit tout-à-fait ressemblant à la peinture originale que l'on imitoit.

Ces ouvrages font très-chers : les émaux coûtent beaucoup à composer, & la main d'œuvre est d'une grande dépense ; un tableau de la grandeur de celui de la transfiguration revient à plus de soixante & dix mille livres, quand il est mis en place. Les petits tableaux ne m'ont pas paru proportionnellement aussi chers. Le portrait du Roi de Pologne ne devoit être payé que douze cens livres. On peut avoir à cette manufacture des petits tableaux d'essais des jeunes Artistes, qui souvent sont très-heureusement imités, pour cinq ou six cens livres ; il est difficile d'y rien acquérir à meilleur marché. J'ai vû une Porcie très-bien exécutée, dont on vouloit avoir quatre-vingt sequins, ou environ neuf cens livres de notre monnoie. C'est une des choses les plus curieuses que l'on puisse acquérir à Rome, & sur la durée de laquelle on doive le plus compter. Il n'y a que la pesanteur même des tableaux, & la difficulté du transport qui puisse arrêter quelqu'un en état de faire cette dépense.

On bâtit les petits tableaux sur des

tables de lavagna, ou des plaques de fer, entourrées d'un cercle de fer battu, qui fert à contenir les émaux infixés dans le maftic.

Cette maniere d'imiter la Peinture, eft infiniment au-deffus de celle de Florence, quoiqu'elle foit moins difpendieufe, & que l'on n'y emploie pas des matieres auffi précieufes & auffi difficiles à mettre en œuvre, ainfi qu'on le verra en comparant le procédé de la Mofaïque de Florence dont j'ai rendu compte, avec celui-ci. D'ailleurs le travail de Rome eft beaucoup plus prompt, on y copie avec fuccès les plus grands tableaux, ce qui feroit prefque impoffible dans la maniere ufitée à Florence.

La Mofaïque de Rome eft encore plus fupérieure à l'antique. Celle-ci étoit très-folide, parce qu'on n'y employoit que les couleurs naturelles des différens marbres & albâtres, ainfi qu'on le peut voir dans le tableau de l'enlevement d'Europe qui eft au Palais Barberin, & dans les Mofaïques que le Cardinal Furietti a trouvées plus nouvellement à Tivoli. Souvent on réuffiffoit heureufement dans les compofitions qui n'exigeoient pas une grande variété dans les couleurs, comme on peut en juger par le tableau du C. Furietti, où sont représentées deux colombes posées sur le bord d'un vase de bronze où elles boivent ; le coloris en est si foible, qu'il ressemble plus au clair obscur qu'à la peinture ; mais le dessein en est parfait.

Un autre grand morceau de ce genre qui peut servir de comparaison entre le moderne & l'ancien, est le pavé d'un sallon que l'on prétend avoir fait partie de la maison de Ciceron à Tusculum, & que l'on a retrouvé au-dessus de la maison des Jésuites à Frascati. Cette grande piece de Mosaïque a pour sujet principal un grand médaillon de Minerve entouré de fleurs & de feuilles en grands enroullemens. Le choix des pierres coloriées avoit été assez heureux, elles ont plus d'éclat que n'en ont d'ordinaire les Mosaïques anciennes ; mais le coloris est dur, les couleurs sont tranchantes, & les nuances ne se fondent pas imperceptiblement les unes dans les autres, comme dans la Mosaïque actuelle. Il falloit cependant que l'art fût alors à toute la perfection que l'on pouvoit espérer, pour avoir sçû tirer des marbres seuls, tant de couleurs différentes & si vives. Il faut encore observer que toutes les petites pierres que les anciens employoient, étoit de même échantillon dans l'ouvrage, & de forme quarrée ; ce qui étoit un obstacle réel à la pureté du style & à l'agrément des contours ; obstacle qu'évite la manière moderne, en taillant les pieces conformément au deffein qu'elle doit imiter, en quoi l'usage guide sûrement les Ouvriers qui se trompent rarement sur l'épaisseur qu'ils doivent donner à la piece d'émail qu'ils emploient.

On peut voir dans les magasins de la Fabrique qui est à côté de la petite porte de l'église St Pierre, la quantité de couleurs & de nuances différentes que l'on emploie dans la peinture, par le nombre des tiroirs différens où sont les émaux, qui va au moins à trois mille.

Cet Art, malgré toutes les révolutions qu'a éprouvées la Ville de Rome, au milieu de la désolation des Barbares & des ténèbres de l'ignorance, s'y est toujours conservé ; on voit par-tout des Mosaïques très-anciennement employées à la décoration des Eglises, à remonter jusqu'au cinquieme siecle ; mais quel goût, quel deffein ; ce sont d'ordinaire de grandes figures mal proportionnées & roides, posées sur un fonds doré, travaillées dans la maniere grecque moderne, & qui fervent à prouver combien peu on étoit fenfible aux beautés de la nature que l'on imitoit fi mal.

Après ce que j'ai dit plus haut du prix des tableaux de Mofaïque on peut juger de la richeffe immenfe de l'Eglife de St Pierre, quant à cette partie; cette vafte coupole qui a plus de quatre cens pieds de tour, de même que l'intérieur de la lanterne, en eft entiérement revêtue; ce qui eft d'autant plus riche que tout l'ornement & les figures, font fur un fonds d'or qui ne peut être que très-cher; car ce font des chriftaux ou verres dorés au feu.

Ce qui fe préfente d'abord à la vûe en entrant dans l'Eglife, eft le magnifique pavillon ou baldaquin qui couvre l'autel & la confeffion de St Pierre; il eft foutenu fur quatre colonnes torfes de bronze doré, entourrées de feftons de pampres qui s'élevent jufqu'aux chapiteaux d'ordre corinthien, & femées par tout d'abeilles, qui étoient dans les armoiries du Pape Urbain VIII, dont on voit l'écuffon à la bafe de chaque colonne. Les groupes d'anges qui foutiennent la Tiare, les clefs & les autres marques diftinctives du fouverain Pontificat, font d'après les deffeins de François Duquefnoy, dit le Flamand, de même que les grandes figures d'anges qui font à chaque coin du pavillon qui tiennent des guirlantes de fleurs qu'elles jettent fur le refte de l'ouvrage. Cette admirable compofition exécutée par le Cavalier Bernin, fous le Pontificat d'Urbain VIII & par fes ordres, eft faite des bronzes mêmes qui furent enlevés de la voûte & du périftile du pantheon; on y en employa 186392 livres. Le Pape feul a le droit d'officier fur cet autel principal qui eft tourné à l'orient fuivant l'ancien ufage. Si quelque Cardinal vouloit y dire la meffe, il faudroit qu'il fût autorifé par un bref exprès du Pape, qui fe relâcheroit de fon droit en fa faveur pour une fois feulement.

Au fond de l'Eglife, au rond point du chœur, eft le fuperbe monument appellé la chaire de St Pierre, exécuté fur les deffeins du Cavalier Bernin. On peut regarder cette compofition comme l'une des plus nobles productions de fon génie; & je ne crois pas qu'il y ait rien à Rome que l'on puiffe comparer à la grandeur & à la fublimité de fon idée. Quatre ftatues des Peres de l'Eglife Latine & Grecque, St Auguſtin & St Ambroiſe, St Jean Chriſoſtome & St Athanaſe, hautes chacune de douze pieds, élevées ſur de grands pieds d'eſtaux décorés d'écuſſons, ſoutiennent un plafond ſur lequel eſt placée une magnifique chaire ſurmontée de deux génies qui portent la Tiare & les clefs de l'Egliſe, & accompagnée de deux grands génies qui paroiſſent la garder; au-deſſus eſt une grande gloire au milieu de laquelle eſt le St Eſprit ſous la forme d'une colombe. Cette gloire vraiment radieuſe eſt entourée de nimbes chargés de différens génies, ſymboles des graces & des vertus des ſouverains Pontifes, dont ils portent les attributs. Les rayons de cette gloire s'étendent par les côtés à une très-grande hauteur, & ſont éclatans, parce que l'ouvrage eſt en entier de bronze doré, & qu'il eſt éclairé par derriere par des verres jaunes qui redoublent l'éclat de la dorure.

Ce monument élevé par les ordres d'Alexandre VII, renferme une ancienne chaire de bois incruſtée d'ivoire avec quelques ornemens de ſculpture que l'on prétend être celle qui ſervit à St Pierre même, & dans laquelle il a été long-tems d'uſage de placer les Papes lors de leur

leur intronifation ; on en voit un modéle que l'on dit être tout-à-fait femblable dans les appartemens du Vatican. Au-deffous de la chaire eft un autel quarré fort fimple, fur lequel on dit la meffe, lorfqu'il y a chapelle pontificale à St Pierre, & que le St Pere n'officie pas.

Aux deux côtés de ce monument font les tombeaux d'Urbain VIII & de Paul III, faits fur les deffeins, le premier, du Cavalier Bernin, & le fecond, de Guillaume de la Porte. Les eftampes en font fort connues.

Un peu plus loin eft celui du Pape Alexandre VII. La maniere dont il a été conçu par le Bernin, eft vraiment poëtique. Le Pape eft repréfenté revêtu de fes habits pontificaux, les mains jointes & à genoux fur un riche tapis de marbres d'Afrique, qui couvre la mort que ce Pape redoutoit beaucoup, & qui femble faire effort pour fe débaraffer & fe montrer à lui. Les ftatues de la vérité & de la charité fe préfentent pour le raffurer. La ftatue de la vérité étoit autrefois abfolument nue. Le Pape Innocent XI donna ordre qu'on la couvrit, à caufe de l'indifcrétion fcandaleufe d'un Efpagnol, qui comme un nou-

*Tome V.* Q

veau Promethée, s'étoit pris de belle paſſion pour cette ſtatue ( *a* ).

Au pied des quatre grands pilaſtres qui ſoutiennent les arcs ſur leſquels porte le tambour de la coupole, ſont quatre chapelles décorées des ſtatues de St André, Ste Helene, Ste Veronique, & St Longin. Ces ſtatues de taille coloſſale, & toutes d'une belle exécution, ſont dans des niches ſaillantes faites des plus beaux marbres; mais le St André qui tient ſa Croix, ſculptée par le *Flamand*, eſt fort au-deſſus des autres; cette ſtatue eſt traitée avec la pureté de ſtile & les beautés d'expreſſion de l'antique le plus parfait; on y voit la réſignation & la joie de l'Apôtre, qui alloit au ſupplice avec une ſatisfaction dont ſon cœur étoit pénétré, parce qu'il étoit ſur le point de ſe réunir à ſon divin maître. La drapperie eſt excellente, on peut la comparer avec tout ce que l'on con-

---

( *a* ) Lucien dans le dialogue des amours, raconte une aventure fort ſemblable à celle de cet eſpagnol; on peut en lire les détails qui doivent avoir été à peu près les mêmes dans les deux occaſions.

noît de mieux dans ce genre, soit antique soit moderne, tant pour la vérité de la forme que la simplicité des plis, sous lesquels le nud paroit autant qu'il doit, mais sans affectation, sans que comme dans quelques antiques ont ait pris à tâche de faire paroître toute la forme des membres à travers la draperie. Le St Longin est du Cavalier Bernin, qui a donné le dessein de ces quatre chapelles, qu'il a fait exécuter, de même que les tribunes qui sont au-dessus, desquelles on montre au peuple les reliques aux jours solemnels.

Au-dessous de ces autels sont des escaliers par lesquels on descend dans les grottes anciennes & nouvelles, qui sont à l'endroit même où étoit bâtie la premiere Basilique, elles renferme plusieurs monumens d'antiquités ecclésiastiques, & même quelques anciens morceaux de peinture & de sculpture dignes de curiosité. On y lit gravée sur le marbre une partie d'une bulle du Pape Grégoire III, & des decrets d'un Concile qu'il tint contre les Iconoclastes. Trois anciens tableaux de mosaïque représentant le Sauveur, St. Paul & St. Pierre, qui tient trois clefs au lieu de deux, singularité qui a paru si avantageuse à la Cour de

Rome, que dans des tems bien postérieurs, elle a fait repréſenter St Pierre avec les mêmes attributs, au fond de la grande gallerie du Vatican. Ces tableaux faiſoient partie de la décoration du tombeau de l'Empereur Othon II, mort en 983. La ſtatue du Pape Boniface VIII, & ſon tombeau, où ſon corps fut trouvé entier plus de deux cent vingt ans après ſa mort, lorſque l'on détruiſit l'ancienne Baſilique de St Pierre pour conſtruire la nouvelle. Il ne lui manquoit que le nés & les levres (*a*). Un bas re-

---

(*a*) Ce Pape avoit été long-temps Chanoine de Saint Pierre. Il a établi, au rapport de Platine, l'uſage des excommunications publiques qui ſe prononcent le Jeudi Saint, & qu'il lança ſpécialement contre le Roi de France Philippe le Bel, & les Colonnes. Ceux-ci s'en vangerent au-delà de leur eſpérance; car le *Sciarra* ayant fait ce Pape priſonnier à Anagni, le ramena à Rome, où il mourut de douleur & de rage, trente-cinq jours après ſa priſe. *Moritur autem hoc modo Bonifacius ille* (dit Platine) *qui Imperatoribus, Regibus, Principibus, Nationibus, Populis, terrorem potius quam religionem injicere conabatur: quique dare regna & auferre: pellere homines ac reducere, pro arbitrio animi conabatur. Aurum undique conquiſitum pluſquam dici poteſt ſitiens. Diſcant itaque hujus exemplo Principes omnes tam re-*

lief ancien en marbre, qui repréfente Néron ordonnant le fupplice de St Pierre & de St Paul. Deux Anges en mofaïque par le Giotto. Partie de l'acte de donation faite par la Comteffe Mathilde au S. Siége, gravée fur le marbre. Un tombeau de Felix Diacre de Rome, mort en 453. Une urne de granite oriental qui a fervi à mettre les os du Pape Adrien IV. Le tombeau d'Adolphe de Vignacourt, Grand Maître de l'Ordre de St Jean de Jerufalem. Celui de la Reine Chriftine de Suéde. Un très-beau bas-relief qui repréfente le Jugement dernier, & qui a été enlevé du tombeau de Paul II. Le tombeau de Junius Baffius Préfect de Rome, mort en 359. Ces grottes font très-étendues, & occupent une grande partie de l'efpace fous la croifée (*a*).

---

ligiofi quàm feculares : præeffe Clero & populis non fuperbè & contumeliofe. : . . Sed fanctè & modeftè ut Chriftus rex nofter : & malint à populis amari quàm timeri, unde tyrannorum pernicies oriri merito folet.

(*a*) Il y a anathême prononcé contre les femmes qui entreront dans ces grottes en autre tems que le lendemain de la Pentecôte, jour auquel il n'eft pas permis aux hommes d'y entrer. Cette fanction eft gravée fur une plaque de marbre à

Mais ce qui est plus digne encore d'être vu, c'est la chapelle souterraine ou la Confession de St Pierre, qui est immédiatement au-dessous de l'Autel principal, on y descend par deux escaliers qui sont entourés d'une balustrade de marbre qui est chargée au moins de cent lampes d'argent toujours ardentes, posées dans des cornes d'abondance de bronze doré; elle est revêtue des plus beaux marbres, parmi lesquels on remarquera le noir, le verd, & le jaspe antiques : les statues de St Pierre & de St Paul, les Anges & les guirlandes de bronze doré sont d'un travail fini. A côté dans une petite voûte oblongue décorée de Mosaïque, & fermée d'une porte de bronze, est conservée la partie des reliques de St Pierre & de St Paul qui est restée dans l'Eglise du Vatican, sous une lame d'argent infixée dans le pavé. C'est là où on dépose pendant quelques tems les *Pallium* que le Pape envoie aux Patriarches & Archevêques de l'Eglise Catholique.

---

l'entrée. *Hac mulieribus ingredi non licet nisi unico die lunæ post Pentecostem, quo vicissim ingredi viri prohibentur. Qui secus faxint, anathema sunt.*

Outre les tombeaux dont j'ai déja parlé, & plusieurs autres encore exécutés avec la plus grande magnificence ; on verra avec quelle richesse l'Eglise & le Chapitre de St Pierre ont fait élever les mausolées de Christine Reine de Suéde, enrichi de son portrait en médaillon de bronze. De Clémentine Sobieski, femme de Jacques III, Roi d'Angleterre, avec son portrait en belle mosaïque, & de la Comtesse Mathilde.

Le bas-relief qui représente St Léon arrêtant Attila ; d'une beauté d'expression singuliere, exécuté par l'Algardi. Une Pieta par Michel-Ange. Les cinquante-six médaillons placés dans les pilastres de la grande nef & des croisées, par Salé Sculpteur François, sur les desseins du Bernin. Parmi les statues des Fondateurs d'Ordre, celles de St Dominique, par le Gros, & de St Bruno, par Slodtz, qui doivent être mises au premier rang. Aux deux premiers pilastres en entrant, les enfans groupés qui soutiennent les coquilles de marbre antique à mettre l'eau benite, & faits pour rendre plus sensible la belle proportion qui regne dans ce vaste édifice & ses ornemens, ils paroissent de la taille de leur âge, mais en les mesurant on trouve qu'ils ont plus de six pieds de hauteur.

Contre le pilastre à main droite au haut de la grande nef, est une statue de bronze de St Pierre assis tenant les clefs de l'Eglise, faite à ce que l'on dit du tems de St Leon I, du bronze même de la statue de Jupiter Capitolin, en mémoire de ce que par la protection du St Apôtre, la ville avoit été délivrée des fureurs d'Attila. Le Pape Paul V la fit exposer à la vénération du public, & elle est actuellement l'objet de la dévotion des pélerins qui vont tous lui baiser le pied.

Les grandes Chapelles de cette Eglise, sont celles du chœur où se fait l'Office Canonial par trente Chanoines qui ont rang dans la Prélature, trente-six Bénéficiers du second ordre, quatre Chapelains d'Innocent XI, & vingt-six Clercs bénéficiers, non compris les Chantres, Musiciens, & Sacristains attachés à ce Chapitre. Il a pour Supérieur un Cardinal Archiprêtre de St Pierre, qui nomme pour son Vicaire un Prélat Evêque ordinairement Chanoine de cette Eglise.

Vis-à-vis est la Chapelle du St Sacrement, dont l'Autel est enrichi d'un magnifique Tabernacle de lapis lazuli & de bronze doré, au-dessus est un tableau précieux de pierre de Cortone, qui représente la Ste Trinité, à droite est le tombeau de bronze de Sixte IV, peu élevé au-dessus du pavé, autour de la statue sont plusieurs bas-reliefs allégoriques aux sciences.

Comme il seroit inutile d'entrer dans le détail des magnifiques peintures qui sont dans l'Eglise de St Pierre, & que l'on connoît par mille relations, il suffira de les rapporter dans l'ordre à peu près où elles sont placées. un St Pierre au-dessus de la Porte Sainte, par Ciroferri. Le Martyre de St Sebastien, par le Dominiquin. La Communion de St Jerôme, par le même. Le Martyre de SS. Procés & Martinien, par le Valentin. Celui de St Erasme, par le Poussin. St Michel par Joseph d'Arpin. Ste Petronille, par le Guerchin. La barque de St Pierre, par le Lanfranc. L'incrédulité de St Thomas, par le Passignani. Le crucifiement de St Pierre, par Subleiras. La Transfiguration par Raphaël. La mort d'Ananie & de Saphire, par le Roncalli. L'Assomption, par P. Bianchi. La Présentation de la Vierge au Temple, par le Romanelli. Le Baptême de Jesus-Christ, par Carlo Maratta. Le Baptême du Centenier, par Camille Procaccini. La fontaine qui sortit miraculeusement pour ce Baptême, par Joseph Passari. Tous ces grands & magnifiques tableaux sont copiés en mosaïque, de même que les peintures des Chapelles, qui sont des meilleurs maîtres des différentes écoles d'Italie, & de plusieurs bons Peintres François; cet ouvrage est exécuté avec tant de précision, qu'il est très-aisé de se faire une idée de la maniere, du coloris & de la composition du peintre sur ces copies, auxquelles il ne manque que quelques finesses de dessein.

*Palais du Vatican. Peintures de Raphaël.* 40. Le Palais du Vatican contient une immensité de choses dignes d'être remarquées, dont il n'est pas possible de donner un détail, & qu'il est même difficile de voir & de connoître, tant il y en a. Son étendue peut se comparer à celle d'une grande ville. On assure que l'on y compte quatre mille quatre cent vingt-deux chambres ou galleries, & vingt-deux cours, avec les vastes jardins qui l'entourrent; ces constructions font l'ouvrage de différens Papes, à remonter à plus de trois siécles (*a*).

La premiere piece est la salle des Suisses, qui est à main droite de la place, ensuite le magnifique escalier fait sur les

---

(*a*) Le *Vatican* n'étoit autrefois qu'une montagne ou colline située au-delà du Tibre, inhabitée & qui ne faisoit point partie de la ville. Le nom de Vatican lui fut donné. *A Vaticiniis quæ vi ac instinctu ejus Dei, in eo agro fieri solita essent.* Aul. Gel. l. 16. c. 17. Ce fut sur cette colline que les Romains, après avoir chassé les Devins Etrusques dont ils avoient reconnu les fourberies, trouverent des Augures ou Devins qu'ils consulterent dans leurs affaires obscures & embarrassées. Varron cité par Aulugelle donne une autre étimologie au nom de *Vatican*. *Vaticanus Deus nominatus penes quem essent vocis humanæ initia, quoniam pueri simul atque parti sunt eam primam vocem edunt, quæ prima in Vaticano sillaba est. Idcircò vagire dicitur, exprimente verbo sonum vocis recentis.* Sur quoi Saint Augustin remarque avec raison qu'il falloit appeller le Dieu qui présidoit à cette montagne *Vagitanus*, & non *Vaticanus*. Pline l. 36. dit que l'on y voyoit un chêne verd plus antique que la ville, dans lequel on avoit infixé très-anciennement une inscription, en caractères Etrusques, en bronze. *Vetustior urbe in Vaticano ilex, in quâ titulus æreis litteris Etruscis, religione arborem jam tunc dignam fuisse significat.* C'est de-là, dit-on, qu'est venu l'u-

Q vj

desseins du Cavalier Bernin; la voûte est soutenue de deux rangs de colonnes de marbres, & revêtue de stucs, d'un beau

---

sage de graver des caractères sur les arbres, qui croissoient avec eux & duroient autant.

*Teneris meos, incidere amores*
*Arboribus, crescent illæ, crescetis amores.*

Virg. Eclog. 10.

C'est à ce sujet qu'Aristenete a dit si élégamment. l. 1, ep. 10. *Utinam & mens, vobis arbores, & vox esset, hoc unum dictitaretis Cydippe pulchra, vel corticibus inscriptas ferretis, hoc ipsum testantes litteras.* Symmaque ep. 20, l. 4. fait mention d'un usage ancien fort remarquable. *Mallem Aborigenum more, dictionem salutis, alternæ ligno aut corticibus scribere.* Il n'indique point des tablettes de bois & d'écorce, mais une formule de salut, que l'on adressoit à celui qui devoit passer auprès d'un arbre, & qui y étoit gravée, auquel il répondoit de la même maniere; cet usage étoit une marque publique d'amitié ou de déférence.

On voyoit autrefois au pied du Vatican le mausolée de Scipion l'Afriquain, construit dans le goût de celui de Cestius. Les restes en ont été détruits pour bâtir l'Eglise de Saint Pierre. Pline a donné à cette petite plaine le nom de Cirque de C. Caligula, & de Néron; parce qu'ils s'y exerçoient en particulier à conduire des chars,

travail & d'un excellent goût de deffein ; comme les plus grands hommes n'imaginent pas tout d'eux-mêmes, on verra dans le palais Spada, une petite gallerie du Borromini, qui a donné au Bernin l'idée de ce grand efcalier.

Il conduit à une très-grande falle qui fert de veftibule aux Chapelles Sixtine & Pauline revêtue en partie de ftucs dorés, en partie de grands tableaux dont les fujets ont rapport à l'hiftoire de l'Eglife & des Papes, parmi lefquels j'ai vû avec étonnement, l'affaffinat de l'Amiral de Coligny ; le maffacre de la St Barthelemi ; & Charles IX à la tête de fon Confeil, approuvant la mort de l'Amiral. Trois tableaux peints par le Vafari.

La Chapelle Sixtine bâtie par Sixte IV, eft celle où les Cardinaux s'affemblent dans le tems du Conclave pour al-

---

pour paroître enfuite avec plus d'avantage aux jeux publics, ce qui prouve que cet emplacement étoit vague & inhabité, & dans un quartier féparé de la ville. Tous ces monumens de la grandeur de Rome ancienne, font remplacés par des conftructions infiniment plus précieufes, & où les beaux arts fe montrent dans tout leur éclat.

ler au scrutin. On y verra même à main droite l'endroit où ils brûlent les billets de scrutin ; mais c'est moins cette cérémonie & celles qui s'y font pendant la Semaine Sainte qui la rendent célèbre, que le fameux tableau du Jugement par *Michel-Ange* qui occupe tout le fond de cette Chapelle, depuis la hauteur du plafond jusqu'à cinq ou six pieds du pavé. Cette composition immense est bien propre à donner une idée du génie vaste & hardi de ce grand Artiste : elle est connue par l'estampe & les descriptions que l'on en trouve par-tout ; le coloris en est sombre & assez monotone, moins par les injures du tems que par la maniere de peindre de Michel-Ange. Il y a de grandes incorrections de dessein, & une bisarrerie d'idées remarquable, l'enfer du Dante en avoit beaucoup fourni à Michel-Ange, qui se renouvellerent lorsqu'il fut chargé de composer ce tableau.

Les Prophètes & les Sibilles du plafond qui sont de la même main & dans le même ton de couleurs, sont bien au-dessus pour la beauté de l'expression & la régularité du dessein. Michel-Ange étoit excellent pour représenter les figures de grand caractère, dans lesquels il pouvoit placer à propos toute la fierté de ses idées. On en peut juger par le Moïse qui est au tombeau de Jules II, à St Pierre *in Vincoli*. L'antiquité n'a rien à opposer à ce morceau sublime. C'est dans cette Chapelle que j'ai vû en 1762 de très-médiocres Artistes occupés à couvrir de draperies les plus belles figures nues du tableau & du plafond. Les autres peintures qui sont autour de cette Chapelle, sont de Maîtres plus anciens que Michel-Ange, & fort effacées.

La Chapelle Pauline bâtie par ordre de Paul III, a deux grands tableaux de Michel-Ange, l'un de la Conversion de St Paul, l'autre du Martyre de St Pierre, qui sont dans le même goût de force & de singularité. Ce sont les derniers ouvrages de ce Maître, qu'il fit âgé de 75 ans. On verra dans cette Chapelle deux très-belles colonnes antiques de porphire qui portent des torcheres. C'est là que commence le premier Dimanche de l'Avent l'exposition solemnelle du St Sacrement pendant les quarante heures, & qui se continue pendant le reste de l'année dans les autres Eglises de la ville. Cérémonie ou fonction qui se fait avec beaucoup d'appareil par le Pape, accompagné des Cardinaux & des Prélats de sa Maison; je me suis servi du terme de *fonction*, car l'usage à Rome est d'appeller de ce nom toutes les cérémonies d'appareil, sacrées & profanes, dès qu'elles se font en public.

De cette salle dont j'ai déja parlé, on entre dans la gallerie qui est au-dessus du vestibule de l'Eglise de St Pierre, où se donnent les bénédictions générales, où se prononcent les excommunications, & d'où le premier Cardinal Diacre vient annoncer au peuple l'élection du Souverain Pontife, & le nom qu'il a adopté. On traverse ensuite les appartemens où se tient le Conclave, qui sont les mêmes où le Pape fait le lavement des pieds.

En tirant au nord, on trouve une cour entourrée de trois ordres de galleries ou de loges les unes au-dessus des autres, il faut voir sur-tout la gallerie qui est au second rang, & que l'on appelle la Bible de Raphaël, parce qu'il a tiré de l'Ancien Testament, le sujet des peintures principales de cette gallerie, dont il n'a cependant donné que les desseins, mais qui ont été exécutés par ses meilleurs éleves, Jules Romain, Perrin Delvaga, François Penni, dit *il Fattore*, & Jean *da Udiné*. Cette magnifique gallerie dont les peintures sont encore fraîches, est partagée en treize arcades.

Dans la premiere est peinte l'histoire de la création, du stile le plus sublime ; on dit que Raphaël a travaillé aux tableaux de cette premiere division, pour donner à ses éleves le ton de couleur auquel ils devoient se conformer, la figure de Dieu le Pere portée dans le vague de l'air au dessus des eaux, à toute la noblesse & la Majesté que l'on doit imaginer dans le Dieu Créateur de l'Univers ; on ne pouvoit pas mieux peindre le *Spiritus Dei ferebatur super aquas*. Et l'on peut dire que les idées de Raphaël approchent du sublime de celles du Créateur, lorsque l'amour divin lui fit tirer du néant tant de choses merveilleuses.

*Eran' con lui, quando l'amor divino*
*Mosse da prima quellé cosé bellé.*

Dans un des tableaux de la seconde arcade, on voit le Créateur sa main appuïée sur l'épaule d'Eve, qui a encore toutes les graces de l'innocence fur la phifionomie. Elle eft de la plus grande beauté, d'une éloquence & d'une pureté de deffein fi parfaite, qu'on la croit de la main de Raphaël, quoiqu'à Rome l'on affure que cette arcade eft toute de Jules Romain. Adam eft affis qui admire fa compagne d'un air riant, qui lui montre l'endroit d'où elle a été tirée, & la côte dont elle a été formée. Cette compofition eft pleine d'agrémens. Dans un autre tableau de cette arcade, le malheureux Adam eft placé dans la plus belle campagne, mais obligé de la cultiver pour en tirer fa fubfiftance. Eve quoique toujours belle eft trifte & occupée du foin de pourvoir à la fubfiftance de deux petits enfans qui jouent autour d'elle. Les figures de tous ces tableaux ont environ deux pieds de proportion. Adam dans ce dernier tableau tient une bêche de fer ; ce que Salvator Rofa a vivement critiqué dans une fatyre intitulée *la Peinture*.

*E comé compatir, fcufar' potiamo*
*Un Rafael' pittor' raro ed e fatto*
*Far' di ferro una zappa in man' d'Adamo.*

A la quatrieme arcade.. Abraham

# ROME. PREMIERE PART. 379

dans le magnifique païsage de la vallée de mambré, voit venir les Anges à lui, se prosterne & les adore ; Sara cachée derriere la porte, rit de leur promesse, tout y est excellemment caractérisé, rien n'est plus noble & plus beau que les figures des trois Anges : on peut appliquer à chacune d'elles, l'idée que le Dante donne de la beauté même, dont il compare l'éclat à celui de l'étoile du matin.

*A noi venia la creatura bella*
*Bianco vetista, è nella faccia, quale*
*Par ; tremolando matutina stella.*

Cette arcade est de Francisco Penni.

La sixieme a été peinte par Pellegrin de Modene ; on voit dans un païsage agréable, un puits ouvert sur le bord du tableau, & des troupeaux qui viennent s'y abreuver. Deux jeunes filles d'une beauté ravissante, se tiennent par la main, avec toute la gaieté & la vivacité de leur âge ; un jeune homme s'approche d'un air honnête, & leur adresse la parole. C'est la rencontre de Jacob & de Rachel au pays d'Aran. Il semble lui dire que sa beauté tire un nouvel éclat des

premiers mouvemens d'un amour naiſ-
ſant.

*Deh bella donna chi à raggi d'amore*
*Ti Scaldi, s'i' vo' credere à ſambianti*
*Ché ſoglion' eſſere teſtimon, del core.*

La onzieme arcade de Perrin del Vaga, repréſente différens traits de l'hiſtoire de David. Le I. la défaite de Goliath. Le II. l'inſtant où Samuel lui donne l'onction ſainte de Roi des Juifs. Le III. David triomphant ſur un char à la Romaine, précédé d'une longue ſuite de gens chargés des dépouilles des ennemis, & ſuivi de priſonniers dont quelques-uns ſont attachés à ſon char ; toute cette pompe eſt admirablement peinte, mais tout-à-fait contre le Coſtume. Le IV. Bethſabée dans le bain, nue & ſe peignant les cheveux, placée de façon que, non ſeulement elle eſt à la vûe de David, mais encore de toute l'armée, qui eſt en mouvement.

Au reſte pour louer les beautés que renferme cette gallerie, il faudroit parler de tous les tableaux, citer les trophées d'armes, détailler l'élégance & le beau choix des grotesques, (*a*) faire un

──────────────────

(*a*) Vitruve, liv. 7, des Arch. chap. 5. dit

ouvrage exprès pour annoncer tout ce que l'on y doit admirer....

*Io non poſſo ridir' di tutto appieno
Peroche ſi mi ſtringe il lungo tema
Che molte volte al fatto, il dir' vien' meno.*

Un autre grand objet de curioſité eſt l'appartement peint par Raphaël,

---

que c'eſt de ſon tems, ſous le regne d'Auguſte, que l'on inventa les arabeſques. Ils furent tout d'un coup ſi fort à la mode, que les gens les plus diſtingués ne voulurent plus avoir d'autres peintures dans leurs appartemens. Il parle avec beaucoup d'indignation de ce caprice géneral qui tendoit à détruire le vrai goût des arts, & l'imitation de la nature ; comme les arts étoient alors à leur perfection, les arabeſques de ce tems ſont très-bien traités, ainſi qu'on peut le voir dans quelques antiques à Tivoli, & au tombeau d'Agrippine à Baies. La mode des arabeſques ne s'établit à Rome qu'à la date que Vitruve aſſigne, mais ils ſont beaucoup plus anciens, on en a trouvé dans les ruines de Perſepolis & des plus anciennes villes d'Egypte & de Gréce. Le nom de groteſque eſt moderne & tire ſon étimologie des grottes antiques que l'on ouvrit dans le tems de Michel-Ange & de Raphaël, & où on trouva de ces ſortes de peintures, auxquelles la plupart des ornemens gothiques reſſembloient beaucoup.

il eſt cpmpoſé de quatre grandes piéces, dont les tableaux ſont ſi connus que je ne ferai que les indiquer en paſſant.

La premiere ſalle appellée de Conſtantin, parce que ſes peintures repréſentent les principaux traits de la vie de cet Empereur... ſon Baptême... la donation de Rome... le diſcours qu'il adreſſe à ſon armée avant la bataille, en conſéquence de la Croix qui lui étoit apparue... la défaite de Maxence dans le champs qui bordent le tibre à Ponté Mollé. Cette ſalle a été peinte par Jules Romain & François Penni, ſur les deſſeins de Raphael & après ſa mort. Les trois piéces ſuivantes ſont toutes de la main de Raphael. Dans la ſeconde, ſont les hiſtoires d'Heliodore & d'Attila, & du côté des fenêtres, le miracle d'Orviette ou la meſſe, & la priſon de St Pierre; ce dernier tableau mérite d'autant plus d'attention, que c'eſt une des productions les plus frappantes du génie de Raphael, & dans laquelle l'Art de la peinture eſt porté au plus haut degré. C'eſt un effet de nuit qui a trois lumieres différentes, d'un côté la lune éclaire un eſcalier ſur lequel dorment les Gardes de la priſon ; cette partie eſt rendue avec la vérité de la nature même; tout y est dans le repos le plus parfait ; de l'autre côté est un garde qui ayant vû une lumiere extraordinaire dans la prison, est allé allumer un flambeau, & éveille ses camarades auxquels il montre ce qui se passe ; on voit que la lueur du flambeau leur fatigue la vûe, & qu'ils ne sont pas encore parfaitement éveillés. Ces deux parties du tableau, occupent les deux côtés de la fenêtre, & les figures sont posées sur les deux escaliers qui conduisent à la prison, qui est censée être sur un plan plus élevé, au haut de la fenêtre même ; c'est-là que l'on apperçoit un troisieme effet de lumiere, plus remarquable que les deux premiers, en ce qu'il est surnaturel, & que le Peintre a sçu le rendre tel qu'il l'imaginoit ; il ne se confond point avec les autres, les parois de la prison en interceptent l'éclat, il sort au dehors par la grille de fer, à travers laquelle on apperçoit l'Ange de bout qui éveille St Pierre, & qui lui ordonne de le suivre. Ce bel effet de lumiere angelique est répété une seconde fois dans ce même tableau, & d'une maniere encore bien supérieure à la premiere, lorsque St Pierre est représenté hors de la prison, précédé de l'Ange qui le conduit au bas de l'escalier, à côté du soldat qui tient la torche allumée & qui éveille ses camarades; c'est-là où les trois effets de lumiere sont réunis si parfaitement que la nature même ne pourroit rien présenter de plus vrai; dans cette occasion Raphael étonne, son génie paroît au-dessus de la portée de l'homme; l'éclat imprévû de cette torche frappe ces soldats à demi éveillés, qui cherchent à en éviter l'éclat en se cachant la vûe, & cependant tous ils se tournent de son côté. *L'altro sorge in piedi, è nell' aprir gli occhi sonnachiosi, mal potendo soffrire in faccia la vampa della torcia si ripara la vista con la mano sopra la fonte*; & ce qu'il y a d'admirable, c'est que ces mêmes figures éclairées & fatiguées par la lumiere de la torche, réfléchissent par derriere l'éclat de la lune dont les rayons viennent frapper sur leur armure; il n'y a que le pinceau de Raphael qui puisse rendre dignement l'idée qu'il avoit conçue de l'Ange, lorsqu'il conduit St Pierre hors de la prison; en effet il est si beau, si brillant, que l'on voit bien que c'est une figure celeste, composée, comme le dit *Bellori*, d'air & de lumiere, sans aucun

aucun poids.... *L'Angelico spirito in lucida veste di gloria, scintillante da ogni canto, irradiando la prigione, rifulge, è traspare in se stesso composto di aria è di luce, senza mortal peso.* La figure de S. Pierre contraste admirablement avec celle de l'Ange qui le tient par la main & lui montre le chemin : on voit le chef de l'Eglise moitié éveillé, moitié endormi, qui suit son guide d'un pas chancelant & incertain. *Sorpreso fra la vigilia e l' sonno segue la scorta con passo incerto è dubbioso.* Ce tableau est à mon gré la plus belle composition, la plus hardie, & la plus sçavante qu'ait jamais imaginé aucun Peintre ; aussi personne n'a-t-il osé l'imiter. J'ai oui beaucoup parler de la fameuse nuit du Correge ( c'est ainsi que l'on appelle son tableau de la Nativité qui appartient aujourd'hui à l'Electeur de Saxe ); j'en ai examiné l'estampe avec attention ; j'en ai vû en Italie des copies faites par de bonnes mains ; l'enfant qui vient de naître, couché sur la crêche, éclaire en entier la figure de la Vierge qui l'embrasse ; la lumiere se répand de-là sur-tout le reste du tableau, avec l'intelligence de la nature même ; mais il n'y a qu'une

*Tome V.* R

seule action, une seule lumiere, c'est un bel effet de nuit, éclairé surnaturellement ; mais ici l'art, la nature, & l'éclat angélique contrastent ensemble, ont tous trois leur effet, & ne semblent mis en opposition que pour faire juger de leur différence par des yeux mortels qui ne sembloient pas être faits pour les comparer.

La troisieme chambre dite de la signature, a les fameux tableaux de l'école d'Athènes ou de la Philosophie, de la Théologie ou de la dispute du St Sacrement de l'Eucharistie, la jurisprudence, la poësie ou le parnasse. Dans la quatrieme sont l'incendie du Bourg Saint Pierre, arrêté par les prieres de St Leon ; la victoire du même St Leon sur les Sarrasins au port d'Ostie ; la justification du Pape Leon III, & le couronnement de Charlemagne. On remarquera encore des traits de génie admirables dans le tableau de l'incendie.

Je ne m'arrêterai pas à parler des divers appartemens des Papes qui composent la totalité du Palais du Vatican. La description en seroit trop longue & trop monotone ; il y a dans tous, des peintures de bons Maîtres, & quelques meubles précieux ; la vûe & l'esprit se fatiguent à les parcourir ; que seroit-ce d'être obligé de les décrire?

41 Ainsi j'abandonne cette multitude d'appartemens rassemblés, à la curiosité de ceux qui voudront s'en occuper ; je passe par un grand corridor qui a cinq cens pas de long, & qui a été construit pour joindre la hauteur du Belvéder à celle du Vatican, & je vais droit à la statue antique de Cléopatre qui orne une fontaine qui est au fond de ce corridor. *Statues du Belvéder.*

Elle est colossale, trois fois grande comme nature, d'un excellent travail grec, & toute morte qu'elle est, elle conserve encore des traits de cette beauté qui avoit subjugué le vainqueur de l'univers. Deux grandes inscriptions, l'une de Baltazar Castiglione, l'autre d'Augustin Favoritus, toutes deux en vers Hexamêtres, & gravées sur le marbre, expliquent l'histoire de cette Reine infortunée & la cause de sa mort ; la poësie de la premiere est très-belle, on en peut juger par quelques vers que je rapporte dans la note suivante (*a*).

_____

(*a*) *Marmore quisquis in hoc, sævis ad morsu colubris*

Sans doute que la fontaine cessa de couler peu après qu'elle eut été décorée ; car le Poëte après avoir mis dans la bouche de Cléopatre un magnifique éloge de Leon X , lui fait demander le rétablissement de ses eaux, qu'elle dit être ses larmes.... rendez moi mes larmes, c'est pour moi un don précieux : la

---

*Brachia & æternâ torpentia lumina nocte*
*Aspicis, invitam, ne crede occumbere Letho....*

. . . . . . . .

*Sedulitas, pulchræque necis generosa Cupido,*
*Vicit vitæ ignominiam, insidiasque Tyranni.*
*Libertas nam rapta nec est, nec vincula sensi,*
*Umbraque tartareas descendi libera ad undas*
*Quod licuisse mihi, indignatus perfidus hostis,*
*Sævitiæ insanis stimulis exarsit, & irâ;*
*Namque triumphali invectus Capitolia curru*
*Insignes inter titulos, gentesque subactas*
*Extinctæ infelix simulachrum duxit & amens*
*Spectaculo explevit crudelia lumina inani.*
*Neu facti, longæva vetustas, famam aboleret,*
*Aut seris mea sors ignota nepotibus esset*
*Effigiem excudi spiranti è marmore jussit,*
*Testari & fatum casûs miserabile nostri.....*

cruelle fortune ne m'a laissé d'autre satisfaction... J'ai vécû sans crime : en seroit-ce un que d'avoir aimé : les pleurs sont la consolation des amans malheureux, ils sont le seul plaisir de l'affliction.... (a)

A côté de la grotte où est placée cette statue, est un escalier qui monte à la partie la plus élevée du Belvedere où sont les celebres statues de l'Appollon, de l'Antinous, du Laocoon, &c.

―――――――――――――――

(a) *Parva Peto lachrymas. Pater optime, redde,*
*Redde, oro, fletum ; fletus mihi muneris instar ;*
*Improba quando aliud nil jam fortuna reliquit.*
. . . . . . . .
                    *Vixi sine crimine, si non*
*Crimen, amare, vocas : fletus solamen amantum est.*
*Adde quod afflictis, nostræ jucunda voluptas*
*Sunt lacrymæ, dulcesque, invitant murmure somnos* (b).

(b) Pour comparer la poësie latine avec la poësie italienne sur le même sujet. Je vais rapporter un Sonnet gravé à la suite des deux poëmes dont j'ai parlé.

L'Apollon est à côté de la porte en entrant à gauche. Il est du plus beau marbre Parien, & de la grande taille naturelle. Le visage conservé en entier,

---

Sopra la Cleopatra del Vaticano.

## SONETTO.

*Di Monsignor* BERNARDINO BALDI, *da Urbino, Abate di Guastalla.*

*Io, cui gia tanto littera, il nilo accolse,*
  *Quant' or mesta e dolente il Tebro mira ;*
  *Del' Latin' vincitore il fasto e l'ira*
  *Fuggendo al mio fin' corsi, non men' dolsé.*
*Il mio collo réal' soffrir non volsé*
  *Catena indegna, onde il velen' ché spira*
  *L'angue, ché al nudo mio freddo s'aggira*
  *Ringrazio, e lei, ch' indi il mio stame*
    *sciolsé.*
*Non può tuto chi vince. Il suo superbo*
  *Trionfo non ornai, bench' egli il bianco*
  *Marmo intagliasse ch'il mio vero adombra.*
*Libera fui Regina, e 'l fato acerbo*
  *Liberta non mi tolse, onde scesi anco*
  *Scielto spirto all' inferno, e liber' ombra;*

a toute la beauté que doit avoir le Dieu du jour, & en même tems quelque chose de grand & de terrible, mais fans dureté : les proportions du corps font excellentes ; il paroît fort fans aucun trait de groffiereté, il a les bras dans l'attitude où ils étoient dans l'inftant qu'il eut décoché la fléche dont il tua le ferpent Pithon ; on voit encore dans fa main gauche le refte de l'arc, il porte fon carquois fur fes épaules, & une legere draperie qui s'étend de l'épaule au bras gauche fur lequel elle eft retrouffée, le refte du corps eft nud. Les jambes ont été brifées ; comme on n'en a pas retrouvé tous les morceaux, elles ont été reftaurées en partie en ftucs, par un Ouvrier mal-adroit. Il n'a plus qu'un feul doigt à la main gauche. Malgré tous ces accidens caufés par l'injure des tems, cette ftatue eft encore l'une des plus belles que l'on connoiffe : on prétend que c'eft la même qui étoit au Temple de Delphes, qui rendoit des oracles, & qu'Augufte fit tranfporter à Rome quand elle fut devenue muette. On l'a trouvée à *Nettuno*, fous le Pontificat de Sixte V.

A l'autre angle de la Cour, dans une efpece de niche, eft le fameux groupe de *Laocoon*, trouvé dans les Thermes de Tite environ l'an 1506, sous le Pontificat de Jules II qui en fit l'acquisition du propriétaire du champ d'où il avoit été tiré. Il est placé sur un piedestal élevé de quatre ou cinq pieds, de façon qu'on peut en faire aisément le tour ; les figures sont plus grandes que le naturel, d'un marbre blanc, si beau que l'aspect seul en fait plaisir. Le travail en est exquis, d'une noblesse de style & d'une précision digne des plus beaux tems de la Grece ; beaucoup plus parfait dans la partie antérieure que par derriere ; il paroît avoir été fait pour être placé contre une muraille, ainsi qu'il est actuellement.

Ce n'est point le *Laocoon* de Virgile qui pousse des cris horribles, & qui fait des efforts surprenans pour se défendre... qui pousse vers le Ciel des cris affreux, qui mugit comme un taureau fuyant l'autel devant lequel il a été blessé (*a*).

---

(*a*) *Clamores simul horrendos ad sidera*
    *tollit,*
*Quales mugitus, fugit cùm saucius aras*
*Taurus*.....

Ce n'est point cet homme chargé de l'indignation du peuple pour avoir lancé un dard contre le cheval consacré à Minerve, & que la vengeance des Dieux poursuit... (a)

C'est un malheureux pere épuisé de forces à l'instant de succomber sous le poids de l'affliction & de la douleur ; qui la bouche entre-ouverte & les yeux levés au ciel, semble demander du secours aux Dieux, quoique le désespoir l'accable, à la vûe de son sort & de celui de ses fils infortunés, étouffés en partie & dévorés par les monstres qui les serrent tous les trois... L'expression de ce grouppe est admirable ; mais le pere fixe tous les regards, à peine fait-on quelque attention aux fils, quoique celui qui est à la gauche, soit dans un état affreux de douleur, l'un des serpens commençant à lui déchirer les entrailles. Michel-Ange regardoit ce grouppe comme un miracle de l'Art. Il est l'ouvrage de trois Sculpteurs Rhodiens,

---

(a)       *Scelus expendisse merentem*
*Laocoonta ferunt, sacrum qui cuspide robur*
*Læserit. . . . .*

                   Virg. Eneid. 2.

Agefandre, Athenodore & Polidore. Quelques Antiquaires ont prétendu que ce Laocoon n'étoit pas celui dont parle Pline *L.* 36. *c.* 5. à cause qu'il dit qu'il étoit d'un seul bloc de marbre (*a*) ; mais n'a-t-il pas pû se tromper, car les deux morceaux sont si bien joints, qu'il a fallu la sagacité de Michel-Ange pour les reconnoître ; avant lui on avoit crû ce groupe d'une seule piece. Je sçais qu'après l'avoir bien examiné, je n'y aurois rien reconnu, si je n'avois pas été prévenu. Or Pline le regardoit en Historien & non en Artiste. Le Cardinal *Sadolet* qui vivoit lorsqu'il fut retrouvé, en avoit saisi parfaitement l'idée, & en a fait la plus belle description dans un petit poëme latin qui est regardé comme un de ses meilleurs ouvrages .(*b*).

---

(*a*) *Sicut in Laocoonte qui est in Titi domo, opus, omnibus & picturæ & statuariæ artis, ante ferendum ; ex uno lapide eum & liberos, draconum mirabiles nexus, de consilii sententiâ facere summi artifices, Agesander, & Polidorus & Athenodorus Rhodii.*

( *b* ) *Quid primum summumve loquar ? Miserumne parentem*
*Et prolem geminam ? An sinuatos flexibus angues*

Les autres statues du Belvéder sont l'Antinous du plus beau style Grec. Le bras droit & la main gauche ont été emportés. La cuisse droite, la jambe gauche & les deux pieds avoient été fort endommagés ; mais ils ont été heureusement restaurés avec les morceaux même de la statue. On voit dans les traits du visage, & toute l'attitude du corps, une beauté molle & efféminée, de sorte que l'on peut dire de l'original avec Ausone. Ep. 103. La nature en suspens,

---

*Terribili aspectu, caudasque irasque draco-*
    *num,*
*Vulneraque, & veros, soxo moriente, dolores.*
*Horret ad hæc animus, mutáque ab imagine*
    *pulsat,*
*Pectora non parvo pietas commixta tremori...*
. . . . . . . . . . . . . . . .
*Vix oculi sufferre valent ; crudele tuendo*
*Exitium, casusque feros, micat alter & ipsum*
*Laocoonta petit, totumque, infràque, supràque*
*Implica, & rabido tandem ferit ilia morsu.*
*Connexum refugit corpus, torquentia sese*
*Membra, latusque retrò sinuosum à corpore*
    *cernas. . . .*
            Sadoletus, in Laocoonte.

si elle feroit un garçon ou une fille ; beau garçon ! a fait de vous presque une fille. (a)

Commode couronné de laurier, revêtu de la dépouille du Lion, avec le petit Hylas sur son bras. Ce Prince nerveux comme Hercule, n'employa sa force qu'à se deshonorer en faisant le métier de gladiateur aux combats du Cirque. Cette inclination si indigne d'un Empereur, est peinte sur son visage qui respire la férocité.

Venus s'enveloppant d'une draperie avec Cupidon à son côté, que l'on croit avoir appartenu au Temple de Venus bâti dans les jardins de Salluste, à en juger par l'inscription qui est gravée sur le piedestal.

*Veneri felici sacrum.*

*Salustia.*    *Helpidius.* D. D.

Un autre Venus qui sort du bain & qui tient devant elle une draperie, qui pend jusqu'à ses pieds.

―――――――――――――――

(a) *Dum dubitat natura matrem, faceretne puellam,*
*Factus es ô pulcher, penè puella, puer.*

Au milieu de la cour est une statue colossale du Nil, de marbre d'Egypte que l'on croit avoir été autrefois à Rome dans le temple de la Paix. Seize enfans, la plûpart mutilés, dont l'un est placé au-dessus d'une corne d'abondance; marquent la hauteur à laquelle ce fleuve devoit s'élever pour fertiliser l'Egypte (*):.. vis-à-vis la statue du Tibre de même grandeur.

Aux deux angles des urnes antiques, chargées de bas reliefs d'un beau travail Grec. La plus remarquable sert de bassin à une fontaine, & les figures sont couvertes en partie de mousses & d'écumes desséchées qui les gâtent beaucoup. On

---

(*) Il est difficile de douter que ce ne soit la même statue qui étoit au Temple de la Paix; si on la compare à la description que Pline en a donnée, l. 36, c. 7. *Invenit eadem Ægyptus in Æthiopia, quem vocant basaltem, ferrei coloris atque duritiæ. Numquam hic major repertus est quam in templo Pacis, ab Imperatore Vespasiano Augusto dicatus augmento nili, sexdecim liberis circa ludentibus, per quos totidem cubiti summi incrementi augentis se amnis ejus, intelliguntur.* Ce même passage apprend encore où étoient les carrieres de ce basalte ou marbre noir, si dur, qu'il approche beaucoup de la solidité du fer.

voit sur le devant un Empereur assis sur son thrône, & une femme qui lui présente un enfant, & qui paroît implorer son secours. Quelques esclaves sont amenés devant le Prince qui est couronné par la victoire. La conformité de ces figures avec quelques-unes de celles qui sont sur l'arc de Severe, a donné lieu de conjecturer que ce monument est du tems de cet Empereur, qui est représenté, recevant les hommages des Parthes vaincus. Au-dessus des murs de la cour, sous la frise, sont infixés des masques antiques de forme collossale que l'on dit avoir été enlevés du Pantheon.

Sous un petit bâtiment de charpente qui paroît avoir servi d'attellier à quelques Sculpteurs, est le fameux torse antique ou tronc d'Hercule, ouvrage de l'Athéniên Apollonius, ainsi que l'apprend l'inscription qui est à la base. Ce torse étoit l'admiration de Michel-Ange, il l'avoit étudié toute sa vie, & disoit que l'Art n'avoit rien produit d'aussi parfait. On dit même que dans les derniers tems de sa vie, cet illustre Artiste se faisoit transporter au Belvéder, pour avoir le plaisir de voir & d'admirer ces statues, dans lesquelles il découvroit toujours de nouvelles beautés. C'est le plus grand éloge que l'on puisse en faire.

De-là on peut descendre dans le jardin secret du Vatican, pour y voir la grande pomme de Pin, & les Paons antiques de bronze que l'on dit avoir servi de couronnement au tombeau d'Adrien.

Dans un des apppartemens du Palais voisin sont une quantité de modèles des principales constructions de Rome, tels que, de l'Eglise de St Pierre, sur les desseins du Bramante..... de la grande coupole, telle que Michel-Ange la vouloit faire exécuter..... du grand pavillon, de la chaire de St Pierre, & de la colonnade de la place par le Bernin.... du Palais de Montecavallo.... il y a mille autres curiosités dans ces appartemens, sur-tout des tableaux de tous les différens siécles de la peinture, depuis son rétablissement, jusqu'a nos jours; mais à mon gré l'un des morceaux les plus curieux, est le portrait de St François fait de son tems par un Peintre de Luques dont le nom est au bas du tableau. Il est peint sur une planche plus longue que large. Le coloris en est encore frais, la robe est de même couleur que celles que portent encore les *Zoccolanti* ou Cordeliers à Rome, d'un gris d'ardoise clair. Le capuchon est rond & juste au visage, moins long que celui des Capucins, & terminé par une petite pointe ou corne. Si l'Instituteur de la réforme des Capucins eût eu connoissance de ce tableau, il n'eut pas eu des disputes si vives avec les autres Franciscains, sur la forme que devoit avoir le capuchon pour ressembler à celui de St François.

Une piece très-curieuse à voir, est la grande gallerie du Vatican, entiérement peinte d'un bout à l'autre par de très-bons Maîtres. Les grands panneaux sont occupés par les cartes géographiques de tous les états différens qui composent l'Italie, à la prendre dans toute son étendue du Var, jusqu'au détroit de Sicile ; on y a joint le plan de toutes les Villes principales & des Ports de mer. Le plafond de la voûte est orné de différens tableaux coloriés, & entre les cartes géographiques, il y a quelques bas reliefs feints de bronze, de très-bonne exécution. Au fonds est un St Pierre en Mosaïque, portant trois clefs, pour marque de la puissance sans bornes que les Gregoire VII & les Boniface

VIII se sont attribuée. Idée copiée d'après un très-ancien monument que l'on voit dans les grottes de St Pierre, à laquelle le soin de la renouveller, prouve que la Cour de Rome est fort attachée; mais pure idée, & qui n'aura jamais son exécution (*a*). On ne peut trop se promener dans cette gallerie (*b*)

―――――――――――――――――――――

(*a*) *Musivum opus imaginem præ aliis referens B. Petri tres claves gestantis, quibus amplissima potestas Romano Pontifici tradita designatur. Collocatum hic fuit Clemente XI Pont. Max. A. S.* 1711. Cette inscription & ces trois clefs qui donnent la plénitude du pouvoir aux Papes, méritent quelqu'attention. N'est-ce pas abuser du droit de se faire des titres, que d'en chercher même dans l'imagination d'un Artiste ignorant, qui par pur caprice, a mis trois clefs dans la main de St Pierre, au lieu des deux, qui signifient la puissance de lier & de délier accordée à l'Eglise & à son Chef. Il est important d'observer dans quel tems & sous quel Pape ce monument a été renouvellé, pour ne pas douter que les prétentions de la Cour de Rome, ne soient toujours les mêmes depuis une longue suite de siécles.

(*b*) Voici une de ces inscriptions qui en fera connoître l'utilité. *Italia salubri cœli temperie solique ubertate, incolarum humanitate ac solertiá, urbium frequentiá & splendore excellens: portuoso littorum gremio, & facili undi-*

pour y prendre une idée de l'Italie. Différentes inscriptions font en quelque sorte l'ame de toutes ces peintures, & en expliquent les sujets. Cet ouvrage

---

*que accessu, cunctis gentibus commercio, hospitioque patens. Ejus longitudo ab Augustâ Prætoria ad Leucopetram M. P. DCCC. Latitudo varia est; maxima inter Varum & Arsiam flumina, M. P. CCCCX. Minima inter Hipponiatem & Scilacium sinum, M. P. XX. Media ab Ostio Tiberis ad Anconam, M. P. CXXX. Ambitus universus à Taro ad Leucopetram & inde ad Arsiam, & ab Arsia rursus ad Varum per summos Alpium vertices, CIↃ. CIↃ. CIↃ. Umbilicus est Cutlius lacus agri Reatini. Decoratur primatu Sanctæ Sedis Romanæ Ecclesiæ, cui nunc præest SS. Dominus noster Urbanus VIII. Habet Patriarchas duos, Venetiarum & Aquileiæ. Archiepiscopos XXIX. Episcopos CCLIII. dividitur nunc in XX. Provincias quarum I. Liguria, II. Pedemontium, III. Longobardia Transpadana, IV. Longobardia Cispadana, V. Marchia Tarvisana, VI. Forum Julii, VII. Istria, VIII. Etruria, IX. Romandiola, X. Marchia Anconitana, XI. Umbria sive Spoleti Ducatus, XII. Patrimonium Divi Petri, XIII. Latium cum Sabina, XIV. Campania felix, XV. Principatus Salerni, XVI. Calabria, XVII. Leucania seu Basilicata, XVIII. Hydruntinorum regio. XIX. Apulia, XX. Samnium sive Aprutium. Præcipua Dominia, XXI. I. Respublica Genuen-*

commencé par le Pape Gregoire XIII en 1581, fut réparé & corrigé par rapport à la géographie par les ordres d'Urbain VIII en 1631.

Environ au milieu du grand corridor dont j'ai déja parlé plus haut, est la porte de la bibliothéque du Vatican avec cette inscription au-dessus.

*Sixti V^e. Bibliotheca Vaticana.*

On entre d'abord dans un grand vestibule où se tiennent les gardes de la bibliothéque, & où lisent ceux qui ont quelques livres à consulter, car elle est publique & ouverte à certains jours de la semaine. Cette piéce est décorée des portraits des Cardinaux Bibliothéquaires, depuis le Cardinal Jérôme Alexandre, jusqu'au Cardinal Alexandre Albani actuellement revêtu de cet emploi. L'attention, le soin, & même le respect que l'on doit avoir pour les livres de

---

*sis*, II. *Pedemontis*, III. *Mediolani*, IV. *Mantuæ Ducatus*, V. *Respublica Veneta*, VI. *Parmensis*, VII. *Mutinensis Ducatus*, VIII. *Respublica Lucensis*, IX. *Magnus Ducatus Etruriæ*, X. *Status Ecclesiasticus*, XI. *Regnum Neapolitanum.*

cette Bibliothéque, sous les peines les plus graves, sont exprimées dans l'inscription qui est à gauche de la porte (*a*).

Tout l'édifice dans son état actuel a la figure d'un T. La grande gallerie en entrant, bâtie par Sixte V, & partagée en deux nefs par six gros pilastres quarrés, a deux cens quatorze pieds de longueur, sur cinquante-deux de largeur. Les deux aîles qui forment la ligne transversale du T, & qui ont ensemble environ quatre cens pas de longueur, ont

---

*Sixti V. Pont. Max.*

(*a*) *Perpetuo hoc decreto de libris Vaticanæ Bibliothecæ conservandis, quæ infrà scripta sunt, hunc in modum sancita sunt, inviolatéque observentur. Nemini libros, codices, volumina hujus Vaticanæ Bibliothecæ, ex ea auferendi, extrahendi, aliòve asportandi, non Bibliothecario, neque Custodibus, scribisque, neque quibusvis aliis cujusvis ordinis & dignitatis, nisi de licentia Summi Rom. Pont. scripta manu, facultas esto. Si quis secùs fecerit, libros partemve aliquam abstulerit, extraxerit, depresserit, rapueritque, conscerpserit, corruperit dolo malo, illicò à Fidelium Communione ejectus, maledictus, anathematis vinculo obligatus esto, à quoquam, præterquàm Rom. Pont. ne absolvatur.*

été conftruites ; la premiere, fous le Pontificat de Paul V ; la feconde, fous celui de Clément XII. Mais il s'en faut beaucoup qu'elles égalent pour la magnificence & le goût, la gallerie de Sixte V, dont toute la décoration eft du choix le plus heureux, & exécutée avec autant d'intelligence que de foin.

On a placé à l'entrée deux ftatues antiques, l'une de St Hypolite, Evêque de Porto, mort environ l'an 230, c'eft le premier Auteur du Cicle Pafcal qui eft gravé fur la chaire dans laquelle il eft affis. L'autre d'Ariftide, Philofophe & Orateur Grec, vivant dans le fecond fiecle, dans les ouvrages duquel on trouve le plus bel éloge de la Ville de Rome. A droite font repréfentés dans huit tableaux, les Conciles généraux, depuis le premier de Nicée, jufqu'au quatrieme de Conftantinople. A gauche on a donné dans différens tableaux, une idée de plus anciennes collections de livres. Le premier a pour fujet Moïfe qui remet le livre de la loi aux Levites, afin qu'ils le placent dans l'arche. Le fixieme repréfente Ptolomée Philadelphe accompagné de Demetrius Phalereus fon Bibliothequaire, & d'Ariftée qui arrangent la fameufe bibliotheque d'Alexandrie. Dans le feptième on voit Augufte entre Virgile & Horace fe promenant dans la bibliothéque qu'il avoit formée fur le Mont-Palatin, où il avoit fait placer la ftatue de Varron le plus fçavant des Romains. Les dix tableaux de ce côté ont tous des fujets analogues à la gallerie qu'ils ornent & auffi heureufement imaginés. Sur la muraille du fond en entrant, eft une grande peinture à frefque, où l'on voit Sixte V, ayant à fes genoux l'Architecte Fontana qui lui fait voir le plan de la bibliothéque. Le Pape eft accompagné du Cardinal Caraffe alors Bibliothéquaire, & de fes neveux le Cardinal de Montalte, & le Marquis Peretti, qui paroît tout furpris d'être grand Seigneur.

Les fix pilaftres ont à chacune de leur face un tableau différent qui repréfente les inventeurs des lettres, au bas font des infcriptions qui en expliquent les fujets. A la face du pilaftre qui répond à la porte d'entrée, on voit Adam couvert de peaux, la bêche à la main, avec cette infcription. Adam inftruit par Dieu même, inventa les fciences & les lettres. *Adam divinitus edoctus, primus fcientiarum & litterarum inventor..*

viennent ensuite les inventeurs des caractères & des lettres.. les fils de Seth qui graverent sur deux colonnes ce qu'ils sçavoient d'Astronomie & de Géometrie.... Abraham qui inventa les lettres Siriaques & Chaldaïques... Moïse l'ancien Hebreu.... Esdras le nouveau.... Isis Reine d'Egypte, les caracteres hiérogliphiques Egyptiens... Mercure, Thot & Memnon, qui en ajouterent de nouveaux.... Hercule, les lettres Phrigiennes... Cecrops, Cadmus & Linus, les lettres Grecques... Phénix Roi des Dolopes, les lettres Phéniciennes... Palamedes, Pithagoras, Epicharmes & Simonides, qui ajouterent de nouvelles lettres à l'alphabet Grec... Nicostrata, Carmenta & Evandre son fils, les lettres Latines... L'empereur Claude qui en ajouta trois (a).... Le Corinthien Dé-

───────────

(a) On n'a marqué que l'F au bas de ce tableau; Tacite qui en parle, l, IX Annal. ne les indique pas. *Claudius tres litteras adjecit, quæ usui, imperitante eo, post obliteratæ....* Suetone en fait aussi mention. ... *Novas etiam commentus est litteras tres, ac numero veterum quasi maxime necessarias addidit.... Exstat talis scriptura in plerisque, libris ac diurnis, titulisque operum....* Le fait étoit si connu du

marate, les caracteres Etrufques......
Ulphilas, Evêque des Gots, les lettres Gothiques.., St Jean Chrifoftôme, les lettres Armeniennes... St Jerôme & St Cirille, les caracteres Illiriens... enfin fur le dernier pilaftre, J. C. le nouvel Adam en oppofition avec le premier, comme le confommateur & la perfection de toutes les connoiffances humaines, tient un livre ouvert fur lequel font peintes la premiere & la derniere lettre de l'alphabet Grec, Alpha & Omega.

On ne pouvoit certainement rien imaginer de plus ingénieux & de plus convenable à cette bibliotheque, que ces peintures qui font auffi intéreffantes qu'inftructives.

Plus haut que la corniche, parmi les Arabefques, on a ménagé des efpaces où font placés des petits tableaux qui repréfentent les principaux traits du regne de Sixte V, & au bas de chacun eft un diftique Latin qui en explique le fujet.

———————————————

tems de ces Auteurs, qu'il leur fuffifoit de l'indiquer. Je ne trouve dans aucun Commentateur qu'elles furent ces lettres.

Au-deffus

Au-dessus de la premiere fenêtre à main gauche, on voit un Lion sur les trois montagnes qui formoient le corps des armes de Sixte V, au tour de lui sont des troupeaux qu'il garde & plus loin des loups qui fuyent la foudre que le Lion tient dans une de ses serres, & qu'il est prêt de lancer sur eux. On lit au bas ce distique.

Hercule délivra des brigands une partie de l'Italie, Sixte les en a totalement bannis : dis-moi, lequel est le plus grand des deux?

*Alcides partem Italiæ prædone redemit,*
*Sed Sixtus totam : dic mihi major uter.*

Ces vers, quoique flatteurs, sont vrais, & ne dûrent point déplaire à Sixte V. J'ai vû dans la *Villa Montalta* un terme ou buste jusqu'à mi corps, qui est le portrait de ce Pape, coëffé de la dépouille d'un Lion, ajustée sur sa tête & ses épaules, comme le capuchon d'un Cordelier ; il rit de cette imagination & l'approuva, elle caractérisoit sa maniere vigoureuse de penser & d'agir, par laquelle il prétendoit se distinguer de tous les Souverains de son tems ; on sçait combien il estimoit Hen-

*Tome I.* S

ri IV & Elizabeth, Reine d'Angleterre, en même-tems qu'il les excommunioit en qualité d'hérétiques.

La Bibliothéque du Vatican est proprement celle du Pape, comme chef de l'Eglise Romaine, à laquelle elle appartient; il n'est pas douteux que très-anciennement les Souverains Pontifes n'en ayent eu une qui étoit au Palais de Latran, & que Calixte III, augmenta considérablement des livres qu'il pût acquérir de la Biblothéque des Empereurs de Constantinople, après la destruction de cet empire. Nicolas V la transporta du Palais de Latran à celui du Vatican, & y ajouta beaucoup de livres qu'il tira de Gréce & d'Orient, Sixte IV l'enrichit de plusieurs manuscrits. La gallerie que Sixte V fit bâtir, peut donner une idée de la quantité de livres dont elle étoit composée; on la regardoit alors comme la Bibliothéque la plus complette qu'il y eut en Europe; ce Pape assigna des fonds pour son entretien. Paul V fit bâtir l'aile à droite. Urbain VIII, acquit la Bibliothéque de l'Electeur Palatin qu'il y réunit. Alexandre VII, celle des Ducs d'Urbain. Alexandre VIII, les livres de la Reine Christine de Suéde, Clement XI l'augmenta de quantité de manuscrits Arabes, Arméniens & Siriaques ; Clément XII fit bâtir l'aile gauche : on dit que le Pape regnant a acquis la riche & curieuse Bibliothéque du Cardinal Passionei ; mais la placera t-il au Vatican ?

On m'a assuré que le nombre des volumes de cette bibliothéque alloit à peine à quatre-vingt mille, dont au moins trente mille manuscrits en toutes sortes de langues ; il est difficile de se faire une idée de la qualité des livres & de leur quantité, ils sont tous enfermés dans des armoires proprement travaillées, hautes d'environ sept pieds, mais exactement fermées, & contre lesquelles la curiosité va se briser, de façon que l'on ne peut même pas connoître les livres de vûe comme en toute autre Bibliothéque ; d'ailleurs quand on voyage, c'est moins pour étudier que pour voir & acquérir les idées des choses que l'on ne connoît pas, & qui se présentent sous la vûe. Or une collection de livres n'est pas un objet de curiosité premiere ; ainsi on se contente d'admirer la propreté extérieure de celle du Vatican, les beautés qui sont faites pour êtres vûes, quelques parties de détail rares & curieuses, & on ne demande pas aux Gardes d'ouvrir les armoires à moins que l'on ne sçache que dans quelques-unes d'elles, il y ait des livres que l'on ait besoin de consulter ; encore comment le deviner. On n'y voit donc que quelques manuscrits curieux qu'il est d'usage de montrer à tous les voyageurs, & dont j'ai retenu des notes exactes...

Une Bible Hébraïque d'une prodigieuse grosseur, qui passe pour être très-ancienne, quoique le P. de Montfaucon en assigne la date à l'an 1294, on ne manque pas de dire que les Juifs de Venise ont voulu l'acheter au poids de l'or, elle leur auroit couté cher, car elle est si lourde, qu'à peine peut-on la tourner aisément...

Les quatre Evangiles manuscrits du neuviéme siécle, que l'on dit avoir appartenu à Charlemagne, les caractéres sont quarrés & tiennent du Gothique. Il est écrit à deux colonnes, chaque colonne entourée d'une vignette différente, il y a beaucoup d'or & des couleurs fort éclatantes...

Le fameux manuscrit de Térence que l'on dit du neuvieme siécle, il est écrit d'un caractére rond, net & très-lisible, avec quelques scolies ou variantes entre les lignes. A la tête de chaque piéce sont les masques de théâtre qui servoient aux Acteurs, & au commencement de chaque scéne sont peints les Acteurs mêmes. Les figures ont environ trois pouces de hauteur, dans l'attitude principale, avec leurs habillemens & le masque de la scéne. Ce livre est propre à donner une idée de l'ancienne représentation; on voit quelques piéces des scénes ou décorations peintes, comme des portes de chambre, des piéces de maison, des Acteurs qui parlent de la porte ou de la fenêtre. Tout cela se rapporte parfaitement aux idées que laisse le théâtre Olympique de Vicence. Le nom du Copiste du Térence étoit H. RODGARIUS.

Un Virgile que l'on dit du cinquieme siécle, en lettres onciales, avec plusieurs vignettes où l'on remarque encore quelques restes de bon goût parmi beaucoup d'incorrections. On croit que ce manuscrit a appartenu à l'Abbaye de St Denis en France, sur ce qu'on lit au quatriéme feuillet, *iste liber est B. Dionisii*, & au soixante & seiziéme..... *Vechi come les gens lesquiex étoient en la mer, étoient tourmentés pour le*

*pechié d'une feule cheft*, à fcavoir *juno.* Ces mots font écrits à côté de ce paffage du premier livre de l'Enéide.......
*Venti velut agmine facto quo data porta ruunt.....*

Un autre manufcrit de fragmens du même poëte in 4°. que l'on dit d'une grande ancienneté, les caractéres font majufcules, petits & nets, le deffein des vignettes colorées, eft bon & prefque toujours exact; la compofition reffemble beaucoup à celle des bas reliefs antiques. On remarquera qu'il n'y a point d'étriers aux felles des chevaux.

Un manufcrit de Pline le Naturalifte du treiziéme fiécle environ, d'un beau caractére, avec les figures des animaux peintes d'après nature & fort exactement.

Un Miffel que l'on dit du tems du Pape St Gelafe.

*Le Dante* d'un beau caractére, avec les plus belles vignettes, où font repréfentées les idées fingulieres de ce Poëte; on en voit dans le Paradis qui font de la compofition la plus gracieufe, tant pour le deffein que pour le coloris, elles paroiffent être de différentes mains ; celles du Purgatoire

sur-tout sont d'un tout autre goût, &
fort inférieures à celles de l'Enfer &
du Paradis.

La storia di gironimo mutio giustino-
politano dé fatti di federico monte fel-
tro Duca d'Urbino, avec des vignettes
peintes par D. Jules Clovio. Le caractére de ce livre est excellent, égal &
très-net. Les mignatures ne sont pas
toutes de la même correction que celles du livre d'heures qui est dans le
cabinet du Roi de Naples à Capo di
monte. Il y en a cependant d'excellentes, entr'autres celles du frontispice où est le portrait du Duc d'Urbin.

Le manuscrit original du livre composé par Henri VIII, Roi d'Angleterre contre Luther, qui a pour titre *de
septem Sacramentis*, & adressé au Pape Leon X, par ce Roi lui-même, avec
cet envoi signé de sa main... *Anglorum,
Rex Henricus, Leo decime, mittit hoc
opus & fidei testem & amicitiæ.* Signé,
*Henricus.* La vérité de cette signature
est prouvée par un recueil de lettres
écrites de la main de ce Roi, à Anne
de Boulen, avant qu'il l'eût épousée,
d'un style naïf & très-amoureux. Ce
manuscrit est encore au Vatican... J'ai

vû quelques autres manuscrits orientaux en papier d'Egypte ou sur soie, très-bien conservés.

Contre le pilastre du fond, sous une plaque de bois de marquetterie fermée à clef, est un calendrier, selon le rit des Grecs, à l'usage des Eglises Moscovites; il est en forme de Croix & distribué par mois. A chaque jour la figure du Saint, ou la représentation du Mystére, en petites figures d'environ un pouce de hauteur, peintes sur un fond d'or. Le tems à noirci les couleurs; mais le dessein qui est dans la maniere Grecque moderne, est bon: toutes les figures sont distinguées & finies avec soin...

Au fonds de la grande gallerie est une grande colonne d'albastre oriental transparent, cannelée en spirale, haute d'environ dix pieds, trouvée près de la voie appienne, ce qui fait croire qu'il est difficile qu'elle ait servi au petit temple de Venus qui étoit dans les jardins de Sallúste.

A côté est un grand Sarcophage antique, de marbre rouge, bien conservé, trouvé en 1702 hors de la porte majeure; il y avoit dedans un assez grand drap de toile d'Amiante, dans lequel étoit des cendres & une partie de crâne qui n'avoit point été confumé par le feu. La toile que j'ai fort examinée eft d'un gris fale, les fils en font auffi gros que ceux de la plus groffe toile d'emballage. Elle fe blanchit au feu, fans rien perdre de fa fubftance, expérience que j'ai vû faire. On a fondu de la cire fur un des côtés de la toile ; on a mis enfuite par-deffous une bougie allumée, que l'on y a tenue jufqu'à ce que la cire fondue, fe foit enflammée ; elle a brûlé affez long-tems ; & quand l'aliment du feu a été confumé, la toile eft reftée entiere, & beaucoup plus blanche dans la partie qui avoit été expofée à la flamme que dans le refte.

Cette toile, quoique dure au tact, ne paroît point caffante, ce que je remarque, parce que l'on a prétendu qu'il n'étoit pas poffible de filer l'amiante & d'en faire de la toile, fans le mélanger de chanvre, de laine, ou de quelque autre matiere fouple : on a été jufqu'à douter que les anciens s'en fuffent fervi pour envelopper les corps que l'on portoit au bucher, fur ce qu'on a fouvent trouvé dans les urnes des charbons mêlés avec les cendres & les reftes d'os ; mais je ne crois pas que l'on puiffe rien objecter contre la preuve de fait que présente la toile dont je viens de parler, & qui démontre que l'on a filé l'amiante sans y mêler aucun corps étranger; car après l'expérience que j'ai rapportée, j'examinai avec soin si la partie qui avoit été si long-tems dans la flamme, n'avoit souffert aucune altération, & certainement les fils étoient tous aussi gros que ceux qui n'avoient point été exposés à l'action de la flamme, & la toile étoit aussi serrée. On trouve de l'amiante dans des Isles de l'Archipel, dans les Pirenées, & même dans les montagnes voisines de Montauban. On a, ou perdu ou fort négligé le secret d'en fabriquer, de cette toile dont on faisoit tant de cas.

Dans les deux autres galleries il y a une collection assez considérable d'antiques en bronze & en marbre, qui a été faite en grande partie par les ordres de Bénoît XIV, beaucoup de grands vases étrusques bien conservés, une belle suite de médaillons antiques en bronze, & plusieurs autres curiosités de ce genre. C'est-là encore que sont les archives secretes de l'Eglise...

Au-dessous de la Bibliothéque est l'Arsenal du Vatican, où il y a des fusils

& d'autres armes pour dix huit ou vingt mille hommes d'infanterie, & quelques équipages pour la Cavalerie ; ce que l'on ne manque pas d'y faire remarquer, est l'armure du connétable de Bourbon, au bas de laquelle on voit encore le trou que fit le petit boulet qui lui cassa les reins & le tua. Sans doute que les Allemands l'ont abandonnée par mégarde, car les Romains ne peuvent pas la regarder comme un trophée qu'ils ayent remporté sur leurs ennemis.

Les jardins du Vatican sont vastes & bien entretenus ; plusieurs parties sont garnies de plantes utiles & d'usage journalier ; en général les plantations d'orangers, de lauriers, de mirthes, les grands bosquets, & les belles eaux les rendent très-agréables ; il y a des expositions si heureuses, que j'y ai vû le jasmin en pleine fleur au mois de Décembre. On verra au milieu du grand jardin, un petit édifice bâti sous le Pontificat de Pie IV, par Pirro Ligorio, sur un modèle antique, qui fait d'autant plus de plaisir, que l'on y prend une idée de la maniere dont les anciens étoient logés. Sous la colonnade qui est au devant, que l'on appelloit *lararium*, où on plaçoit les images des

Dieux domestiques; est une très-belle statue antique de Cibele assise, & couronnée de tours. Statue fort rare & qui probablement a servi dans quelque Temple public. Ce bâtiment a été décoré autrefois de belles peintures que le tems & l'humidité ont presque entiérement détruites.

J'ai d'abord parlé de l'Eglise de St Pierre, parce que c'est la merveille de Rome & du monde; cependant elle n'est que la troisieme dans l'ordre des Basiliques ou Eglises principales de Rome; St Jean de Latran & Ste Marie Majeure la précédent, & St Paul hors des murs est au quatriéme rang. Ces quatre Eglises ont chacune *la Porte Sainte* dont l'ouverture ne se fait que dans les années du Jubilé; celle de St Pierre, par le Pape; celle de trois autres Eglises, par des Cardinaux qu'il députe à cet effet.

St Jean de Latran.

43. Saint Jean de Latran (*a*) est la

---

(*a*) Tout le quartier de Rome où est située cette Basilique, portoit & conserve encore le nom de Latran (*Lateranus*) son ancien possesseur, que l'on dit avoir été de famille Patricienne, & Sénateur sous l'empire de Néron. Le

premiere Eglife Patriarchale d'occident, celle qui a la primauté fur toutes les autres Eglifes de l'univers, & qui eft vraiment le Siége du Souverain Pontife fucceffeur de St Pierre, qui en va prendre poffeffion, en cavalcade folemnelle, après fon élection.

Elle fut bâtie par les ordres de Conftantin, environ l'an 324, fur les ruines du Palais de Latran qui appartenoit aux Empereurs, & donnée à l'Eglife de Rome.

Le Pape St Sylveftre la confacra avec les cérémonies qui depuis ont été d'ufa-

---

Moine Rupert, l. 9, c. 16. De Div. Off. lui donne une autre étimologie. *Nomen ipfum quod dicitur ad Lateranas, antiqua probra fpurci Neronis accufat, qui dedecorosè, potionibus ufus maleficiis, illic ut fertur latens ranas evomuit.* .... Cette origine me paroît bien hazardée. Quoiqu'il en foit, il n'eft pas douteux que les Empereurs n'ayent eu dans ce quartier un Palais dès le troifiéme fiécle..... La prétendue donation de Rome faite par Conftantin au Pape Saint Sylveftre, quoique fauffe, eft cependant une piéce très-ancienne. Elle parle en ces termes du Palais de Latran. *Palatium Imperii noftri Lateranenfe quod omnibus in toto orbe terrarum præfertur atque præcellit palatiis.*

ge en pareilles occafions, elle fut dédiée au Sauveur. On lui donna dèflors la même étendue qu'elle conferve encore, car quoique dans la fuite des tems elle ait beaucoup souffert de divers accidens, Sur-tout de l'incendie du quatorzieme fiécle, il ne paroît pas qu'on l'ait agrandie ni diminuée.

Depuis ce tems cette Eglife, quoique réparée; portoit encore plufieurs triftes marques de cet incendie, jufqu'à ce que les Papes Innocent X & Alexandre VII, l'euffent fait rétablir dans l'état où elle eft, fur les deffeins de Borromini.

A chaque pilier de la grande Nef font les ftatues coloffales des Apôtres dans de grandes niches ornées de colonnes de verd antique. Celles de St Pierre & de St Paul font de *Monot*, Sculpteur François: celles de St Barthelemi & de St Thomas, de *Legros*. Dans des tableaux ovales placés au-deffus de ces ftatues, font repréfentés les Prophétes par les meilleurs Peintres du tems, on y remarquera le Jérémie de Sébaftien *Concha*, le Baruc du *Trevifani*, le Daniel d'André *Procaccini*, l'Amos de *Nafini*, & l'Abdias de *Giufeppé Chiari*. Ces peintures ont du mérite, quoiqu'on n'y retrouve pas la fublimité d'expreffion, la fierté du deffein, & la nobleffe du coloris que l'on admire dans les mêmes fujets traités par l'Efpagnolet à la Chartreufe de Naples.

Au milieu de la nef, à quelque élévation au-deffus du pavé, eft le tombeau de Martin V, en bronze. Le Maître Autel fait fous le Pontificat d'Urbain V, eft décoré d'un pavillon de marbre cifelé à fond d'or, d'un travail gothique, foutenu de quatre colonnes de porphire. Il fut élevé peu après l'incendie dont j'ai parlé. C'eft fous ce pavillon que font placés les deux riches buftes qui renferment les Têtes de St Pierre & de St Paul.

La Chapelle du St Sacrement qui eft au fond de la croifée au midi, eft d'un goût de décoration auffi noble que riche, quatre grandes colonnes cannellées de bronze doré foutiennent l'architrave & un pavillon de même. Le Tabernacle enrichi de pierres précieufes eft pofé fur un bas-relief d'argent qui repréfente la Céne, tenu par deux grands Anges de bronze doré ; quatre ftatues de marbre, Moïfe, Elie, Aaron & Melchifedech, accompagnent cet Autel qui eft en tout d'une grande richeſſe, duquel cependant on peut dire encore *Materiam superabat opus.*

Mais ce qui eſt vraiment digne de curioſité dans cette Egliſe, c'eſt la Chapelle de la Maiſon *Corſini*, qui eſt en entrant à gauche. Le Pape Clement XII de cette Maiſon, la fit conſtruire ſur les deſſeins d'Alexandro *Galiléi*, Architecte Florentin. L'Autel a pour ornement un tableau en moſaïque qui repréſente St André *Corſini*, copié d'après l'original peint par le Guide. Le cadre de bronze doré eſt ſur un fond d'albâtre oriental, accompagné de deux colonnes de verd antique, à baſes & chapiteaux de bronze doré. Au-deſſus eſt un grand bas-relief en marbre blanc, qui a pour ſujet un miracle du Saint Titulaire de la Chapelle; accompagné de deux ſtatues de l'innocence & de la pénitence.

A main gauche eſt le magnifique tombeau du Pape Clement XII, dont le corps eſt dans une urne antique de porphyre, qui a été long-tems ſous le portique du Panthéon, & que l'on croit avoir renfermé autrefois les cendres d'Agrippa. Au-deſſus eſt la ſtatue en bronze de ce Pape, de dix pieds de proportion, affife & dans l'attitude de bénir, accompagnée des deux ftatues de l'abondance & de la magnificence. Vis-à-vis eft un autre monument élevé à la mémoire du Cardinal Neri Corfini, oncle de Clément XII. Les quatre vertus cardinales, la Prudence, la Juftice, la Force & la Tempérance; font repréfentées par autant de ftatues de marbre placées dans des niches, au-deffus des monuments deftinés à la mémoire des Prélats ou grands hommes à venir de la Maifon Corfini. Les ornemens, les vafes facrés & autres meubles deftinés au fervice de cette Chapelle font de la plus grande richeffe & d'un très-bon goût.

Ce monument de la piété & de la magnificence de Clement XII, mérite autant d'être vu & loué, que beaucoup de ruines antiques devant lefquelles on s'extafie, & où les bonnes regles n'ont pas été mieux obfervées.

Le portail de cette Eglife paffe pour être le plus beau de Rome. Il a été élevé fous le pontificat de Clement XII, fur les deffeins d'Alexandre Galilei. Il eft décoré d'un grand ordre de colonnes & de pilaftres qui foutiennent une frife, fur laquelle on lit en très-grandes lettres, l'infcription fuivante.

*Clemens XII, P. M. A. V. Chrifto Salvatori, in honorem SS. Joan· Bapt. & Evang. A. M. DCC. XXV.*

On a confervé dans le haut du fronton, une très-ancienne mofaïque qui repréfente le Sauveur, & qui étoit dans la premiere façade de ce Temple. A la pointe du frontifpice eft une ftatue du Sauveur réfufcité de plus de vingt deux pieds de haut, accompagné de celles des SS. Jean-Babtifte & Evangelifte ; des Peres de l'Eglife Latine & de l'Eglife Grecque, & dans le retour font celles des SS. Eufebe de Verceil, Thomas d'Aquin, Bonaventure, & Bernard. Toute cette décoration eft noble & majeftueufe. Le corps de l'édifice eft de pierre travertine ; & les ornemens de très-beaux marbres.

Sous le portique eft la ftatue de Conftantin, faite du tems de cet Empereur & que l'on confervoit au Capitole ; elle prouve que l'art commençoit à fe perdre. Vis-à-vis eft celle d'Henri IV, Roi de France, que le Chapitre de cette Eglise a fait ériger en reconnoissance de ce que ce Monarque a réuni à perpétuité à sa manse, la riche Abbaye de Clairac en Angoumois.

Tous les ans le treize de Décembre jour de Ste Lucie, le même Chapitre chante une grande Messe solemnelle fondée par ce Prince, à laquelle assiste l'Ambassadeur de France, avec ceux des Princes amis ou alliés, & les Cardinaux attachés à la Nation: après laquelle l'Ambassadeur donne un dîner splendide au nom du Roi, aux Ambassadeurs & Cardinaux qui ont assisté à la Messe, à tout le Chapitre de St Jean de Latran, & à beaucoup de Prélats. C'est une fête nationale à laquelle ordinairement sont les François qui tiennent quelque rang à Rome.

Sur la frise de marbre qui regne autour du portique, on a rétabli cette ancienne inscription en vers Leonins.

*Dogmate Papali datur & simul Imperiali*

*Quod sim cunctarum, Mater, Caput Ecclesiarum.*

*Hinc Salvatoris, celestia regna datoris*

*Nomine sanxerunt, cùm cuncta peracta fuerunt,*

*Sic nos ex toto, coverſi ſupplice voto,*
*Noſtra quod hæc ædes, tibi Chriſte ſit inclita Sedes.*

Il eſt étonnant que l'on ait conſervé, ou plutôt que l'on ait donné une nouvelle exiſtence à cette inſcription, qui ſemble prouver que le concours des deux puiſſances aſſure à l'Egliſe de Latran ſon droit de primatie ſur toutes les autres Egliſes du monde: on ne peut point douter au moins que ce ne fut le ſentiment du ſeptiéme ou du huitiéme ſiécle; tems auquel on n'avoit pas encore imaginé de donner à Saint Pierre trois clefs, pour déſigner cette immenſité de pouvoir attaché à l'Egliſe Romaine.

Dans la ſacriſtie de St Jean de Latran, le tableau de l'Autel eſt une Annonciation deſſinée par Michel-Ange, & coloriée par Marcel de Mantoue. La Vierge y eſt repréſentée de bout & dans un ſi grand étonnement qu'elle tomberoit à la renverſe, ſi une eſpéce d'Autel qui eſt par derriere ne la ſoutenoit. Ce tableau eſt parfaitement éclairé par la gloire dans laquelle paroît le St Eſprit ſous la forme d'une colombe, & le coloris bien meilleur que s'il étoit de Michel-Ange, est traité avec beaucoup d'intelligence. On y voit aussi un grand carton en crayon noir, de la main de Raphaël lui-même, qui repréfente la Vierge, l'Enfant, & le Petit Saint Jean. Il est de la seconde maniere, & du plus beau caractére de deffein.

Parmi les antiquailles qui font dans le cloître des anciens Chanoines Réguliers de Latran, sont les deux fameuses chaises percées, sur lesquelles Misson a tant fait de contes absurdes. En les examinant bien, on ne voit pas comment auroit pû se faire l'opération indécente à laquelle il prétend qu'elles étoient destinées. Il y a grande apparence que ce sont de ces chaises que les Anciens appelloient *Sellæ Stercorariæ*; elles sont l'une & l'autre d'une pierre ou marbre rougeâtre qui ne reffemble point au porphyre, comme l'a dit Misson; cette pierre est d'une couleur plus claire & moins dure. Ces fortes de chaises étoient encore d'un ufage commun dans les bains, & leur forme indique à quoi elles fervoient. A la maniere dont Olimpiodorus parle de celles qui étoient en très-grand nombre dans les bains d'Antonin, ces deux chaifes pourroient bien en avoir été tirées. On y voit une autre chaife ancienne de marbre qui n'eft point percée. Ces monumens antiques, eu égard à leur folidité & leur forme, font les mieux confervés. J'en ai vu plufieurs fur l'efcalier & dans les galleries du Palais Mathei à Rome. Les plus fimples paroiffent avoir fervi à des bains, les autres ornées de bas reliefs ont décoré des jardins, elles font faites comme des petits fauteuils à dos fort bas, & de forme circulaire.

A côté de l'Eglife de St Jean de Latran, eft le Baptiftère de Conftantin appellé *San Gio in fonte*. L'édifice eft de forme octogone, décoré dans la partie fupérieure de plufieurs tableaux d'Andréa Sacchi, qui ont pour fujet quelques traits de l'Hiftoire de la Ste Vierge & de St Jean-Baptifte. Les peintures à frefque qui font au bas, font de différens Peintres; on y remarquera fur-tout la déftruction de l'idolâtrie. Cette compofition de Carle *Maratte*, eft d'un très-bon ton de couleur. Le Baptiftaire proprement dit, eft la partie centrale de l'édifice, féparée du refte par huit colonnes antiques de porphire d'ordre composite, qui soutiennent une architrave circulaire aussi de marbre antique. Comme les colonnes auroient été trop courtes pour la proportion que l'on vouloit donner à cet ornement, l'Architecte a très-heureusement imaginé de les faire sortir d'une base chargée de grandes feuilles en enroulemens, & par ce moyen il leur a donné la hauteur convenable. On descend par quelques degrés dans le Baptistère, au milieu duquel est la fontaine ou réservoir d'eau de marbre d'Egypte avec un couvercle de bronze doré. Les Romains de notre tems, je ne sçais sur quelle autorité, disent des choses admirables de la premiere richesse de ce Baptistère. Ils prétendent que sur chaque colonne étoit un vase d'or qui servoit à porter une lampe, où brûloit continuellement un parfum ou huile précieuse; que sur la fontaine il y avoit un agneau d'or qui jettoit de l'eau, entre deux statues d'argent l'une du Sauveur, l'autre de St Jean-Baptiste, chacune du poids de 170 livres. Il ne reste plus rien de ces anciennes richesses. Le petit édifice par lui-même est d'une construction élégante & s'il est aussi ancien que l'on dit, il a servi de modéle à la plûpart des Baptiftères qui ont été conftruits dans la fuite.

Il eft plus que douteux que l'Empereur Conftantin ait été baptifé dans cet endroit par Saint Sylveftre. Des Auteurs contemporains d'une autorité refpectable, St Athanafe entr'autres, affurent qu'il fut baptifé par Eufebe Evêque de Nicomédie, peu de tems avant fa mort, qui arriva à Achiron près de Nicomédie le 22 Mars 337. Il y a donc grande apparence que cet édifice fut élevé par fes ordres, & deftiné à la cérémonie folemnelle de fon Baptême, qui n'eût pas lieu.

Vis-à-vis de St Jean de Latran, & de l'autre côté de la Place eft la *Scala Sancta* formée de vingt-huit degrés de marbre, les mêmes qui étoient à la maifon de Pilate à Jérufalem, fur lefquels le Sauveur des hommes paffa plufieurs fois dans le tems de fa Paffion, on ne peut les monter qu'à genoux, & il y a de grandes Indulgences attachées à cette dévotion ; de chaque côté font deux autres efcaliers par lefquels on monte à la Chapelle appellée *Sancta Sanctorum*, qui eft au-deffus, où l'on conferve une image miraculeufe du Sauveur, qui y eft en grande vénération.

Mais

Mais l'ornement le plus apparent de la Place de Latran, est le grand Obélisque placé en face de la rue qui conduit à Ste Marie Majeure.

Constantin le Grand après avoir bâti sa nouvelle ville, voulut avoir un Obélisque pour la décorer; il fit chercher avec soin s'il n'en restoit point encore en Egypte; enfin on en trouva un à Thebé dans la haute Egypte, plus beau que tous ceux qui étoient à Rome, & le seul qui resta entier ; car on prétend que Cambise après avoir conquis l'Egypte, les avoit fait renverser & briser. Constantin donna ordre que l'on conduisît par le Nil cette masse énorme jusqu'à Alexandrie, où elle resta plusieurs années.

Constance son fils & son successeur, ayant admiré la magnificence de Rome, & la beauté de ses édifices publics & de ses ornemens, fit transporter cet obélisque d'Alexandrie à Rome, où il le fit élever dans le grand Cirque, afin de le mettre en paralelle avec le plus magnifique que l'on eut vû, jusqu'à celui-ci, & le faire admirer davantage ; mais dans les révolutions auxquelles Rome fut exposée de la part des Barbares, tous ces ornemens superbes furent renversés & brisés : ils resterent couverts de ruines jusqu'au tems de Sixte V, qui les fit découvrir & tirer de terre où ils étoient à la profondeur de plus de seize pieds. Celui-ci étoit rompu en trois piéces, mais de façon à pouvoir se rajuster aisément, ce que le Cavalier Fontana entreprit par les ordres du Pape. Cette masse énorme solidement réparée, fut élevée avec grande solemnité, le 10 d'Août 1588, posée sur un piédestal solide, & dédiée à la Croix du Sauveur. Le piédestal, le fust de l'obélisque & la Croix de bronze doré qui est au-dessus, ont ensemble environ 140 pieds de hauteur, dont l'obélisque seul en a 115 (*a*).

---

( *a* ) Aux quatre faces du piédestal de cet Obélisque sont autant d'inscriptions dont voici les deux principales.

*Fl. Constantius. Aug. Constantini Aug. F. Obeliscum. à. patre. loco. suo motum. diuque. Alexandriæ. jacentem. Trecentorum-Remigum. impositum. navi mirandæ. vastitatis. per. mare. Tiberimque. magnis. molibus. Romam. convectum. in. circo. max. ponendum. S. P. Q R. D. D.*

44. *L'Eglise de Ste Marie Majeure*, Sainte Marie Majeure, située sur la partie la plus élevée du Mont Esquilin, est la seconde dans l'ordre des Basiliques de Rome, elle doit son origine à une petite Eglise qui fut bâtie en 353, sous le Pape Libere. L'histoire du miracle qui y donna lieu est connue. En 442, le Pape Sixte III la fit rebâtir, l'agrandit beaucoup & lui donna à peu près l'étendue qu'elle a. La façade principale a été élevée en 1743, sous le Pontificat de Benoît XIV. Elle est d'un goût simple, on y a conservé les huit colonnes de marbre antique qui soutenoient l'ancien portique, & qui décorent encore le nouveau, sous lequel est la statue en bronze de Philippe III, roi d'Espagne.

Le même Pape a fait rétablir le pavé

---

*Sixtus. V. Pont. Max. Obeliscum. hunc. specie. eximiâ. temporum. calamitate. fractum. circi. max. à ruinis. humo. limoque. altè. demersum. multa. impensa. extraxit. hunc. in. locum. magno. labore. transtulit. formæque. pristinæ. accuratè. restitutum. Cruci. invictissimæ. dicavit.* A. M. D. LXXXVIII. *Pont.* IV.

& le plafond de cette Eglise, répolir les colonnes, dorer tous les stucs, malgré cela ; elle n'a rien de majestueux ni de frappant ; le plafond qui est trop bas, & la multitude d'ornemens trop brillans, lui donnent plutôt l'air d'une très-grande salle d'assemblée, que d'un Temple. Il faut voir dans la belle Chapelle Sixtine le Mausolée du Pape Sixte V, exécuté sur les desseins de Dominique Fontana ; il est formé par quatre colonnes de verd antiques, & autant de cariatides de beaux marbres, qui soutiennent un pavillon sous lequel est placée la statue de ce Pape à genoux. Les statues de la Charité & de la Justice, de Saint François & de Saint Antoine de Padoue, ornent ce monument. Vis-à-vis est le tombeau de Pie V, dont l'urne de verd antique est d'un excellent travail.

De l'autre côté de la nef, est la magnifique Chapelle Borghese ; dans laquelle le Pape Paul V est enterré. Rien n'est plus riche que l'Autel, où l'on voit quatre colonnes cannelées de jaspe oriental, avec les bases & chapiteaux de bronze doré. Les piedestaux sont revêtus de jaspe & d'agathe, unis par des moulures dorées. Le fond de l'Autel est de lapislazuli, & au milieu est l'Image miraculeuse de la Vierge, que l'on dit peinte par Saint Luc. On en compte sept à Rome, qui toutes semblent de la même main, & qui ont été apportées de la Grèce. Un ancien Martyrologe manuscrit du X<sup>e</sup>. siécle, que l'on attribue à St Basile, fait mention du culte public rendu à ces Images.

L'Autel Pontifical, placé sous un pavillon soutenu par quatre colonnes de marbre, & enrichi des plus beaux bronzes dorés, est formé d'une grande urne antique de porphyre, que l'on croit avoir servi de tombeau au Patrice Jean & à sa femme, Fondateurs de cette Basilique ; le couvercle de l'urne de marbre blanc & noir, soutenu par quatre enfans de bronze doré, sert de table à l'Autel.

Ce qu'il y a de plus curieux à voir dans cette Eglise, sont les peintures en mosaïque, faites dans le cinquiéme siécle par ordre du Pape Sixte III, & que l'on voit encore sur l'arc qui sépare le chœur ou présbitere de la nef : la figure de la Vierge y fut mise, pour rendre témoignage à sa qualité de Mere de Dieu, après que le Concile général d'Ephese eut solemnellement condamné l'hérésie de Nestorius. Ce monument rare de l'antiquité chrétienne, est d'autant plus précieux, qu'il fut cité comme une preuve de la tradition de l'Eglise sur le culte des images, au second Concile de Nicée. On voit dans le fond du chœur d'autres mosaïques faites en 1289, par ordre du Pape Nicolas IV, dans lesquelles ce Pape est représenté en habits pontificaux, avec la tiarre de figure conique ceinte d'une seule couronne ou diadême, ce qui prouve ce que j'ai remarqué plus haut à ce sujet. St François d'Assise y est peint habillé à peu près comme les Capucins, sans barbe & sans manteau, avec un petit capuchon pointu. Je crois le tableau du Vatican plus ancien quoique du même siécle. St François étoit mort en 1226.

A côté de la porte principale, on voit le tombeau de Philippe de Lévis Cousan, François, Cardinal du titre de St Pierre & St Marcellin, & Archevêque d'Arles, & d'Eustache son frere, aussi Archevêques d'Arles.

Dans la Place vis-à-vis de la porte est une magnifique colonne cannelée, qui a servi autrefois au Temple de la Paix, que le Pape Paul V. fit restaurer & transporter en cet endroit, où il la fit élever par son Architecte, Charles Maderne, pour y placer au-dessus une statue de la Vierge de bronze doré, avec cette inscription *Reginæ Pacis*.

Derriere le chœur de l'Eglise, dont la construction est très-belle de ce côté, Sixte V fit placer en 1587, un obélisque trouvé au Port de Ripetta, qui avoit servi d'ornement au tombeau d'Auguste. Il est sans hiéroglifes ; ce qui fait croire que ce Prince l'avoit fait tailler exprès dans les carrieres d'Egypte. Le piedestal, l'obélisque, & la Croix ont environ soixante pieds de hauteur (*a*).

45. *St. Paul hors des murs*, quatrieme Basilique, ou Eglise Patriarchale de Rome. Cet édifice l'un des plus beaux de l'antiquité chrétienne, construit à la fin du quatriéme siécle, ainsi que l'ap-

*Saint Paul hors des murs. Ste Croix de Jérusalem.*

---

(*a*) On lit cette Inscription à la base. *Sixtus Pont. Max. Obeliscum. Ægypto. advectum. Augusto. in. ejus. Mausoleo. dicatum. eversum. deinde. &. in. plures. confractum. partes. in via. ad. Sanctum. Rochum. jacentem. in pristinam. faciem. restitutum. salutiferæ. Cruci. felicius. his. erigi. jussit. An. M. D. LXXXVII.*
P. II.

T iv

prend l'inscription en mosaïque, placée sur l'arc qui sépare la Nef principale de la Tribune, (a) à cinq Nefs soutenues par quatre rangs de colonnes, de vingt chacun, celles de la Nef du milieu sont les mêmes qui ont servi à la décoration du tombeau d'Adrien ; elles sont de marbre de Gréce, cannelées avec des chapiteaux d'ordre Corinthien, d'une grosseur énorme & parfaitement conservées ; celles des bas côtés sont de granite d'Egypte, rouge & noir. La longueur de la Nef, jusqu'à la tribune où est l'Autel principal, est d'environ 250 pieds, sur une largeur bien proportionnée. La croisée est élevée de deux marches au-dessus du niveau de la Nef, & sa voûte est soutenue par dix colonnes de granite les plus grosses qui soient à Rome ; les Autels du fond & des croisées sont décorés de grandes colonnes de porphire ; l'Autel Patriarchal sous lequel sont partie des reliques de St Pierre & de St Paul, est placé sous un petit pavillon

---

(a) *Theodosius cepit, perfecit Honorius aulam,*
*Doctoris mundi, sacratam Corpore Pauli.*

terminé par un ornement gothique de forme piramidale, & soutenu sur quatre colonnes de porphire. On ne trouve dans aucune autre édifice, autant de ces colonnes de marbre précieux qui servoient à la décoration de Rome antique, qu'à St Paul. Le pavé de l'Eglise est presque entiérement composé de marbres chargés d'inscriptions antiques dont la plûpart sont imparfaites. Sur la frise qui regne autour de la grande Nef & des croisées, sont peints tous les portraits des Papes, suivant l'ordre chronologique le plus exact; cet ouvrage commencé dès le tems de St Leon I, étoit presque entiérement effacé. Il a été réparé, & continué jusqu'à ce tems sous le Pontificat de Benoît XIV, & par ses ordres.

Dans la croisée à droite est une bonne statue de Lucine, Dame Romaine, mise au rang des Saintes; il est prouvé par les actes des Martyrs, que pendant les dernieres persécutions elle recueilloit avec soin leurs précieux restes qu'elle faisoit enterrer dans un cimetiere placé dans sa maison même, & sur lequel l'Eglise de St Paul est bâtie en partie. A gauche est la Chapelle dans

T v

laquelle on conserve le Crucifix que l'on dit avoir parlé à Ste Brigite, Reine de Suede. Cette Chapelle est revêtue des plus beaux marbres, travaillés d'un goût gothique avec autant de soin que de patience.

Le grand cloître est soutenu par des petites colonnes torses, couplées, incrustées de mosaïque.

*Ste Croix de Jerusalem*, Eglise fort ancienne que l'on croit avoir été bâtie par Constantin pour satisfaire la dévotion de sa mere Ste Hélene, à la Croix du Sauveur. Elle a été rétablie dans l'état où elle est à présent, par le Pape Benoît XIV, dont elle étoit le titre de Cardinal. Le vestibule, quoique très-orné, est de petite maniere, & ressemble plus à une décoration théâtrale qu'à l'entrée d'un temple; il est composé de plusieurs rangs de colonnes qui forment une espece de labirinthe, & qui soutiennent une coupole. La nef de l'Eglise étoit séparée des bas côtés par deux rangs de magnifiques colonnes de granite bien conservées, & des plus belles qui fussent à Rome. Mais l'Architecte que le Pape employa, voulant imiter celui qui avoit rétabli l'Eglise de St Jean de Latran, a masqué de lourds pilastres de briques & de chaux, revêtus de stucs, dix de ces belles colonnes, a fort rétreci l'Eglise, & en a caché le plus bel ornement. L'Architecte de St Jean de Latran fut obligé de couvrir les colonnes qui soutenoient le plafond de l'Eglise, parce qu'elles avoient été fort gâtées par un incendie, & qu'il n'y en restoit presque pas une qui ne fût altérée; ainsi la nécessité l'obligea à former des pilastres qui étant plus élevés & d'un meilleur goût de décoration, ornent la grande Eglise où ils sont placés; mais ceux de Ste Croix ne sont pas supportables, surtout quand on sçait qu'ils cachent des colonnes magnifiques.

Dans le Chœur il y a plusieurs peintures à fresque du pinturrichio, qui représentent différens Martyrs qui ont subi le supplice de la Croix; dans la demie coupole qui termine le Chœur, est une grande fresque du même Maître, qui a pour sujet l'invention de la Croix par Ste Hélene; il y a dans ce tableau deux figures admirables, celle de l'Impératrice qui éléve les mains jointes à la vûe du mort qui résuscite par l'attouchement de la Croix, qui étoit la marque à laquelle on devoit reconnoître la véritable, & la distinguer des deux autres qui furent trouvées en même-tems, & celle d'un vieillard qui est vis-à-vis dans la plus grande admiration. A l'entrée de la Chapelle souterreine où sont conservées les reliques, & tout ce que l'on a pu enlever de la terre du Calvaire, est une excellente statue en marbre blanc du Cardinal Besocci, Milanois, de l'Ordre de Citeaux; dans la gallerie par laquelle on monte à la Sacristie, sont deux tableaux, l'un du Sauveur assis après la flagellation, l'autre de l'élévation du Christ en Croix, on les dit tous deux de Rubens, ils sont cependant plus dans le goût de l'école Vénitienne.

Dans la bibliothéque de cette maison qui est nombreuse & rangée dans un bel ordre, on voit un des meilleurs tableaux de *Carles Maratte*, qui a pour sujet la conférence de St Bernard, avec le Pape Innocent II & le Cardinal de Leon anti-Pape sous le nom d'Anaclet, où l'élection de celui-ci est condamnée. La figure de S. Bernard & celle de l'anti-Pape sont de belle expression, tout le tableau est du meilleur ton de couleur &

bien deſſiné... vis-à vis eſt une famille ſainte par François *Mancini*, ſi bien imitée de Raphaël, que l'on pourroit s'y tromper. J'ai vû dans cette maiſon un antique vraiment Egyptien trouvé depuis peu de tems dans les fondemens d'une nouvelle conſtruction que l'on faiſoit dans cette maiſon, il eſt de baſalte noir d'Egypte, & repréſente un anubis d'environ trois pieds de hauteur. Il eſt entier.

On a conſervé différentes inſcriptions antiques, dont quelques-unes ſont incruſtées dans les murs... *anial ingratius homine nullum eſt.*

L'Egliſe & le Monaſtere qui la joignent ſont inconteſtablement bâtis ſur les ruines du Palais Seſſorien; tout ce quartier de Rome avoit le même nom, & étoit rempli d'édifices aſſez importans, pour qu'Aurélien fit faire un coude à la nouvelle enceinte des murs qu'il élevoit pour n'y rien déranger.

Par derriere l'Egliſe dans la vigne qui y eſt contigue, ſont les reſtes d'un ancien Temple que l'on croit avoir été celui de Venus & de Cupidon, ou de la *Venere Genitrice*, élevé par Céſar pendant ſa dictature avec la plus grande dépense, & enrichi des marbres les plus précieux, qu'Ovide a désigné dans ces vers.

*Ubi muneribus nati, sua munera mater*
*Addidit, externo marmore dives opus.*

L. 1. de Art. A.

Le Nardini est d'un avis contraire, & prétend que la demie coupole & la partie des murs qui la joignent, sont les restes du Palais Sestorien. J'ai plusieurs fois examiné cette construction antique, & j'en suis toujours revenu persuadé qu'elle avoit été un Temple dont il ne reste plus que la carcasse de briques, encore très-solide, tout le revêtissement en ayant été arraché, ainsi qu'il est aisé de l'appercevoir.

Au midi du Monastere on voit les restes d'un amphithéâtre encore décoré de trois ordres de pilastres, & dont les murs d'enceinte sont entiérement conservés ; on se disposoit à faire dans l'arene de cet amphithéâtre une plantation d'orangers & d'autres arbres de cet espece qui y feront dans la situation la plus favorable.

46. *St Laurent hors des murs*, Eglise ancienne, bâtie par Constantin environ l'an 330. Il paroît que l'on joignit cette Eglise à un Temple antique consacré à ce que l'on croit, à Neptune, & qui en forme actuellement l'arriere-chœur. Il est soutenu par huit grosses colonnes de marbre, cannelées, d'ordre corinthien, qui portent une frise chargée d'arabesques en bas relief bien travaillés ; sur cette frise sont posées dix colonnes cannelées de marbre & de même ordre, qui soutiennent des arcs sur lesquels porte une voûte assez hardie. Les grosses colonnes sont cachées jusqu'aux deux tiers de leur hauteur, & sans doute pour satisfaire la curiosité des voyageurs, on a creusé une espece de puits qui en découvre une jusqu'à la base. En général toute cette Eglise paroît construite de matériaux tirés de Temples antiques qui subsistoient encore lorsqu'elle fut bâtie. Au haut de la nef sont deux chaires, l'une vis-à-vis de l'autre, & faites de marbre & de porphire ; celle de l'Evêque ou du Prêtre principal qui est à droite à deux degrés, & un soubassement qui paroît avoir été la frise du vestibule d'un Temple antique ; car on y voit en relief plusieurs instrumens des

*Saint Laurent, Saint Sebastien. Catacombes antiques.*

anciens sacrifices, tels que le bonnet du flamine (*Albogalerus*) le couteau sacré (*Secespita*) l'encensoir, & le petit vaisseau ou navette (*acerra*) où l'on mettoit les parfums; le vase d'eau lustrale & l'aspersoir... la plus petite a un pupitre de marbre en forme de livre ouvert, il paroît que c'étoit celle où montoit le Diacre ou le Lecteur qui lisoit le sujet de l'instruction tiré de l'écriture sainte sur lequel l'Evêque faisoit ensuite son homélie.

Le Sacristain de cette Eglise fait voir une partie du gril sur lequel St Laurent étoit couché lors de son martyre, & une pierre blanche assez tendre sur laquelle il assure que fut jetté le corps du Saint quand on le retira du feu; cette pierre a des taches que l'on dit avoir été faites par la graisse fondue & le sang; ce qui effectivement y ressemble beaucoup. On y voit aussi plusieurs de ces gros cailloux noirs & pesans que l'on attachoit dans la prison aux pieds des Martyrs.

A côté de la porte, à main droite en entrant, est une grande urne antique de marbre blanc, ornée d'un excellent bas relief bien conservé, qui représente l'appareil d'un sacrifice dont les victimes font un belier & un porc. Le couvercle plus haut qu'ils ne le font ordinairement, est chargé de plusieurs figures à cheval qui paroissent former quelque marche triomphale, où représenter ces especes de joutes & de courses qui se faisoient aux funérailles des grands ; le travail en est excellent & du meilleur style grec. Cette belle urne sert de tombeau à un Cardinal de Fiesque, neveu du Pape Innocent IV, ainsi que l'apprend une inscription gothique tracée sur les bords.

Il y a beaucoup de peintures à Fresque dans cette Eglise, & quelques mosaïques peu considérables, parmi les premieres on remarquera, le Pape Honorius III qui bénit solemnellement Pierre de Courtenai, empereur Titulaire de Constantinople, & sa femme Iolande, qu'il avoit couronnés dans cette Eglise en 1217. Je n'ai pas vû les grottes ou cimetieres antiques qui sont sous cette Eglise ; elles nous parurent si humides & si malpropres, & le Sacristain nous assura si positivement qu'il n'y avoit rien de curieux à y voir, que nous l'en crûmes sur sa parole.

*St Sébastien hors des murs*, Eglise bâtie, à ce que l'on croit, sous l'empire de Constantin, & dédiée à St Sébastien, Préfet des Cohortes Prétoriennes, martyrisé dans la persécution de Dioclétien. Elle est desservie par des Feuillans qui n'y habitent que l'hyver, & qui l'abandonnent en été à cause du mauvais air, & située à deux mille de Rome sur le bord de la Voie Appienne, dans l'emplacement même du cimetiere de Calixte si connu dans l'histoire des Martyrs.

Cette Eglise est célébre par ses catacombes qui sont des voûtes souterreines creusées, en partie dans le roc, en partie dans un terrein solide où se retiroient les chrétiens dans le tems des persécutions; elles sont à une assez grande profondeur sous terre, & on y descend par un petit escalier étroit & difficile. Elles sont formées par différentes galleries, rues ou boyaux, comme on voudra les appeller, qui se coupent & se recroisent dans tous les sens, & qui composent un labirinthe étendu, & dont on se tireroit difficilement sans un guide expert, qui les connoisse pour les avoir long-tems fréquentées; je sçais que le Religieux Feuillant qui nous servoit de guide sans doute dans l'espérance d'avoir *la mancia* qu'il parut recevoir avec satisfaction, ne voulut pas s'y engager bien profondément, quelques inftances que nous lui fiffions; il nous dit qu'il n'étoit pas fûr d'y pénétrer au-delà du terme qu'il lui plût de nous fixer, fur-tout à la fuite de l'hyver, que fouvent il fe faifoit des éboulemens qui fermoient le retour, que plufieurs perfonnes avoient été les victimes de leur curiofité & de leur dévotion indifcrete; qu'un Romain de diftinction qui y avoit voulu aller trop avant avec toute fa famille auffi pieufe que lui, n'avoit jamais reparu; que des voyageurs après y avoir erré long-tems, ne s'en étoient tirés qu'avec grande peine, & parce qu'ils avoient eu le bonheur d'entendre des Ouvriers qui par hazard y travailloient; tous ces accidens ont été caufé qu'on les a fermées à quelque diftance de l'ouverture, on en a feulement laiffé affez pour fatisfaire la curiofité des voyageurs fur leur forme & l'arrangement des tombeaux. Ces catacombes dans leurs différentes coupures, font garnies de tombeaux dans toute leur étendue & leur hauteur, creufés dans le roc & dans le terrein, de la longueur & profondeur néceffaires pour y placer un corps; du côté qui regarde l'ouverture, eft ordinairement infixée une petite urne ou fiole oblongue de terre cuite ou de verre, que l'on appelle urne lacrimatoire; elles sont communes, & on en trouve par tout. Si elles sont de verre, & que l'on apperçoive dans le fond quelque sédiment ou teinture rouge, c'est presque une marque décidée que le corps a été celui d'un Martyr; on n'en doute pas si dans le tombeau on trouve des éponges ou des linges teints de sang, ou quelque partie des instrumens de son supplice; les lampes sépulchrales sont aussi placées en différentes situations, soit au haut, soit au bas, soit à côté du tombeau; de tems en tems on trouve des cabinets quarrés, dans lesquels les tombeaux sont placés à distances égales, & dans un ordre plus régulier que dans les voûtes ordinaires: il paroît que ces endroits étoient spécialement destinés à la sépulture des personnes distinguées, & que les autres étoient abandonnés au peuple. Dans tous les tems les hommes ont affecté de la distinction les uns au-dessus des autres même dans ce qui leur est commun à tous, dans ce qui les humilie tous également. Les ouvertures des tombeaux étoient fermées par de grandes briques jointes avec du ciment, quelques-uns, mais fort rarement, par des tables de marbre; fur plufieurs d'entr'elles on lit le nom & la qualité par rapport à la religion, comme de N. Martyr, N. Néofite, N. Prêtre, ou Diacre; ces noms font accompagnés de fymboles; on croit qu'une fleur défignoit la virginité, une palme le martyre, une branche de chêne la force & la conftance; ces courtes infcriptions étoient ordinairement décorées du monograme chrétien. On en voit beaucoup qui ont été raffemblées fous le porche qui defcend à l'Eglife de Ste Agnès hors des murs. Ainfi cette infcription, *Petronia Neofita*, avec le monograme entre les deux mots, & une palme à chaque extrémité, paroît défigner clairement une fainte Martyre comme celle-ci: *Requievit Zofimus Chrifti famulus annorum novemdecim...* défigne le corps d'un jeune chrétien qui eft mort lorfque l'Eglife étoit en paix, ou qui n'a pas couru les dangers de la perfécution. Par une ancienne habitude on trouve encore à la tête de ces infcriptions les deux lettres D M qui fignifient toujours *Diis manibus*, & non pas *Deo maximo*. Prefque tous les tombeaux qui font à l'entrée des catacombes font ouverts & vuides; mais en pénétrant plus avant on en voit plusieurs qui sont encore intacts, & sur lesquels on trouvera les preuves de tout ce que j'ai avancé.

Avant que d'entrer dans les catacombes même, on passe par une espece de salle ronde, assez vaste, au milieu de laquelle est un Autel de pierre élevé dans l'endroit même où la tradition est que les SS. Apôtres assembloient les fideles, & célebroient les saints Myftéres; derriere cet autel est un excellent buste de St Sébastien dans la maniere antique, que l'on dit de l'Algardi, & c'est le seul ornement que l'on y voie: autour de cette salle sont des restes de siéges ou de banquettes taillées en partie dans le roc, sur lesquelles on s'asseioit dans le tems des assemblées. Ces sortes de monumens sont aussi respectables que curieux, en ce qu'ils nous rappellent la naissance même de l'Eglise, & les vertus héroïques des Saints qui ont défendu sa foi avec zèle; mais ils sont très-négligés. C'est-là où étoit la chaire de pierre de St Etienne Pape & Martyr, que le Pape Innocent XII envoya au grand Duc de Toscane, & que l'on conserve à Pise dans l'Eglise de l'Ordre établi sous la protection de ce Saint.

On peut comparer ce que j'ai dit des

catacombes de St Gennariel à Naples, avec le récit que je viens de faire, & on ne doutera pas que celles de Naples comme celles de Rome, ne soient l'ouvrage des premiers chrétiens.

Rien ne m'a paru digne d'attention, dans l'Eglise de St Sébastien que la statue de ce Saint sculptée en marbre blanc par un Eleve du Bernin & dans son goût. Le Martyr est représenté mort & couché, dans la Chapelle où on conserve ses reliques.

*Ste Agnès hors des murs*, environ à un mille de la *Porta pia*, Eglise ancienne que l'on dit encore bâtie par Constantin, pour satisfaire la dévotion de la Princesse Constance sa fille qui depuis a été mise au rang des Saints, les seize colonnes de granite à chapiteaux Corinthiens, dont quelques-unes sont cannelées, (ouvrage fort rare à cause de la dureté de cette pierre,) qui soutiennent la gallerie tournante autour de cette Eglise, sont d'une seule piéce. Il y a au maître-autel deux colonnes d'albastre oriental. On descend dans cette Eglise par un porche assez long sous lequel est un escalier de marbre de quarante-cinq marches, revêtu en partie, ainsi que les repos, & les murs d'anciennes inscriptions sépulchrales des premiers siécles du Christianisme, partie grecques, partie latines, & toutes fort laconiques.

A cent vingt pas environ de cette Eglise au couchant, est l'ancien Temple de Ste Constance. Les avis sont partagés sur le tems de sa fondation ; les uns la mettent au tems du paganisme; les autre prétendent qu'il fut bâti par Constantin le grand pour servir de baptistere à sa sœur & à sa fille toutes deux du nom de Constance ; il est absolument de forme ronde terminé par un petit dôme, & soutenu de vingt-quatre colonnes couplées de granite d'Egypte, avec les chapiteaux d'ordre Corinthien. Le travail qui prouve que la perfection de l'art commençoit à se perdre par la négligence avec laquelle les ornemens sont finis, la maniere même de la construction très-légere & peu solide, ne ressemble en rien à la façon dont bâtissoient les Artistes des beaux tems de l'antiquité, qui sembloient travailler pour l'éternité ; ils n'appuyoient sur des colonnes légeres que la partie de la voûte la moins lourde ; la masse de l'édifice étoit portée par des murs forts & épais, & ici ce sont les colonnes qui soutiennent le poids le plus fort ;

fort; je citerai toujours pour exemple le petit Temple antique que j'ai admiré à Pouzzols; les colonnes qui étoient au centre, ne soutenoient qu'une partie de coupole fort légere, le reste de l'édifice portoit sur des murs solides sur lesquels la voûte avoit son principal point d'appui.

Cette construction ne laisse pas que d'avoir de l'élégance, & de frapper ceux qui jugent de la beauté, sans examiner si elle est réguliere & solide. Au milieu est un autel assez simple, sous lequel sont les reliques de Ste Constance & des Stes Attiques & Artemie.

Mais ce qui est admirable dans cette petite Eglise, est l'ancienne urne ou sarcophage de porphire appellé le tombeau de Bacchus, parce qu'il est décoré d'un bas-relief qui représente une vendange. Dans des ornemens en volute, sont placés des petits amours, dont les uns cueillent des raisins, les autres les mettent dans des paniers, ou dans des vaisseaux où ils paroissent vouloir les fouler. Ce bas-relief est traité dans le goût des Arabesques; mais avec plus de vérité qu'à l'ordinaire, les figures y sont placées sur un point d'appui assez solide pour les porter; les oiseaux & les animaux qui font entre-mêlés, font dans une position naturelle ; tout l'ouvrage, malgré la dureté du porphire, est d'un fini précieux, & d'une pureté de style digne des meilleurs Artistes de la Grece. Si l'on peut rapporter ce monument au tems d'Adrien, ce fut sans doute le chef-d'œuvre de quelque Artiste célébre, & une entreprise hardie de sa part d'exécuter un ouvrage aussi correct & aussi élégant sur le porphire; le couvercle de l'urne qui est conservé comme le reste dans son entier, sans la moindre altération, est chargé de masques qui servent à attacher des guirlandes de Ciprès. Ce magnifique monument à sept pieds cinq pouces de longueur par le haut, cinq pieds deux pouces par le bas, cinq pieds de largeur, trois pieds dix pouces de hauteur, non compris le couvercle qui a environ deux pieds de hauteur. C'est le plus beau monument de ce genre qui existe à Rome. Dans la même enceinte, entre le couchant & le nord, sont des vestiges de murs anciens que l'on croit avoir servi de clôture à un hyppodrome ou manége.

Autres Eglises, Tableaux, Statues.

47. *San Pietro in vincoli*, ou St Pierre aux-liens. C'est, dit-on, la plus ancienne Eglise de Rome, celle que St

Pierre dédia au Souveur, & qui fut brulée dans l'incendie que Néron fit allumer. Cette tradition est au moins respectable, & donne lieu de conjecturer qu'il y a eu dans le voisinage quelque oratoire consacré par St Pierre. Ce qui est de plus certain, c'est que cette Eglise est actuellement bâtie dans une partie du terrein qu'occupoient les bains de l'Empereur Trajan, qui avoient servi à Vespasien & a Titus, & qu'Adrien avoit embellis. La plûpart de ses matériaux en ont été tirés. La premiere construction de cette Eglise, dans l'état où elle est, doit être placée environ au milieu du cinquiéme siécle, dans le tems qu'Eudoxe, femme de l'Empereur Théodose le jeune, revint de la Sirie où elle avoit été visiter les saints lieux. Juvenal, Patriarche de Jerusalem, lui donna les chaînes dont le Roi Herodes avoit fait lier St Pierre dans sa prison. Elle les envoya à la Princesse Eudoxe sa fille qui épousa Valentinien, Empereur d'occident. Celle-ci en fit présent à St Leon le grand alors Pape, qui voulant confronter ces chaînes avec celles dont avoit été lié à Rome le Prince des Apôtres, il arriva qu'elles s'unirent d'elles-mêmes miraculeusement, & qu'elles ne formerent plus que

tues antiques.

la même chaîne, qui est conservée aujourd'hui dans cette Eglise. Elle est soutenue par vingt-deux colonnes de marbre Parien, bien conservées & de très-bon goût. Dans le fond du chœur est une belle chaire antique de marbre blanc, qui probablement a été tirée des bains voisins.

Cette Eglise avoit été le titre de Jules II, lorsqu'il fut promû au Cardinalat; & il avoit eu dessein de s'y faire enterrer, pour cela il ordonna à Michel-Ange de faire le dessein du monument qu'il destinoit à être son tombeau, & de l'orner de statues. Il fit cette figure de Moïse si connue, qui en est le principal ornement & l'un des plus célèbres ouvrages de Michel-Ange. Moïse est assis, les tables de la loi pliées sous le bras droit, il est dans l'attitude de parler au peuple qu'il regarde fièrement, & dont il semble qu'il ait à se plaindre: on peut dire que dans l'exécution de cette statue, Michel-Ange s'est livré à toute la force & à la sublimité de son génie, qui a produit un chef-d'œuvre unique auquel rien n'est comparable, ni dans l'antique, ni dans le moderne pour l'expression; les détails sont traités avec un soin & une vérité qui étonnent dans une composition si relevée ; les muscles & les veines du col, des bras & des jambes, sont rendus avec tant de précision, qu'ils pourroient servir à une démonstration d'anatomie. Les deux statues de la vie contemplative & de la vie active, sont traitées avec plus de délicatesse, & cependant avec beaucoup de noblesse ; le reste du monument n'est pas de Michel-Ange, qui, occupé à d'autres ouvrages, l'abandonna après la mort de Jules II. Dans la petite Chapelle qui est à côté, est un excellent tableau de Ste Marguerite, par le Guerchin, le coloris surtout en est précieux & encore très-frais. Le pavé de l'Eglise est formé en partie de piéces de marbres, chargées d'inscriptions presque toutes mutilées ; dans un des bas côtés à gauche, j'ai lû ce reste d'épitaphe d'un Cardinal Gascon.

*Francia me docuit, tellus Aquitana creavit*
  *Roma catenarum præposuit titulo,*
*Religione fui tenuis, terrena sequendo....*

*Ste Praxede* très-ancienne Eglise de Rome, rétablie dans le neuviéme siécle par le Pape Paschal I. Le fond de la tribune où est le maître-autel, est orné de mosaïques de ce tems. La nef du milieu est soutenue par des pilastres & des colonnes antiques de granite. Au milieu, près de la porte d'entrée, est un puits fermé d'une grille de fer où Ste Praxede cachoit les corps des Martyrs, & les éponges teintes de leur sang. Sous le maître-autel est une chapelle souterreine autour de laquelle on assure que sont enterrés les corps de 2500 Martyrs. Dans une chapelle obscure d'un des bas côtés à droite, on conserve sous une grille de fer, une partie de la colonne à laquelle le Sauveur fut attaché dans le tems de sa flagellation; elle a environ deux pieds & demi de hauteur; elle fut apportée d'orient en 1223 par le Cardinal Jean Colonna, Légat du saint Siége. La voûte de la chapelle *Olgiati* qui est de l'autre côté de l'Eglise, est couverte de peintures à fresque de Joseph d'Arpin, qui sont d'une grande maniere; elles représenterent les Prophétes & les quatre Peres de l'Eglise latine. Dans la chapelle suivante sont trois tableaux qui ont rapport à l'histoire de St Charles Borromée; celui du maître-autel peint par *Parrocel*, a pour sujet l'instant où la peste cessa à Milan, il est de belle couleur & très-bien dessiné. Le tableau du grand autel est un crucifix dans le goût gothique accompagné de deux pélerins à genoux, d'une fraicheur & d'une beauté de coloris dignes de Rubens. Dans la Sacristie on voit un tableau de la flagellation admirablement dessiné, le Christ est noble, quoique dans la douleur, les bourreaux sont bien placés & point forcés d'attitude. Le ton de couleur est celui des commencemens de l'école Romaine. On le dit de Jules Romain.

*St Antoine Abbé*, Eglise Françoise de Religieux Antonins. J'y ai vû dans une chapelle deux grands morceaux d'ancienne mosaïque travaillés d'un goût différent de l'antique connue & de la moderne, dans chacun des morceaux est représenté un tigre qui étrangle un taureau. Le tigre est formé de petites piéces de marbre jaune & verd, & le taureau de marbre blanc & noir. Sur un mur solide & épais qui divise les greniers de cette maison, sont des mosaïques tout-à-fait semblables; j'y montai, parce que l'on m'assura que j'y reconnoîtrois les vestiges d'un ancien Temple de Bacchus dont on ne s'apperçoit pas dans le bas de la maison. Mais je n'y vis absolument rien que ces mosaïques, & un commencement d'arc, qui a été détruit pour placer une charpente.

Vis-à-vis de cette Eglise étoit un monument érigé en 1595, pour conserver la mémoire de l'absolution accordée à Henri IV, par le Pape Clement VIII. Il tomboit de vétusté, & Benoît XIV, l'a fait rétablir en 1745, & l'a dédié à la Vierge, en y conservant les armes du Roi de France, celles du Dauphin & de Clement VIII, qui sont posées aux quatre faces du piedestal avec les siennes. Le fust de la croix étoit anciennement, un canon, & sur l'orle de la bouche on avoit écrit, *in hoc signo vinces*, allusion aux victoires d'Henri IV, & aux principales causes de sa reconciliation que l'on n'avoit pas osé lui refuser.

*Temples & Cimétieres antiques.*

58. *Ste Bibiane*, ancienne Eglise bâtie en 363, par Olimpina, dame Romaine, & rétablie en 1625, par ordre du Pape Urbain VIII, sur les desseins du Cavalier Bernin. La statue de la Sainte qui est au Maître Autel, est de cet illustre Artiste, & un de ses meilleurs ouvrages, l'air de tête en est très-noble, & la draperie en est excellente, elle est d'une légereté & d'une vérité qui frappe: on la prend pour un étoffe qui a la couleur & l'éclat du marbre. La belle urne de porphyre où sont les Corps de Ste Bibiane, de Ste Démétrie sa sœur &

de Ste Dafrofe leur mere, est du même Maître. L'histoire du martyre de ces Saintes, a été peinte à fresque au tour de cette Eglise par Pierre de Cortonne, en plusieurs tableaux, qui ont été gravés avec soin, & dont les estampes doivent être mises au rang des plus précieuses que l'on trouve à la calcographie. Sous cette Eglise & ses environs est l'emplacement du cimetiere de St Anastase, Pape & Martyr, qui étoit établi à côté du Palais de Licinius, dans le quartier appellé Orsus Pileatus, qui conserve encore le même nom (*a*).

---

(*a*) A peu de distance de cette Eglise, dans une vigne qui appartient aux Bentivoglio de Ferrare; on voit les restes d'un Temple considérable, de forme ronde dont le diametre a dû être de soixante-quinze pieds; sa demie coupole qui reste sur pied est encore très-élevée, & soutenue à l'intérieur par des arcades épaises qui forment des renfoncemens ou petites absides de forme arrondie, dans lesquelles étoient placées les statues des Divinités. Il y a plusieurs sentimens sur le tems où il a été bâti; les uns disent qu'il fut construit par Brutus, & dédié à Hercule *Callaicus*, pour perpétuer le souvenir de la victoire qu'il remporta sur les Callaiques, peuples d'Espagne, environ l'an 500 de Rome; d'autres disent qu'Auguste le fit construire pour honorer la memoire

Au sortir de cette Eglise, à l'angle d'une maison peu considérable, on voit un ours de petite taille, gros environ

---

de Caius & de Lucius ses petits-fils, quelqu'uns prétendent que ce fut un Panthéon élevé & consacré spécialement à *Minerva Medica*, dans la Région Esquiline, où ces ruines sont effectivement situées. Pline dit que le Temple de Brutus fut bâti de briques, alors le luxe n'étoit pas assez bien etabli à Rome pour vouloir par-tout des revêtissemens de marbre, & c'est Auguste qui rendit cet usage général; ainsi je crois que l'on peut accorder tous ces sentimens, & que ce Temple consacré dans son origine à Hercule, fut décoré sous le regne d'Auguste, à l'intention d'honorer la mémoire de ses petits-fils, & converti ensuite en Panthéon par la facilité que donnoit la forme même du Temple, d'y placer beaucoup de statues... Sous le Pontificat de Jules III, on trouva dans la vigne même où est ce Temple, la plûpart des statues dont probablement il étoit décoré. Une Pomoné de marbre noir qui avoit eue la tête, les mains & les pieds de bronze, & qui ne se retrouverent pas.... Esculape.... Adonis.... Deux Louves... Hercule.... Venus.... La Minerve *Higia* ou *Medica*, Antinous, & le beau Faune que l'on voit encore au Palais Farnèse. Toutes ces statues étoient plus grandes que nature, & de très-bonne main. L'Antinous sert à prouver que par la suite des tems, on avoit fait de ce Temple un Panthéon, dans lequel on plaçoit différentes statues, suivant la dévotion ou le goût des Em-

comme un loup, coëffé d'un bonnet ; il est antique, & cette enseigne, ou si l'on veut cette statue avoit donné très-

---

pereurs. On trouva en même-tems deux marteaux ou masses d'armes telles que s'en servoient les Peuples du nord, un côté plat, l'autre pointu & perçant, ces sortes d'armes sont connues; & les Barbares s'en étoient servi pour détruire ces monumens antiques, car on voyoit sur quelques-unes de ces statues l'empreinte du marteau dont elles avoient été frappées. Ce fait peu connu est une preuve certaine de la fureur avec laquelle la Ville de Rome fut ravagée.

Dans cette même vigne sont deux cimétieres anciens ( *Palumbarii* ) bien conservés, & encore garnis de petites urnes où l'on mettoit les cendres des morts après qu'ils avoient été brûlés. J'y ai trouvé encore des cendres, des charbons & des os brûlés. L'un paroît avoir été destiné à enterrer d'honnêtes Bourgeois ; il est plein de petits monumens séparés les uns des autres, de formes assez élégantes & variées, divisés en petites cases qui servoient à recevoir les cendres des différentes personnes de la famille. Celles des chefs sont distinguées de celles des enfans. La voûte étoit ornée de peintures & d'arabesques, en stucs, de bon goût, l'humidité a presqu'entiérement détruit les peintures, il reste quelques parties des arabesques, qui se conservent parce qu'ils ne sont pas exposés à l'air; car à la suite de l'hyver, lorsque je les ai vus, ils étoient amolis comme de la pâte. Ils reprennent un peu plus de solidité pendant les

anciennement son nom à tout le quartier que l'on appelle encore *Orso pileato*. Car autrefois comme aujourd'hui, un objet de peu de conséquence donnoit son nom au quartier où il se trouvoit, il suffisoit que le peuple pût le remarquer. Ainsi le pied d'une statue colossale (*Pié di marmo*) un portefaix, qui tient un baril d'où sort l'eau d'une fontaine, (*il fachino*) un singe, (*il babuino*) le torse ou tronc appellé Pasquin, tous restes de statues qui peuploient l'ancienne Rome, donnent aujourd'hui leur nom aux différens quartiers où ils sont placés.

────────────

sécheresses. L'autre n'a servi qu'à des artisans & à des gens du bas peuple, les trous ou cases à placer les cendres sont disposés comme les trous des colombiers, & sont formés par quatre briques, plusieurs sont ouverts, quelqu'uns sont fermés d'une petite plaque de marbre, avec le nom du défunt, & celui de sa profession, comme *Lucius Cerdo*. Le Temple dont j'ai parlé plus haut, qui a été si magnifiquement décoré, sert à présent en partie à retirer du bétail, & les pailles des graines qu'on recueille dans les environs. On a plus de respect pour les Palumbarii, qui sont assez profondément enterrés, & fermés exactement par les jardiniers, qui en retirent un profit assuré en y conduisant les étrangers.

*St Eusebe*, Eglise des Célestins. Elle est d'une architecture sage, exécutée sur les desseins d'Antoine Fontana. Le plafond nouvellement peint par *Meinss* Peintre Saxon, est l'un des meilleurs tableaux qui ayent été faits dans ce siécle, il a pour sujet l'Apothéose de St Eusebe, Evêque de Verceil, grand Défenseur de la divinité du Verbe, ce qui est marqué par l'inscription ὁμούσιος τῷ πατρὶ écrite sur un livre que tient un Ange placé à côté du Saint. La gloire sur tout en est belle & bien pensée, & le coloris en général est excellent.. Cette Eglise est bâtie dans l'emplacement même de la prison où mourut Ste Eusebe, sous le regne de Constance, partisan déclaré d'Arius. Les caves de cette Maison que l'on peut voir, ont été d'anciens cimetières qui étoient autrefois situés hors de l'enceinte de la Ville, c'est là qu'étoit le Palais des Gordiens, dont *Julius Capitolinus*, Auteur du troisiéme siécle fait une si belle description. Il en parle comme témoin oculaire. Les marbres les plus précieux d'Egypte de Numidie & de Grèce y étoient à profusion. Le péristile avoit deux cens colonnes ; tout répondoit à cette magnificence, & les bains y étoient d'une somptuosité qu'on ne pouvoit imaginer ailleurs qu'à Rome....

La situation de l'Eglise & du Monastére de St Eusebe, la quantité de marbres que l'on a trouvés dans les environs, s'accordent avec l'indication que donne Julius Capitolinus ; j'ai vû plusieurs belle colonnes de marbre d'Afrique couchées dans la cour qui précéde l'Eglise, & destinées à son embellissement, qui avoient été nouvellement tirées de terre. Ces monumens si solides seroient encore dans leur entier si les Barbares ne s'étoient pas acharnés à les détruire, on en a une preuve bien certaine dans ce que j'ai rapporté un peu plus haut au sujet du Temple de Minerva Médica.

*St Etienne le Rond.* Ce monument antique est l'un des mieux conservés de Rome ; il a soixante pas communs de diamétre dans œuvre, & est soutenu par cinquante neuf colonnes de granite entiéres, mais avec des chapiteaux de différens ordres ; il y a deux sentimens sur sa premiere destination, les uns disent que c'est un Temple élevé par Agrippine, à la mémoire de l'Empereur Claude, d'autres disent que ce fut un des trois Temples consacrés au Dieu Faune ; quoi-qu'il en soit, les murs en sont encore solides, & dans cette maniere de construction que l'on appelloit *opus reticulatum*. Il y avoit un vestibule composé de deux rangs de colonnes cannelées d'ordre Corinthien, qui a été détruit en partie, pour orner la Chapelle des Saints Martyrs Prime & Félicien; on a élevé deux grands arcs qui portent sur des colonnes d'une grosseur prodigieuse, & qui soutiennent un plafond de charpente faite sous la voûte-même, & qui en empêchent la vuë; je crois qu'elle étoit à peu près dans la maniére du Panthéon & éclairée par le haut : les additions modernes sont de très-mauvais goût, & rendent cet édifice obscur, qui d'ailleurs est tenu avec peu de soin. Il fut consacré en 468 par le Pape Simplicius & dédié à St Etienne, premier Martyr; il y a apparence que cet édifice qui avoit souffert de la violence des Barbares, fut alors réparé de toutes sortes de piéces de rapport, comme dans la suite on a jugé à propos de placer un Autel dans le milieu-même de la Rotonde, on a élevé cette charpente ridicule pour le couvrir.

49. *Aux Capucins* dans la premiere Chapelle en entrant à droite, on voit

Suite des Eglises &

*Tableaux. Statues modernes.*

le magnifique Tableau de St Michel par le Guide : la figure de l'Archange eſt d'une beauté achevée ; il paroît animé d'un zèle & d'un courage vraiment céleſte, mais il ſemble que le Guide ait craint d'altérer les traits de ſa beauté en lui donnant l'air de force & d'indignation qu'il auroit dû avoir dans l'inſtant où il eſt repréſenté ; le coloris en eſt encore frais & éclatant ; on ne trouve ni incorrection ni négligence dans cette compoſition ; il n'y manque qu'un certain ſublime auquel il paroît que le Guide, tout excellent Artiſte qu'il fût ne pouvoit pas s'élever ; car il avoit très-bien conçu la dignité du ſujet qu'il avoit à traiter, voici comment il s'en exprime en envoyant ce Tableau qu'il avoit fait par ordre du Cardinal François Barberin, Neveu d'Urbain VIII... *Vorrei aver avúto penello Angelico, é formé di paradiſo, per formar l'Archangelo, é veder' lo in Cielo ; mà io non ho' potuto ſalir' tant' alto, é in vanò l'ho' ricercato in terra, ſiché hò riguardato in quella forma, che nell', idéa mi ſono ſtabilita.....* Voilà le ſecret de l'art expliqué par un grand maître, j'en ai déja parlé ailleurs, on reprocha au Guide, la basse laideur qu'il avoit donné à la figure du diable qu'il avoit fait ressembler au Cardinal Pamphile, qui fut depuis le Pape Innocent X, il se défendit beaucoup de cette imputation, & assura qu'il n'auroit pas osé s'attaquer à un personnage de cette importance, & l'insulter d'une façon si piquante, mais que si par hazard cette figure lui ressembloit, il ne falloit pas s'en prendre à lui ; mais au malheur qu'avoit ce Cardinal d'être si laid. On n'a pas douté de l'intention du Guide qui ne pardonna jamais à ce Cardinal d'avoir mal parlé de lui. Ce Tableau est peint sur soie, & se conservera beaucoup plus long-tems que s'il étoit sur toile....

Dans la Chapelle vis-à-vis, la guérison de St Paul, par Ananie, Tableau dont la composition est riche, bien dessiné & d'un beau coloris. Par P. de Cortone... St François soutenu par un Ange.. par le Dominiquain... Le Tableau de la Conception par le Lanfranc.... Un Mausolée en marbre, d'Alexandre Sobieski, Prince Royal de Pologne, par un des éleves du Bernin...

*St Isidore*, petite Eglise de Franciscains Ecossois dans la premiere Chapelle en entrant ; le Mariage de St Joseph & de la Vierge, Tableau charmant de Carles Maratte.. Deux autres du même maître ; la mort de St Joseph, l'une des plus célébres compositions de cet Artiste, que l'on met au-dessus du Tableau que le Franceschini a fait sur le même sujet.. La fuite en Egypte.... A côté du Maître-Autel dans la petite Chapelle de la Famille de Selva Espagnole, revêtue de marbres, & décorée de bas-reliefs & de médaillons en marbre blanc, exécutés sur les desseins du Bernin & sous ses yeux avec autant de propreté que de goût, est un Tableau de la Conception par Carles Maratte, très-bon de couleur & de dessein, avec tout le gracieux de ce Maître, qui est le dernier grand Peintre de l'Ecole Romaine. Il n'avoit pas assez de force de génie pour s'élever aux sujets sublimes ou terribles ; mais il a réussi constamment dans le genre gracieux & intéressant. Son coloris est quelquefois aussi beau que celui du Barrocchio, & se conserve bien ; on peut se faire une belle idée de sa maniere, par les peintures qui sont dans cette Eglise. Le Tableau du Maître-Autel représentant St Isidore à genoux, est d'Andréa Sacchi, d'un excellent ton de couleur.

*La Madonna Della victoria.* Eglise des Carmes déchaussés revêtue de marbres de Sicile & fort élégamment ornée ; on voit à main gauche près du Maître-Autel, la Magnifique Chapelle du Cardinal Frédéric Comaro, construite sur les desseins du Cavalier Bernin; c'est là qu'est la fameuse Statue de Ste Thérèse en extase, que ce grand Artiste regardoit comme son chef-d'œuvre ; l'expression du visage est admirable, les yeux sont presque fermés, la bouche est entr'ouverte; la satisfaction la plus vraie est peinte sur son visage, qui est beau quoiqu'il paroisse exténué par les rigueurs de la penitence. Son cœur est entierement pénétré du sentiment délicieux de cet amour divin après lequel elle a si long-tems soupiré, il ne lui reste plus aucune inquiétude; on voit dans toute l'expression de cette Statue, la vérité de cet pensée de Saint Augustin. *Irrequietum est cor nostrum donec requiescat in te...* Elle ne pense même plus à son corps, que son propre poids entraîne en arrière, un peu plus d'un côté que de l'autre, à cause du point d'appui qu'il falloit lui donner; sa tête tombe négligemment sur l'épaule gauche, son bras droit est posé sur les genoux, l'autre pend à côté.

Le génie de l'amour divin, figuré par un Ange armé d'une flêche, dont il l'a blessée, se soutient en l'air vis-à-vis d'elle, & la regarde avec le contentement que donne un succès complet; il m'a paru imité de l'antique, & avoir quelque chose dans le sourire & dans la phisionomie, de cet air malin que l'on donne à l'amour profane. J'ai cru trouver beaucoup de ressemblance entre ce génie & cupidon qui veut blesser sa Mere; représenté dans un excellent bas-relief Grec, qui est à la Villa *Borghese*.. Le Bernin a toujours regardé cette Statue comme son chef-d'œuvre; c'est en effet une de ces productions précieuses vraiment originales, que l'on peut opposer à tout ce que l'antiquité a produit de plus beau, & qui mettroient les Artistes modernes au même rang que les anciens, si elles étoient plus communes. Monsignor Bernini, Fils de cet illustre Artiste fit alors des vers sur cette Statue, qui mériteroient d'être gravés à côté & de partager avec elle sa réputation & sa gloire....

*Un' si dolce languire*

*Effer dovea immortale :
Ma perché duol non fale
Al cofpetto divino
In quefto faffo lo éterno il Bernino.* (a).

Un autre Artifte (*Dominico guidi*) a voulu contrafter avec le Bernin par un ouvrage à peu près de même genre qui eft dans la Chapelle oppofée ; il a repréfenté St Jofeph dormant, & l'Ange qui lui apparoît en fonge, ce grouppe eft

―――――――――――

(*a*) L'Auteur des Obfervations fur l'Italie & fur les Italiens, imprimées en 1764, a donné l'idée la plus finguliere & la plus fauffe de cette admirable ftatue ; il en fait le portrait d'une convulfionaire, *dont le fpectacle étoit réfervé, dit-il, au dix-huitiéme fiécle :* & tout cela pour faire quadrer fon idée avec cette citation de Virgile, dont il vouloit enrichir fa relation.

*Non vultus, non color unus,
Non comptæ manfere comæ ; fed pectus anhe-
    lum
Et rabie fera corda tument.*

C'eft la premiere fois que l'on ait trouvé quelque reffemblance entre Sainte Thérefe & une Sibile. L'idée eft nouvelle, mais la comparaifon eft abfolument fauffe.

bien traité; le Guidi avoit du mérite & est connu à Rome par plusieurs bons ouvrages; mais il a eu tort de se mettre en opposition avec le chef-d'œuvre du Bernin, & il ne soutient pas la comparaison.

*St André* du Noviciat des Jésuites à Monte-Cavallo, petite Eglise de forme ovale, construite sur les desseins du Cavalier Bernin & sous ses yeux, entierement revétue des plus beaux marbres & pavée de même, si bien décorée qu'on l'appelle le bijoux de Rome. Le Tableau du Maître-Autel qui représente le martyre de St André, est de Guillaume Courtois, dit le Bourguignon; celui de la Chapelle de Saint Stanislas Kosca, est de Carles Maratte, la Madonne qui est dans une gloire & qui apparoît à ce Saint, est l'une des plus agréables compositions de ce maître. Dans l'intérieur de la maison, on voit la chambre qui a été occupée par St Stanislas, dont on a fait depuis un Oratoire, elle est décorée d'un des plus beaux morceaux de sculpture qui soient à Rome; c'est la statue de ce Saint, couché & prêt à expirer. Elle est de grandeur naturelle, la tête, les pieds & les mains sont de beau marbre noir; le lit est de marbre de Sicile de différentes couleurs. Toute cette composition eft de *Legros* Sculpteur François, qui a repréfenté avec autant de fcience que de vérité, un jeune homme expirant à la fleur de fa jeuneffe dans les fentimens d'une piété confommée ; quelques Artiftes mettent cette Statue en parallelle avec la Ste Thérefe du Bernin. Elle eft difent-ils, d'une fi belle expreffion & fi vive, il fort tant de feu de fon vifage, & en même-tems on remarque tant de charmes dans la défaillance extatique où elle eft, que fa figure femble à plufieurs, plutôt voluptueufe que dévote ; fur-tout en confidérant le génie qui eft vis-à-vis d'elle, & qui reffemble plus à l'amour qu'à un efprit célefte. Le St. Staniflas a moins d'agrémens, mais il eft d'une fageffe & d'une vérité qui étonnent. C'eft un jeune homme qui fait le facrifice de fa vie avec la plus humble réfignation, mais en même tems avec courage ; l'abbatement de la maladie laiffe paroître ces fentimens dans toute leur force ; ils augmentent le refpect que l'on a pour le Saint que l'on voit dans la chambre, fur le lit-même où il fit fon facrifice, l'art devient véritablement rival de la nature. Ces circonftances raffemblées font caufe que quelques Artiftes héfitent fur la préférence entre l'ouvrage du Bernin & celui de Legros. Cependant tous aimeroient mieux avoir fait la Ste Thérefe que le St Staniflas, les défauts qu'on peut lui reprocher, font des beautés & une ardeur de fentimens qu'il n'appartenoit qu'au Bernin de faire fortir du marbre.

Cette Maifon eft riche, elle a récueilli la fucceffion d'un des Princes Pamphile, Neveu d'Innocent X, fes jardins bien entendus, propres & ornés de belles eaux, méritent d'être vus. J'y ai remarqué un palmier d'une groffeur confidérable.

*Ste. Maria in ara cœli*, Eglife de Francifcains qui occupe tout un côté de la montagne du Capitole. Elle eft bâtie dans la même place où étoit le Temple de Jupiter Capitolin. (*a*) Il y a appa-

---

(*a*) Le Temple de Jupiter Capitolin, commencé par Tarquin l'ancien, achevé par Tarquin le fuperbe, avec toute la magnificence que les arts pouvoient donner aux édifices de ce tems, eut beaucoup à fouffrir dans les différentes révolutions qui agiterent Rome, fur-tout pendant les guerres civiles. Céfar l'avoit fait rétablir dans un état de fplendeur qu'il n'avoit jamais eu avant lui. Mais dans la guerre civile de Vitel-
rence

rence que les colonnes qui foutiennent le plafond dont partie font cannelées & de marbre Parien, partie de Granite, ont fervi à ce Temple fi fameux; derriere le Maître-Autel eft un bon tableau de la

---

lius, il fut prefqu'entiérement détruit ainfi que le Capitole. Un des premiers foins de Vefpafien, quand il eut rendu à l'Empire fa tranquillité, fut de rétablir ces monumens publics de la grandeur Romaine. *Talis tantaque cum fama in urbem reverfus, acto de Judæis Triumpho. Nihil habuit antiquius quam prope afflictam nutantemque Remp. ftabilire primo, deinde & ornare. Ipfe reftitutionem Capitolii aggreffus, ruderibus purgandis, manus primus admovit, ac fuo collo quædam abftulit.* Suet. in Vefpafiano. c. 8. Je cite ce paffage d'autant plus volontiers, que l'on fçait qu'il y a des Auteurs qui ont traité de petiteffe ridicule, la dévotion qu'eût Conftantin, d'enlever lui-même douze corbeilles de terre des fondations qu'il faifoit creufer lorfque l'on éleva le Temple de Saint Pierre au Vatican. Quelques-uns même ont nié le fait. Mais l'exemple de Vefpafien apprend que cette dévotion ne peut être que très-louable dans les Princes qui veulent encourager leurs fujets à concourir à la conftruction des édifices publics déftinés à l'embelliffement de la patrie, & à l'honneur du culte religieux; ce zéle même ne doit être regardé dans un Prince que comme l'effet d'une politique très-louable.

*Tome V.* X

Ste Famille que l'on dit être de Raphaël, mais ce n'est qu'une excellente copie de l'original que j'ai vû chez le Roi de Naples à *Capo dimonté*, à laquelle il paroît que Jules, Romain, a travaillé : au dessus de la croisée à main gauche, on voit un petit autel isolé de forme ronde, avec une architrave soutenue par des colonnes de porphyre & de bronze doré, bâti à ce que l'on prétend, dans la même place où Auguste fit élever un Autel au vrai Dieu, sous le titre d'*Ara primogeniti Dei*, déterminé par les prodiges extraordinaires qui étonnerent Rome à la naissance du Sauveur ; on monte de la place à cette Eglise par un large escalier de cent vingt-deux degrés de marbre blanc que l'on dit avoir été tirés du Temple de Jupiter Quirinus, bâti sur le Quirinal; d'autres disent que ces marbres faisoient partie du perron qui précédoit le Temple de Jupiter Capitolin, & qui l'entourroit.

Les Jésuites ont plusieurs Maisons, & de belles Eglises à Rome; les deux principales, sont celles de St Ignace ou du Collége Romain, & du *Jesu novo*, ou de la Maison Professe où réside le Général... Toute deux sont mises au rang des plus belles de Rome, la façade de la premiere est des ordres Corinthiens & composite sur les desseins de l'Algardi. On a suivi l'ordre Corinthien dans l'architecture intérieure, le bas-relief de la Chapelle de St Louis de Gonzague, sculpté par *Legros*, est d'une très-belle exécution. Sous un portique qui fait face à un des bas côtés, est le tombeau de Gregoire XV, exécuté par le même Artiste. La statue de ce Pape & l'urne de porphyre sur laquelle elle est placée sont entierement de sa main.

L'Eglise du *Jesu* a quelque chose de plus grand & de plus hardi dans sa construction que celle du Collége Romain. La Chapelle de St Ignace qui occupe le fond de la croisée à gauche, est d'une magnificence & d'une richesse que rien n'égale, ni à Rome ni ailleurs. La figure du Saint, haute de dix pieds, est d'argent doré, les habits sacerdotaux dont elle est revêtue, sont entierement couverts de pierres précieuses de différentes couleurs. Elle est placée dans une grande niche garnie de bandes de lapis lazuli & d'albâtres antiques, soutenues par des filets de bronze doré; au-dessus est une gloire d'argent, au milieu de laquelle eſt le nom de Jeſus, les quatre grandes colonnes qui ſoutiennent le fronton dont eſt couronné l'Autel, ſont revétues dans toute leur hauteur de lapis lazuli ; le globe que tient le Pere Eternel placé ſur le fronton, eſt le plus beau morceau de cette pierre précieuſe que l'on connoiſſe, les marbres, les bronzes dorés, les ſtatues & les ornemens de cette Chapelle, répondent à cette magnificence, qui a couté des ſommes immenſes.

Je ne dis rien de la Gallerie ou *Muſcùm* du Collége Romain, elle a été décrite tant de fois que l'on peut ſe diſpenſer d'en parler encore, ce que j'y ai vû de plus rare & ce dont on a le moins parlé, ce ſont des curioſités apportées de la Chine. La partie des antiques paroît peu conſidérable quand on a vû les collections de Naples & de Florence. Il y a quantité de petites freſques faites dans le dernier ſiécle, dans le goût antique, & que l'on vendoit pour telles à un trèshaut prix. Le cabinet du Marquis Caponi, qui a été réuni à cette Gallerie, eſt ce qu'il y a de plus riche en médailles, camées, & pierres gravées.

La Bibliothéque eſt nombreuſe &bien

composée, j'y eus long-tems la conversation d'un Jésuite François, homme de beaucoup d'esprit, & d'une pénétration étonnante; qui bien avant que la Cour & les Parlemens de France n'eussent rien prononcé sur le sort de la société, me fit dans le plus grand détail, l'histoire de tout ce qui est arrivé dans la suite. Je crus que la crainte lui grossissoit les objets; mais il m'assura qu'il n'étoit pas homme à s'effrayer mal-à-propos, qu'il voyoit la main levée, & le coup inévitable, & sur-tout les mesures les mieux prises pour la destruction de son ordre en France.

*St Louis*, Eglise appartenante à la nation Françoise, déservie par une société de Prêtres François qui y vivent en communauté, des revenus de la fondation faite en partie par la Reine Catherine de Médicis. C'est la Paroisse de l'Ambassadeur & des autres Ministres de la Nation résidants à Rome, qui y jouissent de toutes les franchises de leur état, & des priviléges & libertés de l'Eglise Gallicane. J'ai ouï dire à Rome à des personnes instruites & au fait des intérêts de la France, que cet établissement également beau & utile, se détruiroit insensiblement, si le ministère n'avoit l'œil sur son administration, qui étoit devenue en quelque sorte arbitraire, & qui tournoit tout au détriment de la fondation.

L'Eglise a été nouvellement décorée en entier, les pilastres ont été revêtus de marbres de Sicile, les corniches, les chapiteaux & les ornemens de la voûte & de la coupole, ont été dorés, on y a ajoûté quelques sculptures, le tout ensemble est plus brillant que solide. Le tableau du Maître-Autel est une assomption par François *Bassan*, un peu noirci; c'est la plus noble composition de cet Artiste que j'aie vu. On verra à la premiere Chapelle en entrant à droite, un bon tableau de St André & de St Jean-Baptiste, par *Lanfranc*.. A la seconde une copie de la Ste Cécile de Raphaël, qui est à Bologne, faite par le guide; de chaque côté deux grandes fresques du Dominiquin; l'une représente la sainte, distribuant ses biens aux pauvres, l'avidité des mandians, leur jalousie mutuelle, & leur méchanceté sont peintes dans différens groupes d'après la nature-même, & combien on trouve à Rome de modèles de ce genre; la seconde a pour sujet, la sainte après son martyre.

Ces deux grandes & belles compositions sont déja fort gâtées. La premiere est une excellente étude pour les jeunes Peintres. Dans la sacristie est un grand tableau, de Jean Mielle, Peintre Flamand, qui a pour sujet, un Evêque qui guérit un aveugle, le coloris & le dessein en sont bons, l'expression sans avoir rien de noble, est de la plus grande vérité, sur-tout dans l'aveugle qui est à genoux, la femme qui le présente & les deux Ministres en surplis qui accompagnent l'Evêque, dont la figure est celle d'un St homme qui agit avec la confiance que donne une foi vive & sincere...

*Ste Marie sur la Minerve*, (*a*) l'Eglise, Monastère & Collége pour la Phiosophie & la Théologie, tenu par les Dominiquains. L'Eglise a trois nefs & est vaste : il y a une très-belle Statue du Sauveur qui

---

(*a*) Le grand Pompée après avoir fini la guerre de trente ans, & avoir eu les honneurs du triomphe, fit bâtir un Temple à Minerve, qui fut magnifiquement décoré, & où l'on avoit peint tout ce qui s'étoit passé de plus considérable en orient pendant ce tems. *Pline*, *l. 7, c. 26.*

tient fa Croix, par Michel-Ange..La Chapelle de St Dominique a été magnifiquement décorée dans ce fiécle, par le Pape Bénoît XIII, qui y avoit choifi fa fépulture; la Statue de ce Pape y eft accompagnée de celles de l'humilité & de la Religion, qui caractérifent véritablement ce fouverain Pontife qui dans la plus haute élévation avoit les fentimens d'humilité, de piété & de fubordination qui l'avoient animés lorfqu'il n'étoit que fimple Religieux dans cette Maifon; il portoit à l'ordinaire fon habit de Dominiquain, & ne prenoit les marques extérieures & diftinctives du fouverain Pontificat que dans les occafions où il étoit obligé de repréfenter. Le cloître bien éclairé, eft entierement peint à frefque par des Artiftes du dix-feptième fiécle.

La Bibliothéque de cette Maifon eft publique & ouverte tous les jours, foir & matin; le Cardinal Cafanate l'a fort augmentée, & a laiffé un fonds confidérable pour fon entretien. On l'a dit compofée de 80000 volumes. J'y ai vu toutes les meilleures éditions des grands ouvrages, fur-tout des Peres de l'Eglife & des Hiftoriens de l'Empire, ce qui n'est pas commun dans les Bibliothéques d'Italie : il y a quelques manuscrits dans un cabinet séparé au nombre desquels on m'a fait voir.. Un Pontifical de l'Eglise de Capouë, que l'on croit du neuviéme siécle, il est curieux sur-tout pour le goût du dessein & des peintures de ce tems-là... Les lettres de Sénéque sur Velin, d'un excellent caractère, comme ce qui est conservé de plus beau, du VI$^e$ siécle... Un Dante & un Petrarque du tems-même de ces Auteurs... Le livre très-rare qui a pour titre, *Decor puellarum*, imprimé à Vénise, *in* 8$^o$, 1462, par Nicolas Jenson... Un recueil en douze volumes in-folio, de plantes, collées sur papier, tant propres à l'Europe qu'exotiques, fort bien conservées. Il a été formé avec beaucoup d'intelligence & de soin par un Médecin de Rome ; sur le morceau de papier qui attache chaque plante à la grande feuille, est cité le passage de l'Auteur qui en a parlé. Les couleurs des feuilles & des fleurs, conservent encore quelque éclat, quoiqu'il y ait déja du tems que ce récueil ait été formé.... Des mémoires, manuscrits sur les Arts, en quatre volumes in-folio, avec les machines bien dessinées & coloriées, tant par parties de détails, qu'ensemble ; qui ont pour titre, *Pinaroli Polyanthéa Thecnica inędita*..

Dans cette Bibliothéque au fond, vis-à-vis de la porte, est une très-belle Statue du Cardinal Carsanatte, sculptée par *Legros*.

Au milieu de la place de la Minerve, on voit un petit obélisque d'environ seize pieds de haut, placé sur le dos d'un éléphant de marbre, sculpté par *Ercòle ferrata*. Il avoit servi autrefois de décoration à ce quartier où étoient les temples d'Isis, de Serapis, & de Minerve. Alexandre VII, le fit élever en 1667, ainsi que l'apprend la premiere inscription. La seconde est conçue en ces termes... *Sapientis. Ægipti. Insculptas. Obelisco. Figuras. Ab. Elephante. Belluarum. Fortissima. Gestari. Quisquis. Hic. Vides. Intellige. Robustæ. Mentis. Esse. Solidam. Sapientiam. Sustinere.*

*St. Andrea della vallé*, grande Eglise d'un goût d'architecture fort noble, & bien éclairée. Elle a été bâtie par Charles Maderne. Le portail d'une belle décoration, est composé de deux rangs de colonnes l'un au-dessus de l'autre, il paroît singulier que l'Architecte ait employé le même ordre dans les deux. On connoît au moins par les estampes, la magnifique coupole & le fonds de la tribune peintes à l'envi, par le Dominiquin & le Lanfranc, où ces deux grands Artistes ont réussi parfaitement; le coloris en est encore vif & brillant. Les trois grands tableaux qui occupent le fonds du chœur depuis la corniche en bas, sont du *Cossa* Calabrois, le sujet en est le martyre de St André, il y a beaucoup d'intelligence dans la composition, mais le coloris en est obscur & triste, sur-tout comparé avec les tableaux éclatans du Dominiquin qui sont au-dessus. Il y a dans cette Eglise quelques Chapelles très-bien décorées.. Celle des *Ginetti*, ornée sur les desseins de l'Algardi a un grand bas relief en marbre, le sujet en est l'Ange qui ordonne à St Joseph de partir pour l'Egypte.... Des Strozzi construite sur les desseins de Michel-Ange; on y voit quatre grandes statues de bronze, & une Piéta aussi en bronze, placée au pied de la Croix, & quatre grandes urnes de pierre de Parangon de forme antique, ce mélange de marbres noirs & de bronze, est d'une beauté sombre, mais très-majestueuse... des Barberins, revêtue de marbres précieux, & décorée de statues de marbre blanc la plupart de bonne main.. dans un enfoncement obscur de cette Chapelle, brûle une lampe audessus de l'endroit-même du cloaque où on prétend que le corps de St Sébastien fut jetté après son martyre.

La plupart de ces Chapelles méritent d'autant plus d'attention, que si elles avoient existé, dans le tems de Rome antique, leur grandeur, & la richesse de leurs décorations, les auroient fait compter au rang des temples-mêmes, & leur auroit assuré une réputation immortelle...

La petite Eglise de *St Romuald* des Camaldules a un des plus célébres tableaux de Rome, peint par Andréa *Sacchi*. Il a pour sujet, le Fondateur de cet ordre, placé dans une vallée agréable des Apennins, qui explique à ses solitaires la raison qu'il a eu de quitter le monde, & leur montre cette échelle miraculeuse qu'il vit en songe, fort semblable à celle de Jacob, à la différence qu'au lieu d'Anges, ce sont des Camaldules qui montent & descendent. Tout respire dans cette composition, la paix & les douceurs de l'état que St Romuald avoit embrassé, & qui fait sans doute le sujet de la conversation entre lui & ses disciples; l'action est simple, il n'y a point de variété, toutes les figures sont habillées de même, & l'expression de ce tableau fait un vrai plaisir à l'ame plus qu'aux yeux, si l'on peut s'exprimer ainsi; quoique le ton de couleur soit celui de la nature-même, & que sa douceur & son égalité soient propres à donner une idée de la tranquillité qui devoit régner dans cette heureuse retraite. Ce tableau a été assez bien gravé à Rome, les copies n'en doivent pas être rares, les Anglois sur-tout en ont fait faire beaucoup.

*St Jerôme de la Charité*, petite Eglise qui appartient à une Confrairie destinée à soulager les pauvres malades. On y voit sur le Maître-Autel, le célébre tableau de la communion de St Jérôme, par le *Dominiquin*, dont la copie en Mosaïque est à St Pierre. Ce tableau est trop connu pour rien ajouter aux éloges qui en ont été faits, il est encore très-bien conservé & d'un excellent ton de couleur.... La Chapelle *Spada* en

entrant à main droite; ornée fur les def-
du Borromini d'un goût fimple & piquant, eft en quelque façon l'hiftoire
de la maifon dont elle porte le nom. La
ftatue en habit long, & plufieurs médaillons font d'Ercolé *Ferrata*. On prétend que cette Eglife a été bâtie dans
l'emplacement même de la Maifon de
Paule, Dame Romaine, chez laquelle
St Jérôme logeoit pendant fon féjour à
Rome. St Philippe de Néri a demeuré
long-tems dans ce même endroit & y
a commencé fon inftitut.

*St Thomas des Anglois*, Eglife &
Collége des miffions de cette nation,
rebâtie en 1575, par le Cardinal de
Norfolck d'un goût ancien & peu agréable; on y voit quelques peintures à frefque, très-médiocres, qui ont pour fujet les violences exercées par Henri VIII
contre les Moines.... Le maufolée de
Thomas d'Erham, Chevalier Baronnet,
mort à Rome en 1739, exilé de fa
patrie, & qui a vécu dans le célibat,
dans la crainte d'avoir des enfans qui
fuffent autant tourmentés pour leur religion, qu'il l'avoit été.....

*St Laurent en Damafo*, Eglife très-
ancienne a Rome. La forme de l'archi-

tecture en est fort simple, c'est un grand quarré long sans pilastres ni colonnes, précédé d'un porche, ou atrio, sous lequel sont deux Chapelles très-ornées, l'une à droite en entrant a un très-bon tableau de Sébastien *Concha*, qui représente la Vierge dans une gloire, avec St Philippe de Néri, & St Nicolas au bas. L'autre à gauche est d'architecture moderne, très-bien entendue & revêtue de beaux marbres.... Près du Maître-Autel, on voit une ancienne statue de marbre blanc, en habit long qui tient du Consulaire, & que l'on dit être une copie de celle de St Hipolite, qui est à la Bibliothéque du Vatican. On voit aussi dans cette Eglise, le tombeau d'Annibal Caro, célébre Poëte très-connu par sa belle traduction de Virgile, en vers Italiens, né en Istrie, & mort à Rome en 1566.

*St Nicolas des Lorrains*, petite Eglise de cette nation ornée avec goût, on y voit deux bons tableaux de Corradi, Peintre Napolitain, éleve de Solimene; ils ont pour sujet les miracles de St Nicolas. La maniere est riche & animée; le coloris est assez frais, & tient beaucoup de celui de Sébastien Concha....

*Sancta Maria in Campitelli*, Eglise bâtie dans le dernier siécle, d'un goût fort noble. On y révere une image miraculeuse de la Vierge, fort ancienne, en relief sur un grand saphire ovale mêlé de filets d'or, de six à sept pouces de longueur. Cette Eglise a plusieurs Chapelles magnifiquement ornées, entr'autres celle des altieri où sont deux mausolées de famille avec des bustes placés sur de belles urnes de porphire, l'un d'un homme qui n'a d'autre épitaphe que ce mot *nihil*, l'autre d'une femme avec le mot *umbra*.

*La Trinité du Mont*, Eglise de Minimes François qui doivent leur établissement à Rome aux instances de St François de Paule leur Instituteur, & à la libéralité de Charles VIII, Roi de France. Cette maison n'est habitée que par des François, & chaque Province a le droit d'y en avoir au moins deux; celles qui veulent en entretenir davantage, en font les frais. Dans cette Eglise est le fameux tableau de la descente de Croix, peint à fresque par Daniel de Volterre, on l'a compté longtemps parmi les chefs-d'œuvres de peinture de Rome, & on va le voir plus sur son ancienne réputation, que sur sa beauté actuelle; le coloris qui en a toujours été fort sombre, est noirci en plusieurs endroits, & a perdu tout son éclat; le dessein en est encore correct, & c'est la partie dont on peut le mieux juger: quant à l'expression, on ne voit dans le St Jean placé sur une échelle, qu'un jeune Ouvrier qui est plus occupé à faire paroître son adresse en descendant le corps du Sauveur de la Croix, que de la douleur dont le devoit pénétrer une si triste occupation. Le grouppe de femmes qui est en bas, au milieu desquelles est la Vierge qui s'évanouit, a été l'une des plus belles parties du tableau, & celle qui a été peinte avec le plus de soin; il paroît qu'une des femmes cherche à faire sortir la Vierge de son évanouissement, en lui approchant du nez un mouchoir impregné de quelque odeur forte, singularité qui ne convient point au lieu où elle se passe. Cette Eglise est pleine d'épitaphes de François de tous les états & de tous les rangs qui y ont été enterrés; on y voit celle du célébre M. Maigrot des missions étrangeres, évêque de Coron, & Vicaire Apostolique à la Chine, qui éprouva tant de contrariétés dans l'exercice de son ministere (a).

*Sancto Onofrio*, au-delà du Tibre, sur la partie orientale du Janicule, Eglise de Hieronimites. Sous la gallerie qui est au-devant de l'Eglise, on voit trois belles peintures à fresque du Dominiquain, qui ont pour sujet quelques traits de la vie de St Jérôme. La premiere est son baptême, elle est bien conservée, la composition en est sçavante & gracieuse. La seconde est fort effacée & a quelque rapport à son séjour à Rome. Dans la troisieme il est représenté l'esprit occupé des délices de Rome qui lui reviennent à l'imagination, telles qu'il les avoit goutées pendant sa jeunesse, dans la société des femmes de cette ville, qui sont représentées dans le lointain, sous la figure de trois jeunes filles agréables & lestes. Ces idées se présentoient à lui dans le tems même qu'il étoit dans la solitude la plus horrible, & qu'il n'avoit,

―――――――――――

(a) Le célébre Antoine Muret, mort en 1685, y est encore enterré, de même que Marc-Antoine Muret son neveu. Et le fameux Païsagiste Claude Gelée, *dit* le Lorrain.

# Rome. Premiere Part. 499

ainsi qu'il l'écrit lui-même ; d'autre compagnie que celle des bêtes les plus féroces & les plus dangereuses. Ce sujet quoique sérieux, forme un tableau d'une exécution très-agréable, où le costume sur-tout est exactement observé ; le St Jérôme est rendu avec tout l'esprit possible, on voit contraster ces différentes idées avec son caractère ferme & décidé ; c'est sous le pinceau de ces grands Peintres que l'Art deviendroit supérieur à la nature s'il étoit possible.

A côté de la porte principale à main gauche, est le tombeau du *Tasse*, & son portrait au-dessus en mosaïque (*a*).

─────────────────────

(*a*) Le Tasse né en 1544, mourut à Rome en 1595, âgé de 51 ans. Voici son épitaphe.

*Torquati Tassi ( Heu quantum in hoc nomine celebritatis ac laudum ) ossa huc transtulit, hic condidit Cardinalis Bevilaqua, ne qui volitat vivus per ora virum, ejus reliqua parum splendido loco essent. Admonuit virtutis amor, admonuit adversus patriæ alumnum, adversus parentum amicum, pietas. Vixit An. LI. natus magno florentissimi sæculi bono,* A. M. D. XLIV;

Sur la partie la plus élevée du Janicule, est l'Eglise de *St Pierre in Montorio*, dans laquelle on conserve le premier tableau du monde, le plus bel ouvrage qui soit sorti des mains de Raphaël, pour tout dire en un mot le célébre tableau de la Transfiguration; loué par tous les connoisseurs & les Artistes, & comparé toujours à son avantage avec tout ce que les plus grands Peintres ont produit de plus parfait. Il est placé sur le maître-autel, bien conservé & presque toujours couvert. Le Cardinal Jules de Médicis l'avoit fait faire dans le dessein de l'envoyer en France; mais Raphaël étant mort très-jeune, on détermina le Cardinal à ne pas priver l'Italie & la ville de Rome de la peinture la plus précieuse que l'on connut, & le tableau fut placé où il est encore. Celui de l'autel de la premiere chapelle à main droite, est de Sébastien del Piombo, peintre Vénitien, qui, comme je l'ai dit ailleurs, débuta avec une réputation qui sembloit

---

*Vivet haud fallimur æternum in hominum memoriá, admiratione, cultu.*

devoir balancer celle de Raphaël; l'éclat de son coloris avoit fait illusion, & on prétend que Michel-Ange jaloux des talens supérieurs de Raphaël, avoit fait venir exprès Sébastien à Rome, dans l'espérance que l'aidant secrétement, il pourroit lui faire partager les applaudissement dont Raphaël jouissoit seul, & qu'ainsi il resteroit le premier Artiste du monde : Pour réussir dans son projet, il traçoit les esquisses des tableaux que Sébastien devoit peindre, les corrigeoit ensuite, mais il n'en vint pas à bout; le Vénitien malgré l'éclat de son coloris, & les soins de Michel-Ange, ne fit pas illusion long-tems; & Raphaël, sans intrigues & même sans jalousie, se vit délivré de ce rival qui se retira à Vénise. Michel-Ange auroit pû trouver à Florence sa patrie, un concurrent bien plus digne de Raphaël, & bien supérieur à Sébastien del Piombo, dans la personne de fra Bartholomeo della porta.

Le tableau dont je parle, est une flagellation d'un grand caractère de dessein, & encore d'un très-beau coloris.

Dans une cour au-dessus de cette Eglise, est un petit temple rond à la maniere antique, décoré au-dehors de seize colonnes de granite, & en-dedans de quelques statues de demie grandeur. L'architecture en est excellente & comparable à tout ce que cet Art a produit de plus parfait. Cet ouvrage du Bramante a été élevé au-dessus d'une petite chapelle souterraine que l'on prétend bâtie dans l'endroit même où St Pierre fut crucifié. Les Franciscains de St Pierre in Montorio, ne doutent pas de la vérité de cette tradition, quoiqu'il soit presque démontré que le Prince des Apôtres souffrit le martyre au pied du Vatican, à peu près dans l'endroit où est la branche occidentale de la croisée de l'Eglise St Pierre.

*Sancta Maria in Transtevere*, église collégiale bâtie sur les ruines de la *Taberna Meritoria* (*) des Romains. Ce bâtiment ayant été abandonné, les chrétiens obtinrent un rescript de l'empereur

---

(*a*) *La Taberna Meritoria*, étoit un Hôpital ou Hospice militaire, dans lequel les soldats que l'âge ou leurs blessures mettoient hors d'état de continuer leurs services, étoient logés, nourris & entretenus aux dépens de la République.

Alexandre-Sévere, qui leur permettoit d'y conftruire un oratoire, & de s'y affembler pour les exercices de leur religion. Il fut dès-lors dédié à la Vierge; mais les perfécutions fuivantes les en priverent, jufqu'à l'an 340 que le pape Saint Jules fit rétablir l'Églife. Les mofaïques dont le chœur eft orné, de même que le pavé de l'Eglife qui eft beau & bien confervé, font du douzieme fiécle. La grande nef eft foutenue par vingt-deux colonnes de granite. Au milieu du plafond eft un très-beau tableau de l'Affomption, par le Dominiquin. On voit à main droite au-devant du chœur, une grille de fer qui couvre une petite voûte d'où la tradition eft, qu'il fortit une fontaine d'huile qui coula jufqu'au Tibre, lors de la naiffance du Sauveur. C'eft ce qu'apprend l'infcription fuivante qu'on lit au-deffus de cette voûte.

*In hac prima Dei Matris æde, taberna olim meritoria, olei fons è folo erumpens, Chrifti ortum portendit.*

J'ai vû fouiller affez profondément dans cette Eglife, pour réparer la fondation de la base d'une des colonnes, il est étonnant combien on en tiroit de piéces de marbre brisé, de débris de statues, mêlés confusément en terre. On ne trouva rien d'ailleurs qui pût mériter une attention particuliere.

*Sainte Cécile*, Eglise de Bénédictines, bâtie très-anciennement dans l'emplacement même de la maison de cette Sainte : on voit en entrant dans une chapelle un peu obscure à droite, la chambre des bains dont on a conservé la forme & tout le plan de construction antique, c'est là qu'elle fut martyrisée. Le grand autel revêtu des marbres les plus rares, a un ornement encore plus précieux ; sous la table de l'autel est la représentation de Sainte Cécile en marbre blanc, par Etienne Maderne, elle n'est couverte que d'une tunique légere attachée d'une ceinture. Cet ouvrage est de la plus grande délicatesse & approche de la beauté du style grec. La figure est de la taille de la Sainte, qui étoit médiocre, & dans la même attitude où le corps fut trouvé. Elle est appuyée sur le bras gauche, la face tournée du côté de la terre, position singuliere qui est un peu gênée; malgré cela on ne se
lasse

lasse pas de considérer cette statue, tant le travail en est parfait, & imite exactement la nature. Le corps de Sainte Cécile est conservé en entier dans une Chapelle souterraine qui est au-dessous de l'Autel.

*S. Chrisogon*, Eglise très-ancienne, bâtie sous le Pontificat de Saint Silvestre, il faut y voir les belles colonnes de granite qui soutiennent la grande nef, & celles de porphire sur lesquelles est appuyé l'arc de la Tribune, qui sont d'une grosseur & d'une hauteur considérable. Le tableau du plafond qui représente Saint Chrisogon, est *du Guerchin*, très-frais de couleur & bien composé.

*San Francesco a Ripa*, on remarque dans la Chapelle à main gauche du grand Autel, la statue couchée de la bienheureuse Louise Albertoni, par *le Bernin* : elle est dans le goût antique, & de très-belle expression ; on voit dans cet ouvrage avec quelle facilité le Bernin avoit sçu s'approprier ce que les anciens avoient de plus beau dans leur maniere, & qui pouvoit convenir au tems & aux circonstances où il se trouvoit.

Que de choses il y auroit encore à dire, sur toutes les beautés que les Eglises de Rome, dont je ne parle point, renferment, tant en architecture, que peinture & sculpture; j'aurois dû citer encore la magnifique Eglise de Saint Charles *Al Corso*, & le tableau de Carle Maratte, que l'on voit au fonds du chœur, celui qui commença à le placer au rang des grands Peintres; jusqu'alors il n'avoit peint que des tableaux de chevalet, & on ne le regardoit que comme un Peintre, dont le talent étoit de peindre avec délicatesse, des madonnes, qui ayant entr'elles un air de famille, étoient une preuve du peu d'étendue des idées de l'Artiste; ce grand tableau défilla les yeux sur son mérite, & lui ouvrit la carrière heureuse de l'opulence & de la considération dans laquelle il désespéroit de jamais entrer.... Il a pour sujet, la Vierge dans une gloire, & S. Charles à genoux, porté sur un nuage & très-près de la gloire, dont il est environné en partie; au bas du tableau est Saint Ambroise en habits Episcopaux, qui paroît adresser ses prieres à la Vierge & à Saint Charles, dont l'une est censée être dans la gloire céleste, & l'autre tout prêt à y entrer, tandis que le Saint Docteur de l'Eglise est encore sur terre.... Cette idée avoit tellement choqué Bénoît XIV, qu'il vouloit faire enlever ce tableau d'où il étoit; mais combien ne trouve-t-on pas de ces défauts contre le costume & la vérité de l'Histoire dans les tableaux de Lanfranc, de Sébastien Concha & des derniers Peintres de l'Ecole de Bologne & de Venise. Les premiers, ceux qui suivirent de près Raphaël, le Titien, & les autres grands Restaurateurs de l'Art, plus sçavans que leurs successeurs & plus attentifs, garderent presque toujours les régles de la vraisemblance, & ne se prêterent pas aux idées de ceux pour lesquels ils faisoient les peintures. Carle Maratte travailloit pour des Lombards, qui ne connoissant rien au-dessus de S. Charles, avoient exigé sans doute qu'il fut placé dans la gloire....

*A San Carlo à Catinari*, il y a plusieurs tableaux précieux, parmi lesquels, la mort de Sainte Anne, par Andrea *Sacchi*, de la plus grande vérité d'expression, quoique le coloris en soit fort affoibli. . . . . . L'Annonciation par le *Lanfranc*. . . . Saint Charles, par Pierre *de Cortone*.

L'Eglise de Sainte Agnès à la place Navonne, en forme de croix Grecque, est de la plus belle construction, les marbres les plus précieux ont été employés à son revètissement ; la façade d'une architecture plus riche que régulière, est avantageusement couronnée, par une coupole & deux campaniles, d'une manière fort élégante. Il faut la voir, surtout un jour de Fête solemnelle, parée de ses ornemens précieux, où l'or, l'argent, & les pierreries éclatent de toutes parts ; le seul ostensoir a couté, dit on, sept cent mille livres à la maison Pamphile, à qui cette Eglise appartenoit en propriété, & qui l'avoit fait construire dans l'état brillant où elle est. Au-dessus de la porte d'entrée, est le mausolée du Pape Innocent X ; au-dessous de l'Eglise, dans une petite voûte antique, est une statue de Sainte Agnès, par l'Algardi ; elle est représentée presque entiérement couverte de ses cheveux, qui crurent tout d'un coup lorsqu'elle fut exposée nue par l'ordre du Préfet de Rome, à la brutalité des soldats Prétoriens. Cette voûte faisoit partie d'un lieu public (*Fornix*) où les femmes débauchées se prostituoient, sous la protection du Gouvernement.

*S. Maria in Cosmedin, overo scuola Greca; e Bocca della verita*, Eglise très-ancienne, bâtie à ce que l'on prétend, sur les ruines même du Temple que Virginie érigea à la pudicité conjugale (*a*). Elle est appellée l'Ecole Grecque, sur la tradition qui assure que l'Em-

---

(*a*) *Virginia*, fille d'Aulus, Patricien, qui avoit épousé le Consul Volumnius, Plébéien, s'étant présentée pour sacrifier avec les autres Dames Romaines, dans le Temple de *Pudicitia Patricia*, en fut exclue sous prétexte qu'elle s'étoit mésalliée en épousant un Plébéien. Elle soutint ses droits avec autant de force que d'esprit. Elle représenta qu'elle étoit Virginie, née Patricienne, femme d'un seul mari, qu'elle avoit épousé vierge : (celles qui avoient passé en secondes nôces étoient exclues par leur état de ces sortes d'assemblées ;) qu'elle n'avoit à rougir ni de sa conduite, ni des actions de son mari, dont elle pouvoit, à bien plus juste titre, se glorifier. Elle soutint cette belle réponse par une action où il y avoit autant de piété que de noblesse ; elle retrancha de la maison qu'elle habitoit *in vico longo*, assez d'espace pour y ériger un petit Temple & un Autel, *Pudicitiæ Plebeïæ*,

pereur Adrien, avoit établi dans cet endroit une Académie où Saint Augustin a occupé une chaire d'éloquence. C'est ce qu'apprend l'inscription suivante, gravée sur un marbre à l'entrée de l'Eglise.....

*Templum hoc per vetustum... pudi-*

---

Ayant convoqué toutes les matrones de son rang, elle se plaignit à elles de l'injure qu'elle avoit reçue de la part des Patriciennes, & leur dit que pour n'avoir plus rien à démêler avec elles, & pouvoir librement sacrifier à la Pudeur Conjugale, elle dédioit cet Autel à la Pudicité Plébeïenne. Je vous exhorte, dit-elle, à avoir autant d'émulation pour conserver votre pudeur, que nos maris en ont à faire éclater leur valeur. Conduisons-nous de maniere à faire dire, s'il est possible, que cet Autel est servi plus saintement & par des femmes plus chastes, que celui dont on a prétendu nous exclure. Ce nouvel établissement mérita pendant long-tems le respect du public; il n'y avoit que les femmes d'une pudicité reconnue & épouses d'un seul mari, qui eussent droit d'y sacrifier; mais il ne se soutint qu'autant que la vertu & les bonnes mœurs furent en honneur dans Rome. A la fin ce Temple & ses mysteres déshonorés, non-seulement par les Dames Romaines, mais par les femmes de tout état, qui y furent admises, furent absolument abandonnés. *Tit. Liv. l. 10. c. 23. An. 457.*

*citiæ Plebeïæ.... A gentilitate dicatum. Anno Domini CCLXI.... S. Dionifio Summo Pontifice..... Sanctæ Mariæ in Cofmedin..... Chriftiana pietas...... in Templum commutavit in ejus aulá. Hadriano imperatore.... fub nomine Athenæi..... Schola Græca..... Anteà nuncupata.... Sanctum Auguftinum..... Rhetoricam poft modum docuiffe..... ex veterum traditione habetur..... cujus rei memoria.... ne oblitione tepefcat.... Archi-prefbiter & Canonici..... hoc in marmore apponi.... curarunt anno Jubilœi.... M. D. C. LXXV.*

Quant à la qualification de *Bocca della verita*, qui accompagne toujours le nom de cette Eglife, elle a été donnée par le peuple à une pierre rouge, ronde, d'un fort grand diamétre & affez épaiffe, taillée à-peu-près en mafque coloffal, dans lequel le nez, les yeux & la bouche font percés. Elle a été trouvée dans le *Foro Romano*, dans l'emplacement où étoit l'Autel d'Hercule ; les témoins, pour affirmer la vérité de leur dépoſition, mettoient la main dans la bouche de ce maſque, & regardoient les ſermens faits dans cette forme, comme inviolables. Quoiqu'il en ſoit de la vérité de cet uſage & de ſon antiquité, on croit que cette pierre, eu égard à la maniere dont elle eſt percée & à ſa forme, a plutôt ſervi à fermer l'ouverture par où les eaux d'un Temple s'écouloient dans le puits perdu qui étoit au-deſſous ; une pierre taillée de même, qui ſert à cet uſage dans une des cours du Palais de la Chancellerie, & que l'on croit antique, donne lieu de former cette conjecture. L'inſcription qui eſt au-deſſus de cette pierre dans le portique de l'Egliſe où elle eſt placée, dit à peu-près la même choſe (*a*).

―――――――――――

(*a*) *Simulachrum hoc Bucca veritatis nuncupatum, in Templo Jovi Ammonio ab Hercule dicato, prope Aram maximam, in quâ ritu Græco vana gentilitas ſacrificium peragebat, fuiſſe dicitur, ac tractu temporis in tali habitum veneratione, ut ſi quis maximum requireret juramentum, manu intra os poſitâ, ſolemniter jurare cogeret. Impiis ſuperſtitionibus Deorum*

L'Eglise de Santa Maria in Cosmedin, soutenue par deux rangs de colonnes antiques, a deux chaires ou ambons semblables à celles que l'on voit à Saint Laurent hors des murs, & à Saint Clément; leur position apprend comment dans la primitive Eglise le peuple se plaçoit pour être à portée d'entendre les instructions qui lui étoient adressées, sans que pour cela le Clergé fut mêlé avec lui.

De quelque côté que l'on se tourne à Rome, quelque monument que l'on examine, quelque quartier que l'on parcoure, par-tout on trouve des preuves

---

*Gentium sublatis, hic jacet dejectum, ut ejus falsa religio prostrata, in Templo jam Pudicitiæ* \*Plebeïæ; *priscis temporibus constructo aspiciatur, in quo post generis reparationem, sub titulo Sanctæ Mariæ in Cosmedin, quod Sacerdotum ornamentum sonat, Deiparæ semper Virginis, memoria colitur atque veneratur.*

\* Dans cette inscription & la précédente, j'ai substitué le terme de *Plebeïæ* à celui de *Patriciæ*, sur l'autorité de Tite-Live, qui n'est point équivoque, ainsi qu'on l'a vu dans la note précédente.

de son antique splendeur; par-tout on y voit les belles productions des Artistes modernes, unies aux chefs-d'œuvres de l'antiquité. Rome nouvelle le dispute encore en magnificence à Rome ancienne. Tous ces objets rassemblés en quelque sorte, sous un même point de vue, forment le spectacle le plus curieux & le plus intéressant, en ce qu'ils réunissent les beautés de tous les âges, ce qui a le plus flatté la vanité des hommes; ces monumens célébres, à l'aide desquels ils ont cherché à s'assurer une immortalité, qui a toujours été le terme de leurs prétentions les plus cheres. On peut appliquer à la Rome de nos jours, ce qui autrefois étoit écrit sur le frontispice du Temple de Bellone.

*Roma vetusta fui, sed nunc nova Roma vocabor,
Eruta ruderibus, culmen ad astra fero.*

*Fin du Tome cinquième.*

# TABLE
## DES MATIERES
### DU TOME CINQUIEME.

**A**

ACADÉMIE des Arcades. 297
-- De Saint-Luc. 302
-- De France. 303
Acteurs à Rome; comment traités. 413
Agnès (Sainte) Chapelle, & sa statue. 508
-- Hors des murs. 455
Agriculture (Société d') à Rome. 93
Albertoni [la bienh.] Sa statue.
Ambassadeurs résidens à Rome. 146
-- De Pologne; sa place aux Chapelles Pontificales. 45
Anglois: idée de leur caractere. 167
Antoine (Saint) Eglise de François. 463
Arabesques; quand inventées. 380
Argentina, premier Théâtre de Rome. 178
Argent monnoyé, rare à Rome. 236
Assassinats fréquens à Rome. 250
Audience du Pape. 46
Auditeurs de Rote. 82
Autel de Saint Pierre de Rome. 358
Avocats consistoriaux. 88

**B**

BAILLIAGE de Rome, ou Justice de Monté-Citorio. 84

Bals ou danses défendus à Rome. 209
Banchieri : ( Cardinal ) son idee sur le Conclave. 16
Baptistere de Constantin. 430
Basalte ou marbre noir. 397
Bénédiction solemnelle du Pape. 34
Bibiane : ( Sainte ) statues & tableaux. 464
Bibliotheque du Vatican. 403. Ses peintures. 405. Livres & manuscrits. 411
Bibliotheques publiques à Rome. 301
-- Des Dominicains. 488
Bouche de la vérité & Ecole Grecque. 509
Bourgeoisie à Rome. 224
Bulles : leur publication le Jeudi-saint. 35

## C

CAMPAGNE de Rome, inculte & dépeuplée. 307
-- Negligence des Propriétaires. 318
-- Moyens de la repeupler. 320
Capitole : ses Tribunaux. 92
Cardinaux : leur autorité. 51
-- Protecteurs des Couronnes ; en quel sens. 52. Sçavent traiter les affaires. 17. 55. Etat de leur maison. 58. Idée de quelqu'un d'eux. 61. Leur habillement. 67. Portent la Croix de Malthe & les Ordres des Princes. 151
Cardinal P. ses singularités. 37
Carle Maratte, Peintre. 474
Carmelingue : ses droits. 84
Carnaval de Rome : sa solemnité. 192. Son spectacle. 196
Castrats : leur emploi à Rome. 183. Quand on en fait, & pourquoi. 186
Catacombes ou tombeaux des Martyrs. 450.

## DES MATIERES.

Cécile: (Sainte) sa statue. 504
Cérémonial à Rome qu'il faut connoître. 69
Chaire de Saint Pierre. 359
Chaises antiques percées: à quoi elles ont servi. 429
Chambre Apostolique. 77
Champ de Mars. 4
Chapelles Sixtine & Pauline au Vatican. 373
Chapelle Pontificale à Saint Pierre. 28
-- Sa pompe & son bel ordre. 30
Charges & Offices de la Maison du Pape. 22
-- Cardinalices. 76
Choix des Papes, & Conclave. 15
Cicisbés à Rome. 172
Cimetieres antiques. 467
Clement XIII, Pape: son portrait. 48
Cléopatre: sa statue. 387
Clercs de Chambre. 84
Clergé Séculier & Régulier à Rome. 117
Clergé inférieur de Rome. 125
Climat & température de Rome. 305. Douceur de l'hiver. 306
Collége de la Sapience. 280. Et Professeurs. 283
-- De la Propagande. 283
-- Autres Colléges. 288
Colonnade & Place Saint Pierre. 336
Colonne antique à Sainte Marie Majeure. 438.
Comédies: comment représentées. 186
Commerce de Rome. 237
Conduite politique de la Cour de Rome. 19
Consulte, Tribunal. 88
Conversations ou grandes assemblées de Rome. 149. Cérémonial qui s'y garde. 156
-- Autres assemblées de nuit. 155

-- Conversations du second ordre. 158
-- Leurs entretiens ordinaires. 160
-- Coup d'œil des conversations. 165
Cortége du Pape lorsqu'il sort. 44
-- Son habillement. 45
Courses de chevaux. 200. Prix des vainqueurs. 203. Par qui établis. 204. Les seuls Princes Romains ont le droit d'en faire courir. 205. Paris du peuple à ce sujet. 206
Courtisannes publiques ne sont pas souffertes à Rome. 248
Crimes impunis. 94
Criminel condamné : son spectacle. 253
Culte religieux extérieur. 259
Curés des Paroisses à Rome. 231
Curiosité des Romains. 101

## D

DATAIRE, Cardinal. 22
Denrées à Rome : leur prix. 86
Divorce (procès de) communs. 83

## E

ECCLÉSIASTIQUES à Rome : leur nombre, leur état. 127
Eglises du Collége Romain & du Jésu. 483
Eloquences & Orateurs à Rome. 290
Epitaphes singulieres. 461
-- Du Tasse. 499
Etat Ecclésiastique ; nécessité d'y rétablir l'industrie.
Evêques (ordre des) à Rome. 113
Eusebe (Saint) Eglise & antiques. 469
Exposition solemnelle du saint Sacrement. 264

## F

FAÇADES; Fêtes que donnent les Cardinaux
à leur promotion. 71
Fontaines de la Place Saint Pierre. 343
Fontaine d'huile. 503
François; ce que l'on en pense à Rome. 168

## G

GALANTERIE; comment elle se traite en
Italie. 172
Galleries peintes par Raphaël. 376
Gazette manuscrite de Rome. 123
Gouverneur de Rome. 79
Granite d'Egypte; ses especes. 340
Grottes anciennes & nouvelles de Saint Pierre.
363

## H

HÔPITAUX de Rome. 229

## I

JARDINS du Vatican. 419
Images miraculeuses de la Vierge. 437
Inquisition à Rome. 109
Inscriptions anciennes à Sainte Agnès. 455
Instruction des enfans. 260
Intrigues de Rome. 98
Italiens sensibles aux revers. 180
-- Leur goût pour la politique. 103
-- Généreux pour la parure des Eglises. 279
Juifs de Rome; leur pauvreté. 131
Justice; comment administrée à Rome. 89. 93

## L

LATRAN (Palais de). 12
Lavement des pieds par le Pape. 36
Luxe de Rome tout extérieur. 142

## M

MACHIAVELISME; regne encore en Italie. 105
Maison du Pape; ses Officiers. 21
Marais Pontins; leur dessêchement. 308
Maronites (Collége des). 272. Messe dans le rit Maronique Syriaque. *ibid.* Instrumens antiques dans leur musique. 273
Michel (Saint) tableau du Guide. 472
Milice bourgeoise de Rome. 258
Minerve (Sainte Marie de la). 487
Mœurs des Romains. 166. Leur vanité. 221
Montagnes ou Collines de Rome. 4
Monts de Piété. 270
Mosaïque de Rome. 349. Maniere de la travailler. 351
Moyse; statue de Michel-Ange. 460

## N

NEPOTISME de Rome. 134

## O

OBELISQUES à Rome. 337. Leur antiquité. *Ibid.*
— De Saint Jean de Latran. 433
— De la Minerve. 490

## DES MATIERES.

| | |
|---|---|
| Onofrio (San). | 498 |
| Oratoire du Pere Garavita. | 263 |
| Ordres Religieux. | 128 |

### P

| | |
|---|---|
| Palais Sessorien. | 445 |
| Papes; leur résidence à Rome & leur pouvoir. 11. Vie retirée. | 48 |
| Paroisses de Rome. | 131 |
| Pénitencerie. | 112 |
| Peuple Romain. 227. 228. Ce que c'est à présent. 139. Son goût pour les spectacles. 179 Vanité, paresse, frugalité. 245. Vif dans ses passions. 246. Vanité des femmes. | 245 |
| Peupliers d'Italie. | 325 |
| Piccini, Maître de Chapelle. | 178 |
| Plans de Rome antique & moderne. | 7 |
| Poésie fort cultivée. | 294 |
| Politique Romaine. 98. Ses embarras. | 103 |
| Population de Rome. 131. | 105 |
| Portes de Rome. | 5 |
| Praxede (Sainte) Eglise. | 461 |
| Prélats de la Cour de Rome. | 112 |
| Prélature; comment distinguée. | 116 |
| Princes & Barons Romains. | 132 |
| -- Leur faste. | 139 |
| Promenades du Cours. | 214 |
| -- De la Place Navonne. | 218 |
| -- De nuit en été. | 219 |

### Q

| | |
|---|---|
| Quartiers de Rome; leurs noms anciens. | 466 |
| Quirinal. | 15 |

## R

Reliques ; leur culte. 275
Repas de dévotion. 267
Romains : idée générale de leur caractere. 162. Aiment le changement 51. Veulent être dominés. 57. Leur goût pour la satyre. 64. Epargnans chez eux. 145. Dépensent à la campagne. 146. Se connoissent en musique. 179. Peu charitables entr'eux. 230. Curieux de spectacles de sang. 253. Vifs dans leurs passions. 249
Rome ; sa beauté actuelle. 1. Son enceinte. 3. Sa forme. 6. Population comparée. 8
Romuald (Saint) Tableau célèbre d'Andrea Sacchi. 492

## S

Sacremens : leur usage fréquent à Rome. 266
Saint-André du Noviciat. 478
-- De Maratte & peintures. 490
Saint Charles al Corso. 506
-- Catinari & tableaux. 507
Sainte Croix de Jérusalem. 442. Peintures & Bibliothéque. 444
Saint Jean de Latran, premiere Eglise de Rome. 420. Ses ornemens. 422. Son portail. 425
Saint Jérôme de la Charité. 493
Saint Laurent in Damaso. 494
— Hors des murs. 447
Saint Louis, Eglise de François. 485
Sainte Marie Majeure, Eglise Patriarchale. 435. Mosaïques anciennes. 437. Obélisques. 439

## DES MATIERES.

Sainte Marie à la Minerve. 487
-- in Transtevere. 502
Saint Pierre de Rome. 328. Sa construction. 329. Dimensions. 345. Vestibule. 343. Beautés intérieures. 346
Saint Pierre in Montorio. 500
-- Aux liens. 458
Saint Paul hors des murs. 439
Saint Sébastien hors des murs. 449
Sarcophage antique & toile d'Amiante. 416
-- de Bacchus. 457
Satyre impunie à Rome. 65. 123
Sbirres; leur uniforme. 259
Scala Santa. 432
Sciences à Rome. 280. Etudes des belles lettres. 289. Eloquence. 290
Sénateur de Rome. 89. Ses droits. 91
Sermons & missions à Rome. 261
Société d'Agriculture. 93
Sonnet Italien sur le renvoi des Jésuites. 102
Souverains Catholiques; leur pouvoir dans l'Election des Papes. 17
Spectacles publics à Rome. 175. Comment disposés. *Ibid.* Aventures des Princes Romains, applaudissemens. 176
Spectacles particuliers; évenement tragique. 211.
Statues du Belveder à Rome. 387

## M

Tableaux; leur prix. 240. Quand il faut en acheter. 241
Tableaux en mosaïque à Saint Pierre. 369
-- Du Jugement, par Michel-Ange. 374
Temple antique de Vénus. 445

# TABLE DES MATIERES.

— De Jupiter Capitolin. 480
— De Minerva Medica. 465
— De Sainte Constance. 456
Théâtres & spectacles à Rome. 175. 189
Therese (Sainte) statue du Bernin. 475
Tiare Pontificale. 40
Tibre, fleuve; ses ponts. 5
Tombeaux d'Urbain VIII, de Paul III, d'Alexandre VII. 360. Des Reines de Suéde & d'Angleterre. 367
— De Thomas Derham. 494. Du Tasse. 498
Transfiguration, tableau célébre de Raphaël. 500
Transteverins difficiles à gouverner. 256
Trinité du Mont, Eglise de Minimes François. 496
Troupes de la Garde du Pape. 25

## V

VATICAN. 13. Palais & Montagne. 371
Virginie bâtit un Temple à la Pudeur. 509
Victoire (Eglise de la) & statues. 475
Visites : on paye à Rome le droit d'en faire. 174

*Fin de la Table des matieres du Tom. V.*

www.ingramcontent.com/pod-product-compliance
Lightning Source LLC
Chambersburg PA
CBHW060802230426
43667CB00010B/1667